KB240216

미래는 과거에서 온다

미래는 과거에서 온다

발행일   2026년 1월 1일

지은이   권의종, 성의경
펴낸이   손형국
펴낸곳   (주)북랩

출판등록   2004. 12. 1(제2012-000051호)
주소   서울특별시 금천구 가산디지털 1로 168, 우림라이온스밸리 B동 B111호, B113~115호
홈페이지   www.book.co.kr
전화번호   (02)2026-5777   팩스   (02)3159-9637

ISBN   979-11-7598-052-5 03910 (종이책)   979-11-7598-053-2 05910 (전자책)

잘못된 책은 구입한 곳에서 교환해드립니다.
이 책은 저작권법에 따라 보호받는 저작물이므로 무단 전재와 복제를 금합니다.
본 도서는 (주)북랩이 보유한 리코 인쇄 장비 등 자체 생산 인프라를 통해 제작되었습니다.

작가 연락처 문의 ▸ ask.book.co.kr

전용 게시판에 문의를 남기시면 저자에게 직접 전달됩니다.

(주)북랩 성공출판의 파트너

북랩 홈페이지와 SNS에서 다양한 출판 솔루션을 만나 보세요!

홈페이지 book.co.kr   •   **블로그** blog.naver.com/essaybook   •   **출판문의** text@book.co.kr

카톡채널 북랩

미래는 과거에서 온다

권의종, 성의경 지음

미래는 과거에서 온다
- 역사는 질문을 던지고, 미래는 답을 요구한다

과거는 어떻게 미래를 움직이는가

미래를 예측하려는 인간의 시도는 오래되었다. 고대 왕국의 점성술부터 근대의 정치이론, 오늘날의 빅데이터에 이르기까지, 인간은 늘 "내일을 아는 자가 오늘을 지배한다"라고 믿어왔다. 그러나 아이러니하게도 미래에 가장 큰 영향을 미치는 것은 아직 오지 않은 변화가 아니라, 이미 지나간 시간, 역사다. 역사는 인간이 남긴 가장 방대한 실험의 기록이자, 국가와 문명이 선택해 온 결정의 실험실이다. 그 안에는 성공과 실패, 흥망과 번영의 패턴이 남아 있다. 이 책의 제목, 『미래는 과거에서 온다』는 바로 그 사실을 상기시키는 선언이다.

역사를 연구하는 이유는 단순히 과거를 회상하기 위해서가 아니다.

과거는 늘 현재의 모습 속에 스며 있고, 미래의 조건을 결정하는 힘을 갖고 있다. 우리가 살아가는 사회제도, 경제시스템, 정치문화, 심지어 일상의 사소한 관습들도 모두 이전 세대의 선택과 누적의 결과다. 그것은 마치 오래된 강줄기처럼 보이지만, 끊임없이 현재의 흐름을 만든다. 미래는 과거의 연속선 위에 놓여 있으며, 과거를 모르면 미래라는 지도를 이해할 수 없다.

한국 사회 역시 예외가 아니다. 한반도는 수천 년 동안 주변 강대국의 부침 속에서 생존과 번영을 동시에 도모해 온 공간이다. 고대의 국가 형성, 고려의 외교 전략, 조선의 리더십, 근대의 개혁과 좌절, 현대의 산업화와 민주화, 이 모든 과정은 단절된 사건이 아니라 하나의 거대한 흐름으로 이어져 있다. 우리가 오늘 맞닥뜨리고 있는 사회적 도전과 경제적 불안, 지정학적 위험 역시 그 연속선 위에 있다. 따라서 미래를 이해하기 위해서는 과거의 패턴을 반드시 읽어야 한다.

그럼에도 우리는 자주 역사를 '이미 끝난 이야기' 정도로 여긴다. 교과서에 갇힌 서사, 박물관 유리장 너머의 유물, 혹은 시험 문제를 벗어나지 못하는 사건으로만 기억한다. 그러나 역사는 삶의 밖에 존재하지 않는다. 역사는 지금도 우리 곁에서 맥박치며 움직이는 힘이다. 우리는 그 힘을 읽어야 하고, 그 위에서 미래를 설계해야 한다.

프롤로그

세계의 역사를 둘러보면 놀랍도록 반복되는 패턴이 보인다. 국가의 흥망은 우연이 아니다. 경제가 번성하고 인재가 모이고 외교가 활발해지면 국가는 성장하지만, 제도는 경직되고 리더십은 흐트러지고 균형 감각은 무너지면 국가는 쇠퇴한다. 로마제국의 몰락에서 명·청 교체의 소용돌이까지, 오스만의 황혼에서 소련의 해체까지, 국가의 흥망은 시대를 달리해도 유사한 구조를 보인다.

이러한 흐름은 한국사에서도 선명하다. 삼국시대의 패권 이동, 고려의 문민·무신 교체, 조선 초기의 혁신과 후기의 침체, 근대 개혁의 좌절과 산업화의 폭발적 전환까지 하나의 패턴이 반복된다. 역사를 통해 우리는 다음과 같은 사실을 확인할 수 있다.

첫째, 번영은 내부 역량에서 시작된다. 어떤 시대든 국가의 활력은 내부의 제도 혁신, 인재의 재배치, 기술의 도입에서 출발했다. 세종의 과학기술, 세조~성종 대의 제도 개혁, 고려 광종의 노비 해방 등은 국가의 경쟁력을 내부에서부터 끌어올렸다.

둘째, 위기는 외부 충격으로만 오지 않는다. 원·명 교체기, 임진왜란, 병자호란과 같은 외부의 충격은 분명 위기였지만, 진짜 문제는 내부 구조가 이미 약해져 있었다는 점이다. 강한 국가는 외부 충격을 견디지만, 내부가 약한 국가는 작은 충격에도 무너진다.

셋째, 지도자의 시야가 국가의 운명을 결정한다. 광개토왕·세종·정조와 같이 눈이 멀리 향해 있는 리더의 시대는 번영했고, 시야가 좁고 변화에 둔감한 리더의 시대는 쇠퇴했다. 어느 시대든 지도자의 선택이 국가의 미래를 결정지었다.

이 책은 이러한 역사적 패턴을 단순히 설명하는 데서 멈추지 않는다. 역사의 흐름을 통해 한국의 현재를 어떻게 이해해야 하며, 앞으로의 30년을 어떤 전략과 시야로 설계해야 하는지를 탐구한다. 즉, 이 책은 과거를 해석하는 동시에 미래를 그리는 이중의 작업을 수행한다.

미래는 '예측'이 아니라 '이해'의 문제다

우리는 미래를 예측하려고 할 때 종종 기술, 경제, 정치의 지표를 바라본다. 경제 성장률, 금리, AI 기술의 발전, 국제 정세의 변화 등은 중요한 요소다. 그러나 이러한 요소들은 모두 표면적 변화일 뿐이다. 더 깊은 곳에는 미래를 움직이는 구조적 힘이 있다. 그 힘은 다름아닌 '역사'다.

한국 사회가 지금 마주한 도전들은 새로운 것이 아니다. 저출생·고령화, 지역 소멸, 부동산 위기, 글로벌 공급망 재편, 미·중 전략 경쟁, 민주주의 피로, 공동체의 분열, 이 모든 문제는 과거에도 형태만 달리 존재했다. 그러므로 이 문제들을 해결하려면 현재의 현상만 분석해서는 부족하다. 과거의 선택이 어떻게 현재의 문제를 형성했는지, 그리고 그 연속된 흐름 속에서 미래의 조건이 어떻게 변화하는지를 읽어야 한다.

프롤로그

미래가 불확실한 시대일수록 우리는 과거에서 더 많은 힌트를 얻는다. 인류는 수천 년 동안 정치, 경제, 외교, 리더십, 사회 조직 등 다양한 영역에서 무수한 실험을 해왔고, 그 실험의 결과가 바로 역사다. 그 역사 속에는 다음과 같은 미래의 실마리가 숨어 있다.

무너지는 나라는 왜 무너졌는가
성공하는 국가는 무엇을 먼저 선택했는가
리더십의 차이는 어떻게 국가의 생존을 갈랐는가
문명 충돌과 지정학의 흐름은 어떤 힘으로 움직이는가
주도권을 잡는 국가는 어떤 공통점을 가지고 있는가

이 질문들에 대한 답은 미래를 예측하기 위해 필요한 '통찰'을 제공한다. 미래는 과거를 통해 더 명확해지고, 과거를 이해한 사람만이 미래를 읽을 수 있다.

2026년
권의종, 성의경

미래는 과거에서 온다

목차

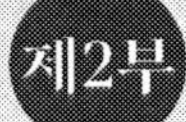 제2부 **고려, 왕조의 흥망과 제도 실험**

제3부 **조선, 문치의 나라를 열다**

 대한제국과 근대의 길

 일제 강점기, 민족의 생존 투쟁

제6부 해방과 분단 그리고 전쟁

제7부 현대사, 민주주의와 경제 발전

역사에서 미래를 묻다

고대, 국가의 기틀을 세우다

고대사는 한반도 국가 정신의 뿌리를 형성한 시대였다. 단군 신화의 건국 서사에서 고조선의 법과 삼국의 패권 경쟁까지, 국가가 어떤 가치를 세우고 어떤 제도를 선택하느냐가 흥망을 갈랐다. 영토 확장, 지방제도 개편, 청년 리더십, 해상·육상 네트워크 구축 등 각 왕국은 생존을 위해 전략을 달리했다. 발해와 장보고의 개방적 리더십은 한반도가 이미 세계와 연결된 문명권임을 보여준다.

단군 신화와 건국의 의미

신화 속에 담긴 한국인의 기원 의식

한국인의 역사적 출발점은 단군 신화다. 『삼국유사』와 『제왕운기』 등에 전하는 단군 이야기는 단순한 전설이 아니다. 민족의 정체성과 건국 이념을 담아낸 집단적 기억의 서사였다. 환웅이 하늘에서 내려와 인간 세상을 다스리고, 곰이 인내와 절제를 통해 인간이 되어 단군의 어머니가 되었다는 이야기는 신비한 상상력이 아니다. 여기에는 한국 사회가 중시했던 가치들이 투영되어 있다.

하늘에서 내려온 환웅은 하늘의 권위를 상징하지만, 동시에 인간 세상에 발을 내딛음으로써 백성과 가까운 통치자의 모습을 보여준다. 곰이 삼칠일 동안 마늘과 쑥을 먹으며 인간이 되는 과정은 극기와 인내, 공동체적 규율의 가치를 나타낸다. 단군은 이 둘의 결합에서 태어나 인간과 신, 하늘과 땅을 아우르는 존재로 등장한다. 이는 한국인의 기원 의식이 단순한 혈통이 아니라 하늘의 뜻, 인간의 노력, 그리고 공동체적 합의에 기반했음을 시사한다.

신화는 역사적 사실이라기보다, 한 사회가 스스로 이해하는 방식이

미래는 과거에서 온다

다. 단군 신화는 한국인에게 "우리는 하늘의 뜻을 받들고, 인간의 인내를 통해 탄생한 민족"이라는 자부심을 심어주었다. 이 신화적 정체성은 이후 고조선 건국으로 이어지며 국가의 근간이 된다.

건국 신화가 보여주는 국가 이념

단군 신화는 단순히 한 인물의 탄생을 넘어, 국가 건국의 정당성과 이념을 담아냈다.

첫째, 민본(民本)의 이념이다. 환웅은 하늘에서 내려올 때 굳이 인간 세상으로 향한 이유를 "홍익인간(弘益人間)"이라 했다. 이는 '널리 인간을 이롭게 한다'는 뜻으로, 통치가 백성을 위한 것이어야 한다는 건국 이념을 담고 있다. 고조선은 처음부터 지배자가 자기 권력을 과시하기 위해 세운 나라가 아니라, 백성을 위하고 공동체의 삶을 향상하기 위해 세운 나라임을 선언한 셈이다.

둘째, 법과 규율의 강조다. 단군 신화와 함께 전해지는 8조법은 가장 오래된 법전의 형태로, 살인과 상해, 절도에 대한 금지와 노동 의무를 명시했다. 이는 이미 건국 당시부터 공동체 질서를 지키는 규범이 중요했음을 보여준다. 단군 신화는 단순히 신비한 기원이 아니라, 법과 제도에 기초한 국가 운영의 시작을 시사한다.

셋째, 자연과의 조화다. 곰과 호랑이가 인간이 되기를 원했다는 이야기는 자연과 인간이 연결되어 있음을 보여준다. 특히 곰이 인간이

제1부 고대, 국가의 기틀을 세우다

되었다는 설정은 한국인의 자연 친화적 정신을 상징적으로 드러낸다. 국가는 자연 질서를 거스르는 존재가 아니라, 그 질서를 존중하며 함께 살아가는 존재임을 강조한 것이다.

따라서 단군 신화는 건국을 단순한 정치적 사건으로 보지 않고, 인간과 자연, 하늘과 땅이 어우러지는 총체적 질서의 수립으로 이해하게 한다. 이것이 바로 한국적 건국 이념의 독창성이다.

오늘의 교훈- 단군 신화의 의미

단군 신화는 오늘날에도 중요한 시사점을 준다.

첫째, 국가 비전의 기준이다. 단군 신화의 핵심인 홍익인간은 여전히 한국 사회가 추구해야 할 가치다. 교육기본법에도 명시된 이 이념은 단순한 슬로건이 아니라, 정치·경제·사회 전반을 이끌어야 할 국가적 철학이다. 오늘날 국가 비전은 성장률이나 군사력에만 있지 않다. 국민이 모두 이롭게 되는 제도, 사회적 약자를 포용하는 구조, 미래 세대를 위한 지속 가능한 정책이야말로 진정한 '홍익인간'의 실현이다.

둘째, 역사적 정체성의 토대다. 단군 신화는 한국인의 기원을 설명하는 이야기이자, 민족적 일체감을 형성하는 상징이다. 한민족이 수많은 고난 속에서도 정체성을 지켜온 배경에는 "우리는 단군의 후예"라는 집단적 기억이 있었다. 이는 역사적 사실 여부를 떠나, 공동체적 정체성을 강화하는 강력한 원천이 된다.

셋째, 세계사적 보편성이다. 건국 신화는 한국만의 독특한 현상이 아니다. 로마는 로물루스 신화를, 중국은 요·순의 전설을, 일본은 천손 강림 신화를 통해 건국의 정통성을 설명했다. 단군 신화는 세계 여러 문명의 건국 신화와 맥을 같이하면서도, '홍익인간'이라는 보편적 가치로 차별화된다. 이 점에서 단군 신화는 한국을 넘어 인류사적 메시지를 품고 있다고 할 수 있다.

결국 단군 신화는 과거의 설화가 아니라, 오늘날에도 되새길 만한 국가 철학과 비전의 원천이다. 하늘과 인간, 자연과 공동체를 아우르는 그 이야기 속에는 한국 사회가 앞으로도 붙들어야 할 교훈이 살아 있다.

제1부 고대, 국가의 기틀을 세우다

고조선의 법
8조법의 교훈

고조선과 8조법의 등장

한국 고대 국가 형성 과정에서 고조선은 '최초의 국가'라는 상징성을 지닌다. 단군 신화로 건국의 정통성을 확보한 고조선은 단순한 연맹체 수준을 넘어 법과 제도를 갖춘 정치 공동체로 발전했다. 이를 보여주는 대표적 증거가 바로 8조법(八條法)이다.

『한서』 지리지에 따르면, 고조선에는 본래 8개의 법이 있었으나, 한나라와의 충돌 이후 3조만 전해진다. 그 내용은 사람을 죽이면 사형에 처하고, 남에게 상해를 가하면 곡물로 배상하며, 남의 물건을 훔치면 노비로 삼는다는 조항이었다. 단순해 보이지만, 고조선 사회의 법질서와 가치관을 이해하는 중요한 단서다.

8조법은 원시 사회의 관습적 규율을 넘어, 국가가 강제력을 동원하여 사회 질서를 유지하려 했다는 점에서 의미가 크다. 이는 고조선이 단순한 씨족 사회에서 벗어나, 법과 권위로 다스리는 정치적 공동체로 발전했음을 말해준다.

8조법이 보여주는 사회와 국가의 성격

8조법의 내용을 통해 고조선 사회의 특징과 국가 운영의 기초를 읽을 수 있다.

첫째, 생명 존중과 공동체 질서다. 살인을 가장 무겁게 다스렸다는 사실은 생명의 가치를 공동체의 최우선 규범으로 삼았음을 보여준다. 이는 단순한 범죄 처벌을 넘어, 공동체의 존속과 안전을 보장하기 위한 기초였다.

둘째, 경제적 배상의 원칙이다. 상해를 가했을 때 곡물로 배상하게 한 것은 농경 사회의 경제 구조를 반영한다. 농산물이 가장 중요한 생산 수단이자 재산이었기에, 이를 배상 수단으로 삼아 사회적 갈등을 조정한 것이다. 이는 물적 보상을 통해 분쟁을 해결하는 실질적 합리성을 보여준다.

셋째, 노동력의 중시다. 도둑질을 한 자를 노비로 삼는 것은 단순히 처벌이 아니라, 사회에 필요한 노동력을 확보하려는 기능을 담았다. 이는 고조선 사회에서 노동이 공동체 존속의 핵심 자원이었음을 반영한다.

넷째, 법의 간결성이다. 불필요하게 복잡한 규정 대신 핵심만 담은 8조법은 당시 사회가 단순했음을 보여준다. 그러나 동시에, 사회 질서를 유지하는 데 필요한 최소한의 원칙을 압축적으로 제시했다는 점에서 법치주의의 원형으로 볼 수 있다.

제1부 고대, 국가의 기틀을 세우다

오늘의 교훈- 법은 공동체의 약속이다

고조선의 8조법은 오늘날에도 여러 교훈을 던진다.

첫째, 법은 권력자의 도구가 아니라 공동체의 약속이어야 한다는 점이다. 8조법은 권력 강화를 위한 억압적 수단이 아니라, 구성원 모두가 지켜야 할 최소한의 규범이었다. 현대 사회에서도 법은 소수의 특권을 지키기 위한 장치가 아니라, 사회 전체의 안전과 공정성을 보장하는 합의의 산물이어야 한다.

둘째, 간명함 속의 본질이다. 오늘날 법은 수많은 조항과 규정으로 복잡해져, 일반 시민이 이해하기 어려운 경우가 많다. 그러나 고조선의 8조법은 핵심 가치만 담아 누구나 이해할 수 있었다. 법의 정신은 조문 수보다, 사회가 지향하는 가치와 공동체 정신을 분명히 드러내는 데 있다.

셋째, 시대 변화와 법의 진화다. 고조선의 법은 농경 사회와 씨족 공동체의 상황을 반영한 것이었다. 오늘날의 법은 디지털 사회, 글로벌 경제, 다양성 시대에 맞게 변화해야 한다. 그러나 어떤 시대든 법은 공동체를 유지하는 최소한의 질서라는 본질적 의미를 잃지 않는다.

마지막으로, 8조법이 보여주듯, 법은 단순히 규제나 처벌을 넘어 사회적 신뢰의 기반이다. 법이 공정할 때 사람들은 안심하고 살아갈 수 있으며, 국가의 권위도 정당성을 얻는다. 고조선의 8조법은 대한민국 법치의 뿌리이자, 오늘날 민주주의 사회의 법치주의가 서야 할 토대다.

미래는 과거에서 온다

위만조선과 외세의 개입

위만의 집권과 고조선의 전환

기원전 2세기 무렵, 고조선은 내부적 분열과 외부 압력에 직면해 있었다. 이때 등장한 인물이 바로 위만(衛滿)이다. 그는 원래 중국 연나라 출신이었으나, 진·한 교체기의 혼란을 피해 동쪽으로 이동해 왔다. 초기에는 준왕의 신하로 받아들여졌으나, 곧 세력을 확장하여 왕위를 찬탈하고 새로운 위만조선을 세웠다.

위만은 군사적 능력을 갖춘 인물이었고, 주변 이민 세력과 토착 세력을 규합하는 정치력을 발휘했다. 그의 집권은 고조선이 단순한 토착 민족 국가에서 다민족적이고 국제적 성격을 지닌 국가로 변모했음을 보여준다. 위만조선은 서방에서 유입된 선진 문물과 기술을 수용하면서도, 기존 고조선의 정치·사회적 구조를 결합해 나갔다.

하지만 동시에, 위만의 집권은 외부 세력의 개입을 불러오는 계기가 되었다. 위만이 연나라 출신이라는 사실은 이미 고조선의 정통성 문제를 흔들었고, 한 무제는 이를 빌미로 한반도에 대한 군사적 개입을 정당화했다.

제1부 고대, 국가의 기틀을 세우다

외세 개입과 고조선의 몰락

위만조선은 초기에는 나름대로 번영을 누렸다. 특히 한과 흉노가 대립하던 국제 정세 속에서 중계 무역을 통해 큰 이익을 거두었다. 한·흉노 사이의 교역로를 장악하면서 고조선은 동북아 무역의 중심지로 떠올랐다. 그러나 바로 이 점이 한나라의 견제를 불러왔다.

한 무제는 고조선이 흉노와 연결되어 있다는 이유를 들어 군사적 압박을 가했다. 기원전 109년과 108년 두 차례에 걸친 대대적인 원정 끝에 위만조선은 무너졌다. 결국 고조선의 중심지는 파괴되고, 한은 그 자리에 한사군(낙랑, 임둔, 진번, 현도)을 설치해 직접 지배를 시도했다.

이 사건은 단순히 한 국가의 멸망이 아니라, 한반도가 본격적으로 외세의 정치·군사적 개입을 받기 시작한 역사적 전환점이었다. 이후 한반도는 수 세기 동안 중국 왕조와 지속적인 관계 속에서 정치적·문화적 영향을 받게 된다. 고조선의 몰락은 곧 민족 주권 상실의 첫 경험이었다.

오늘의 교훈- 자주와 개방의 균형

위만조선의 흥망은 오늘날에도 중요한 교훈을 남긴다.
첫째, 정통성과 통합의 중요성이다. 위만의 집권은 능력과 개방성을

미래는 과거에서 온다

보여주었지만, 내부적으로는 토착 세력과의 갈등을 낳았다. 정통성이 약화한 국가는 외세의 압력에 쉽게 흔들린다. 오늘날에도 정치적 정통성과 사회적 통합이 국가 안보와 발전의 기초임을 보여준다.

둘째, 외교 전략의 필요성이다. 위만조선은 국제 무역을 통해 번영했으나, 한과 흉노라는 거대한 세력의 틈바구니에서 생존 전략을 마련하지 못했다. 국제 정세를 제대로 읽고 균형을 유지하지 못하면, 외교적 개방이 곧 외세 개입으로 이어질 수 있다. 현대 한국 역시 미·중 경쟁, 글로벌 질서의 재편 속에서 균형 외교와 자주적 전략이 절실하다.

셋째, 개방과 자주의 균형이다. 위만조선은 개방을 통해 번영했지만, 자주적 기반이 약했기에 외세의 개입에 취약했다. 이는 오늘날 경제·문화의 세계화 속에서도 자주적 기반을 강화해야 한다는 교훈을 준다. 개방은 필요하지만, 자주적 역량이 뒷받침되지 않으면 언제든 종속의 길로 빠질 수 있다.

역사는 우리에게 묻는다. 위만조선이 남긴 실패의 교훈을 되새기며, 우리는 오늘의 국제사회 속에서 어떤 선택을 할 것인가? 자주와 개방의 균형을 잃지 않는 것이, 과거를 반복하지 않는 길일 것이다.

제1부 고대, 국가의 기틀을 세우다

삼국의 형성과 패권 경쟁

삼국의 형성과 성장 기반

고조선 멸망 이후 한반도와 만주 일대에는 새로운 세력들이 부상했다. 고구려, 백제, 신라의 삼국이 그것이다. 각각은 서로 다른 지리적 조건과 사회적 기반 위에서 형성되었으나, 공통으로 부족 연맹을 넘어 중앙집권적 국가체제를 확립했다는 점에서 의미가 있다.

고구려는 만주와 한반도 북부의 넓은 평야와 산악 지형을 기반으로 강력한 군사력을 갖추었다. 초기에는 졸본에서 출발했으나, 2세기 태조왕을 거쳐 광개토대왕, 장수왕에 이르러 동북아시아를 호령하는 강국으로 성장했다.

백제는 한강 유역의 비옥한 토지를 기반으로 농업 생산력을 축적하고, 해상 교통로를 장악하며 성장했다. 온조가 세운 이래 근초고왕 대에 이르러 해상 교역망을 넓히며 국제적 위상을 확보했다.

신라는 상대적으로 늦게 성장했지만, 낙동강 유역의 토착 세력을 통합하고 골품제라는 독특한 신분 체계를 정비하면서 중앙집권화를 이뤄냈다. 진흥왕 시기에는 한강 유역을 확보하며 삼국 경쟁의 중심 무대에 본격적으로 뛰어들었다.

삼국 간 패권 경쟁과 국제 질서

삼국은 단순히 한반도 내부의 경쟁에 그치지 않았다. 동아시아 국제 질서 속에서 각각 다른 전략을 펼쳤다.

고구려는 북방 유목 세력과 중국 왕조를 상대로 강력히 맞서며, '군사 국가'의 위상을 굳혔다. 광개토대왕은 만주와 한반도 북부를 아우르며, 장수왕은 평양으로 수도를 옮겨 대륙 세력과의 경쟁에 주력했다.

백제는 남쪽으로는 마한 세력을 흡수하고, 서쪽으로는 중국 남조와 긴밀히 교류하며 문물을 받아들였다. 해상로를 통해 일본과도 활발히 교류하여 국제 무대에서 중요한 역할을 했다. 근초고왕은 고구려와의 전투에서 승리하여 요서와 산둥까지 영향력을 확장했다.

신라는 초기에 약세였지만, 끈질긴 외교 전략으로 돌파구를 찾았다. 고구려와 백제의 압박 속에서 한때 위축되었으나, 6세기 이후 불교 공인과 중앙집권 강화로 국가적 결속을 다졌다. 결국 신라는 당나라와 손잡고 삼국통일을 이룩하는 주인공이 되었다.

삼국의 패권 경쟁은 단순히 국경 분쟁이 아니라, 국제 무역, 외교, 군사 전략이 얽힌 동아시아 질서 재편의 과정이었다.

제1부 고대, 국가의 기틀을 세우다

오늘의 교훈- 경쟁과 협력의 균형

삼국의 흥망성쇠는 오늘날에도 깊은 시사점을 던진다.

첫째, 국가 역량의 종합성이다. 군사력만으로는 국가를 유지할 수 없었다. 고구려는 막강한 군사력을 자랑했지만, 내부 정치와 경제 기반이 약화하자 멸망을 피하지 못했다. 백제 역시 국제 교역으로 번영했지만, 정치적 분열과 외교 전략의 한계가 결국 국가를 무너뜨렸다. 반면 신라는 정치 제도, 사상, 외교를 균형 있게 활용하며 통일의 주도권을 잡았다.

둘째, 국제 질서 속 자주성 확보다. 삼국은 모두 중국과 일본 사이에서 균형을 잡으려 했다. 그러나 외세 의존이 지나치면 종속으로 이어졌다. 통일 신라가 당의 간섭을 극복하고 독자적 길을 모색했던 사례는 오늘날에도 중요한 교훈이다.

셋째, 경쟁 속 협력의 가치다. 삼국은 치열하게 다투었지만, 동시에 서로의 문화를 교류했다. 불교의 전래, 철기 문화의 확산, 한자 사용 등은 삼국 모두가 함께 공유한 자산이었다. 오늘날에도 경쟁은 피할 수 없지만, 협력 속에서 더 큰 시너지를 만들어낼 수 있음을 보여준다.

역사는 말한다. 경쟁은 국가 발전의 동력일 수 있지만, 그것이 파괴적 대립으로만 흐를 때 국가는 쉽게 무너진다. 삼국의 경험은 오늘날 한국이 국제사회 속에서 경쟁과 협력을 어떻게 조화시킬 것인가에 대한 소중한 교훈을 남긴다.

고구려 광개토대왕,
영토 확장의 리더십

북방의 강국을 이끈 젊은 군주

광개토대왕(廣開土大王, 재위 391~413)은 고구려 제19대 왕으로, 한국 고대사에서 가장 넓은 영토를 개척한 군주로 기억된다. 그는 18세라는 젊은 나이에 즉위했으나, 탁월한 군사적 재능과 강력한 리더십을 바탕으로 고구려를 동북아시아의 초강국으로 성장시켰다.

즉위 직후 그는 국력을 정비하고, 주변의 위협 세력들을 차례로 제압했다. 남으로는 백제를 압박해 한강 유역을 되찾고, 동으로는 왜구의 침입을 격퇴했으며, 북으로는 거란과 숙신을 정벌하고, 서쪽으로는 요동 지역까지 세력을 넓혔다. 광개토대왕이 남긴 정복 사업의 기록은 장수왕이 세운 광개토대왕릉비에 상세히 새겨져 오늘날까지 전해진다.

그는 단순히 정복 군주가 아니었다. 영토 확장은 곧 고구려의 존립과 직결되는 생존 전략이었다. 국경 방어를 튼튼히 하고, 자원의 확보와 인구 유입을 통해 국가 역량을 확대하려는 전략적 선택이기도 했

제1부 고대, 국가의 기틀을 세우다

다. 젊은 군주의 과감한 결단은 고구려를, 한반도를 넘어 만주와 요동
을 아우르는 대제국으로 만들었다.

영토 확장의 리더십 전략

광개토대왕의 리더십은 단순한 무력 의지가 아니라, 체계적 전략과
정치적 안목에서 비롯되었다.

첫째, 공격적 외교와 군사력의 결합이다. 그는 언제나 선제적이고 적
극적인 전략을 택했다. 적이 위협하기 전에 먼저 제압했고, 주변국과의
외교 관계를 활용해 고구려의 영향력을 확대했다. 이는 수세적 방어에
머물던 이전의 왕들과 차별화된 부분이었다.

둘째, 민심과 병력의 결속이다. 그는 전쟁에서 얻은 전리품과 새로운
영토를 백성에게 분배하여 국가의 결속을 강화했다. 또 정복지에 대한
통합 정책을 통해 다양한 종족을 포용하며 다민족 국가로 발전시켰다.
이는 단순히 무력으로 점령한 영토를 '고구려화'하는 과정이었다.

셋째, 상징적 리더십이다. 광개토대왕은 자신을 '영토를 넓힌 위대한
군주'로 각인시키기 위해 대규모 비석을 세우게 했다. 광개토대왕릉비
는 그의 업적을 과장 없이 기록함으로써 후대에까지 권위를 전달했다.
이는 단순한 기록을 넘어, 후세 국왕들에게 국가 비전과 정체성을 제
시한 상징적 유산이었다.

오늘의 교훈- 비전과 결단의 힘

광개토대왕의 업적은 오늘날에도 중요한 메시지를 전한다.

첫째, 국가 리더십의 핵심은 비전과 결단이다. 광개토대왕은 단순히 영토를 넓히려는 탐욕적 군주가 아니라, 고구려의 생존과 번영을 위한 큰 비전을 가진 지도자였다. 그는 그 비전을 실행하기 위해 두려움 없이 결단을 내렸다. 오늘날에도 국가 지도자는 불확실한 시대에 국민에게 방향을 제시하고, 결단을 통해 위기를 돌파해야 한다.

둘째, 포용과 통합의 중요성이다. 광개토대왕은 정복한 영토와 민족을 단순히 지배 대상으로 두지 않았다. 다양한 문화를 포용하며 다민족 국가의 기반을 마련했다. 오늘날 다문화 사회로 나아가는 한국 사회 역시 포용적 리더십이 필요하다.

셋째, 역사적 자긍심과 교훈이다. 광개토대왕의 영토 확장은 단순한 과거의 영광이 아니다. 그것은 한국인이 가진 잠재력과 도전 정신을 보여주는 상징이다. 그러나 동시에 무력만으로는 국가의 지속 가능성을 보장할 수 없다는 교훈도 함께 남긴다. 영토 확장의 업적 뒤에는 국가 내 정치적 안정과 경제적 기반이 뒷받침되어야 함을 우리는 잊지 말아야 한다.

광개토대왕은 역사 속 인물이지만, 그의 비전과 결단, 그리고 포용의 리더십은 오늘을 살아가는 우리에게도 여전히 살아 있는 교훈을 준다. 역사는 다시 묻는다. 오늘날 한국은 어떤 비전으로 세계 속에서 자기 자리를 확장해 나갈 것인가?

백제 근초고왕, 해상 왕국의 전략

근초고왕의 즉위와 백제의 도약

백제의 근초고왕(近肖古王, 재위 346~375)은 백제 역사를 전환한 군주였다. 그의 즉위 이전 백제는 고구려의 압박과 내부 불안으로 한강 유역에 머무르는 세력에 불과했다. 그러나 근초고왕은 탁월한 군사적 역량과 외교적 안목으로 백제를 한반도 남부와 중국, 일본 열도까지 영향력을 미치는 강국으로 도약시켰다.

그는 즉위 후 북으로는 고구려를 압박하고, 남으로는 마한 잔여 세력을 정복하여 영토를 넓혔다. 특히 고구려 고국원왕을 전사시키며 백제의 군사력을 과시했다. 이는 단순한 전투 승리가 아니라, 백제가 고구려와 대등하게 경쟁할 수 있는 국가로 부상했음을 알린 사건이었다.

또한 그는 내정을 정비하고 중앙집권적 체제를 강화했다. 지방 세력에 대한 통제를 강화하고, 왕권을 중심으로 국가를 재편하여 강력한 정치 기반을 마련했다. 근초고왕은 단순한 정복 군주가 아니라, 백제를 한 단계 높은 수준의 국가로 이끈 개혁자였다.

해상 교역과 국제 외교의 전략

근초고왕의 가장 큰 특징은 해상 왕국 전략이었다. 백제는 한강을 기반으로 서해와 연결되어 있었고, 이를 통해 중국 남조와 일본 열도로 뻗어나갈 수 있었다. 근초고왕은 이 지리적 이점을 최대한 활용했다.

첫째, 중국과의 교류다. 근초고왕은 동진(東晉)에 사신을 보내 외교 관계를 맺고, 선진 문물을 적극적으로 수용했다. 이를 통해 백제는 유교, 불교, 문학 등 새로운 문화 자산을 축적할 수 있었다. 또한 중국과의 교류는 백제의 국제적 위상을 높여주는 중요한 자산이 되었다.

둘째, 일본과의 외교다. 그는 왜국과 긴밀한 관계를 맺어 기술과 문화를 전수했다. 일본 고대 문명 형성에 백제가 미친 영향은 오늘날까지 연구되고 있다. 특히 학자와 장인, 불교문화를 일본에 전한 것은 동아시아 문화 교류사의 중요한 장면이었다.

셋째, 해상 교역망 확대다. 근초고왕 시기 백제는 한반도 남부의 해안 지역을 장악하고, 동아시아 해상 무역의 중심으로 떠올랐다. 이는 경제적 부를 축적하게 했을 뿐 아니라, 국가 역량을 국제적으로 확장할 수 있는 동력이 되었다.

근초고왕의 외교와 해상 전략은 백제를 단순한 한반도 지역 국가가 아니라, 해양을 기반으로 한 국제적 네트워크 국가로 변모시켰다.

근초고왕의 리더십은 오늘날에도 유효한 교훈을 준다.

첫째, 지리적 조건을 전략적 자산으로 활용하는 안목이다. 백제는 한강과 서해라는 지리적 이점을 무역과 외교의 거점으로 활용해 국제적 위상을 키웠다. 오늘날 한국 역시 반도 국가라는 특성을 십분 활용해 대륙과 해양을 잇는 교역·외교 허브로 자리매김할 수 있다.

둘째, 문화 교류의 힘이다. 근초고왕은 외세와의 접촉을 두려워하지 않고, 오히려 이를 통해 백제 문화를 풍부하게 했다. 문화 교류와 개방적 자세는 국가 경쟁력을 강화하는 원천이다. 오늘날 글로벌 시대에도 문화 교류와 상호 이해는 국가의 소프트 파워를 높이는 핵심 요소다.

셋째, 지도자의 결단과 비전이다. 근초고왕은 군사적 승리를 바탕으로 국가를 안정시켰고, 동시에 외교와 문화 정책으로 백제를 동아시아의 중요한 국가로 만들었다. 그의 리더십은 단순한 영토 확장에 머물지 않고, 백제를 '열린 국가'로 재정의했다.

역사는 말한다. 닫힌 전략은 국가를 고립시키고, 열린 전략은 국가를 성장시킨다. 근초고왕의 백제가 보여준 해상 왕국의 전략은 오늘날 한국이 세계와 어떻게 관계 맺어야 하는지를 보여주는 역사적 모델이다.

신라 지증왕의 지방제도 개편

혼란을 정비한 제도적 개혁자

신라의 지증왕(智證王, 재위 500~514)은 화려한 정복 군주는 아니었으나, 제도의 개혁으로 신라의 기틀을 다진 인물이었다. 그가 즉위할 무렵 신라는 소국 연맹의 성격을 벗어나 점차 중앙집권적 국가로 나아가고 있었다. 그러나 아직 지방 세력의 자율성이 강했고, 왕권이 직접 미치지 못하는 지역이 많았다.

지증왕은 이를 정비하고자 지방제도 개편을 추진했다. 그는 촌락과 지역 단위를 재편해 행정의 효율성을 높였고, 농민들의 토지를 재조사하여 조세 수취를 체계화했다. 또한 농경 생활을 장려하기 위해 우경(牛耕)을 적극적으로 보급하며 생산 기반을 강화했다.

이러한 개혁은 단순히 행정적 편의가 아니라, 국가의 토대를 다지는 핵심 작업이었다. 신라가 후일 삼국통일의 주역으로 성장할 수 있었던 배경에는 지증왕의 제도적 정비가 놓여 있었다.

제1부 고대, 국가의 기틀을 세우다

촌락 조직과 중앙집권화의 진전

지중왕의 중요한 업적 중 하나는 지방 행정 조직 정비였다. 그는 촌락 단위를 세분화하고, 촌주를 임명해 국가가 직접 농민을 관리할 수 있도록 했다. 이는 중앙이 지방을 장악하는 첫걸음이었으며, 신라가 단순한 연맹체에서 벗어나 국가적 체계로 나아가는 계기였다.

특히 지중왕은 동시(東市) 설치와 같은 경제 제도 개혁도 단행했다. 공식 시장을 개설해 물자 교환을 관리하고, 세금을 거둘 수 있는 구조를 마련한 것이다. 이는 농업 생산력 향상과 함께 신라 사회의 경제적 기반을 크게 확장했다.

또한 그는 왕권 상징을 강화했다. 나라 이름을 '사로국(斯盧國)'에서 '신라(新羅)'로 공식화하고, 왕호를 '마립간(麻立干)'에서 '왕(王)'으로 바꾸었다. 이는 신라가 소국 연맹이 아니라 정통 국가로 자리매김했음을 대내외에 천명한 사건이었다.

지중왕의 개혁은 중앙집권 체제를 제도적으로 뒷받침했으며, 신라가 삼국 경쟁에서 주도권을 잡는 데 큰 밑거름이 되었다.

오늘의 교훈 - 제도 개혁은 보이지 않는 힘

지중왕의 업적은 화려한 전쟁이나 영토 확장으로 드러나지 않는다. 그러나 그의 지방제도 개편은 신라의 체질을 근본적으로 바꿔 놓았다. 이는 오늘날에도 중요한 교훈을 던진다.

첫째, 제도 개혁의 힘이다. 눈에 잘 띄지 않는 제도 정비야말로 국가의 지속 가능성을 좌우한다. 지증왕은 지방 조직을 통합하고 세제와 시장을 정비함으로써 신라를 안정적 성장의 궤도에 올려놓았다. 오늘날 한국 사회 역시 단기적 성과를 좇기보다 제도 개혁과 구조적 개편을 통해 미래 경쟁력을 키워야 한다.

둘째, 상징의 중요성이다. '신라'라는 국호와 '왕'이라는 칭호는 단순한 명칭 변경이 아니었다. 이는 국가 정체성을 새롭게 규정하고, 백성에게 일체감을 부여한 정치적 행위였다. 현대 국가도 마찬가지다. 국호, 헌법, 제도의 언어는 국민의 정체성을 규정짓는 상징 자산이다.

셋째, 지도자의 역할이다. 지증왕은 작은 변화를 모아 큰 체제를 만들었다. 그의 리더십은 과격한 혁명이나 무력 정복이 아니라, 차근차근 쌓아 올린 개혁적 리더십이었다. 국가의 기틀을 세우는 과정에서는 이런 '보이지 않는 리더십'이 오히려 더 큰 힘을 발휘한다.

역사는 말한다. 단단한 기초 위에 세운 집만이 오래간다. 지증왕의 지방제도 개편은 신라라는 집을 오랫동안 지탱한 초석이었다. 오늘 우리가 제도 개혁을 논의할 때, 바로 이 교훈을 잊지 말아야 할 것이다.

화랑도와 청년 리더십의 함의

젊은 힘을 제도화하다 - 화랑도의 탄생

신라의 화랑도(花郞徒)는 단순한 청년 집단이 아니었다. 이는 국가가 청년층의 열정과 에너지를 조직적으로 길러내기 위해 만든 제도적 장치였다. 6세기 진흥왕 시기에 제도적으로 정비된 화랑도는 귀족 자제들로 구성되었으며, 그 활동은 무예 훈련을 넘어 인격 수양, 예술 활동, 종교적 수행까지 아우르는 전인적 교육이었다.

화랑도는 불교적 가치와 유교적 윤리가 결합한 독특한 청년 조직이었다. '세속오계(世俗五戒)'라는 행동 강령은 화랑정신의 핵심으로, 충(忠)·효(孝)·신의(信義)·용기(勇氣)·우애(友愛)를 강조했다. 이는 청년들이 단순히 전사의 역할을 넘어, 국가와 사회를 이끄는 지도자로 성장하도록 돕는 규범이었다.

오늘날로 치면 화랑도는 국가적 인재 양성 프로그램이자, 청년 리더십 아카데미라 할 수 있다. 개인의 성취가 아닌 공동체적 가치 실현을 중심에 둔 점에서, 현대 사회가 청년 정책을 설계할 때 참고할 만한 지점이 많다.

미래는 과거에서 온다

전쟁터에서 증명된 청년 리더십

화랑도의 진정한 가치는 위기 상황에서 드러났다. 삼국 간 치열한 전쟁 속에서 화랑 출신들은 최전선에서 용맹을 떨쳤다. 귀산과 추항, 김유신과 같은 인물들은 화랑도의 훈련을 거쳐 성장한 대표적 지도자였다. 그들의 용기와 결단은 신라가 삼국통일의 주역으로 부상하는 데 크게 기여했다.

그러나 화랑도의 역할은 단순히 군사적 활약에만 국한되지 않았다. 그들은 지역 사회에서 봉사 활동을 하며 민심을 얻고, 청년 문화를 형성해 신라 사회의 결속을 강화했다. 이는 청년들이 국가의 미래를 책임지는 존재임을 각인시킨 상징적 사건이었다.

특히 화랑도의 자율적 결사 성격은 주목할 만하다. 국가가 틀을 만들었지만, 운영은 상당히 자율적이었다. 청년들은 스스로 규율을 지키며 공동체 의식을 다졌고, 이를 통해 '자기 주도적 리더십'을 길러냈다. 오늘날 청년 자치 활동이나 시민 사회 단체의 모태를 연상케 하는 모습이다.

오늘의 교훈- 청년은 미래를 여는 동력

화랑도의 역사는 오늘날에도 중요한 시사점을 던진다.

첫째, 청년의 힘을 제도적으로 지원해야 한다는 교훈이다. 신라가 청

제1부 고대, 국가의 기틀을 세우다

년 조직을 국가 차원에서 운영했듯이, 오늘날 국가 역시 청년 정책을 단순한 복지 차원이 아니라 미래 동력으로 설계해야 한다. 일자리·교육·문화가 연결된 청년 플랫폼이 필요하다.

둘째, 가치 중심 리더십의 필요성이다. 화랑도가 강조한 세속오계는 시대가 달라도 여전히 유효하다. 개인의 이익보다 공동체를 우선하는 가치, 충성과 우애, 용기와 책임은 현대 리더십에서도 핵심적 자질이다.

셋째, 자율과 책임의 균형이다. 화랑도는 국가가 통제하기보다 자율성을 존중한 집단이었다. 이 자율성 속에서 청년들은 스스로 규율을 세우고 책임을 다했다. 현대 사회가 청년에게 권리와 자유를 주되, 그만큼 책임 있는 주체로 성장할 수 있는 환경을 조성하는 것이 필요하다.

역사는 말한다. 청년이 바로 미래다. 화랑도가 길러낸 청년들이 삼국통일의 주역이 되었듯이, 오늘날 한국 사회의 청년들이 세계 무대에서 새로운 역사를 열어갈 수 있도록, 우리는 그들의 성장 기반을 마련해야 한다.

미래는 과거에서 온다

신라 진흥왕의 영토 확장과 불교 진흥

패권을 향한 담대한 전략- 영토 확장 정책

신라 제24대 진흥왕(眞興王, 재위 540~576)은 신라를 삼국의 변방에서 한반도 패권 경쟁의 중심으로 끌어올린 군주였다. 그는 즉위 초부터 확장 전략을 분명히 하였고, 고구려와 백제 사이에서 세력 균형을 조정하며 기회를 포착했다.

552년에는 한강 상류 지역을 차지했고, 553년에는 백제 성왕과 맺은 동맹을 깨고 한강 하류까지 장악하여 신라의 경제·군사적 기반을 크게 확장했다. 이 과정에서 백제 성왕이 분노하여 관산성 전투(554)를 일으켰으나, 오히려 성왕이 전사하는 결과를 낳았다. 신라는 한강 유역을 확보함으로써 중국과 직접 교류할 수 있는 길을 열었고, 국가 발전의 물적·전략적 토대를 마련했다.

또한 진흥왕은 고구려의 압력을 피해 북진 정책을 추진했다. 함경도 일대까지 진출하여 영토를 넓히고, 국경을 공고히 했다. 이를 기념하기 위해 황초령, 마운령 등에 순수비(巡狩碑)를 세워 왕의 권위를 드러냈다. 영토 확장은 단순한 국경선 확대가 아니라 신라가 동아시아 국제

제1부 고대, 국가의 기틀을 세우다

질서에서 주도권을 잡을 수 있는 발판을 마련한 사건이었다.

정신적 기반을 다진 불교 진흥

진흥왕의 또 다른 큰 업적은 불교 진흥 정책이었다. 법흥왕 때 공인된 불교는 진흥왕 시기에 국가 정신의 기둥으로 자리 잡았다. 진흥왕은 불교를 단순한 종교가 아니라 국가 통합의 이념으로 활용했다.

그는 흥륜사를 비롯해 여러 사찰을 건립하고, 고승들을 후원했다. 특히 이 시기에 활동한 고승 원광법사가 화랑도 청년들에게 세속오계를 제시하여 국가적 윤리관을 확립한 것은 대표적 사례다. 불교는 단순히 개인의 구원 신앙을 넘어 국가의 질서와 가치 체계를 뒷받침하는 역할을 했다.

또한 진흥왕은 불교의 국제적 네트워크를 활용해 중국 남북조와 교류했다. 승려 파견과 경전 수입을 통해 선진 사상을 받아들이고, 이를 정치와 문화에 접목했다. 불교는 신라인들에게 정신적 안식처이자 국가적 통합의 매개체가 되었으며, 신라의 문화적 수준을 비약적으로 높였다.

불교 진흥은 신라가 전쟁을 치르는 과정에서도 공동체 결속을 다지는 힘이 되었다. 불법(佛法)이 '국법(國法)'을 지탱한 것이다.

미래는 과거에서 온다

오늘의 교훈- 국토와 정신, 두 기둥의 균형

진흥왕의 업적은 영토 확장과 불교 진흥이라는 두 축으로 요약된다. 이는 물질적 기반과 정신적 기반을 동시에 강화한 리더십이었다. 여기서 우리는 오늘날에도 적용할 수 있는 몇 가지 교훈을 얻는다.

첫째, 전략적 기회의 포착이다. 진흥왕은 고구려·백제 사이의 힘의 균형을 이용해 한강 유역을 차지했다. 이는 국제 정세의 변화를 민감하게 읽고, 국가 이익을 극대화한 전략적 리더십의 사례다. 오늘날 한국 역시 미·중 경쟁, 글로벌 공급망 재편 속에서 전략적 균형 감각을 발휘해야 한다.

둘째, 정신적 결속의 중요성이다. 진흥왕은 영토 확장과 함께 불교라는 정신적 토대를 강화했다. 국가는 물질적 성장만으로 지속되지 않는다. 사회 구성원 모두가 공유할 가치와 철학이 필요하다. 오늘날 한국 사회가 갈등과 분열을 넘어설 수 있는 길도 바로 공동의 정신적 자산을 재발견하는 데 있다.

셋째, 지도자의 균형 감각이다. 진흥왕은 칼과 경전을 동시에 쥐었다. 군사적 확장과 종교적 통합, 물질과 정신의 조화를 통해 국가를 도약시켰다. 이는 오늘날 지도자가 경제 성장과 사회적 연대, 안보와 평화를 균형 있게 추진해야 한다는 메시지를 던진다.

역사는 말한다. 국토와 정신, 두 기둥이 함께 설 때 국가가 비로소 흔들리지 않는다. 진흥왕의 리더십은 그 진리를 보여주는 역사적 증거다.

백제 멸망과 의자왕의 오판

찬란했던 백제, 몰락의 길로

백제는 고구려·신라와 함께 삼국의 균형을 이루며 한반도 남서부를 지배한 강국이었다. 한성(서울) 시대의 근초고왕, 웅진(공주) 시대의 무령왕을 거쳐 사비(부여) 시대에는 문화와 외교에서 눈부신 성취를 이루었다. 일본과 중국 남조와 활발히 교류하며 해상 네트워크를 장악했고, 불교와 선진 문화를 적극 수용하여 동아시아의 문화 강국으로 자리매김했다.

그러나 7세기 중반 의자왕(義慈王, 재위 641~660) 치세에 이르러 국운은 급격히 기울었다. 초기에 의자왕은 강력한 군주로 평가받았다. 고구려와 연합하여 신라를 압박했고, 642년에는 대야성을 점령하여 신라를 위기에 몰아넣었다. 하지만 그 승리의 달콤함은 오래가지 않았다. 국정은 점차 문란해졌고, 왕의 사치와 정치적 실책이 겹치면서 백제는 내부적으로 쇠락의 길을 걸었다.

겉으로는 여전히 강국처럼 보였으나, 내부의 분열과 제도적 취약성은 국가를 서서히 붕괴로 몰아넣고 있었다.

의자왕의 오판과 정치적 실패

의자왕의 가장 큰 문제는 현실 인식의 부족이었다. 그는 삼국의 힘의 균형이 변하는 국제 정세를 제대로 읽지 못했다. 당나라와 신라가 연합하여 세력을 확장하는데도 이를 과소평가하거나 안일하게 대응했다. 반대로 고구려와의 동맹에 지나치게 의존하다가, 고구려 역시 당나라의 압박을 받으며 약화하자 백제는 외교적 고립에 빠졌다.

또한 그는 내부 정치의 기강을 무너뜨렸다. 초기에는 근면하고 강건한 모습으로 '해동증자(海東曾子)'라 불릴 만큼 명성을 얻었으나, 점차 권력 유지와 사치에 몰두하며 군주의 덕망을 잃었다. 귀족들의 세력 다툼은 격화되었고, 농민들은 과중한 세금과 전쟁 동원으로 고통받았다.

백제의 멸망을 불러온 직접적 계기는 660년 나당 연합군의 침공이었다. 의자왕은 방어를 제대로 지휘하지 못했고, 황산벌 전투에서 계백 장군이 장렬히 싸웠지만 역부족이었다. 결국 사비성이 함락되었고, 의자왕은 항복했다. 678년 부흥 운동이 일어나기도 했으나 이미 백제는 역사 속으로 사라졌다.

의자왕의 오판은 전쟁터의 패배보다 더 근본적인, 정치적 무능과 전략 부재에 있었다.

오늘의 교훈- 몰락은 내부에서 시작된다

백제 멸망은 오늘날에도 날카로운 교훈을 준다.

첫째, 외교적 균형 감각의 중요성이다. 의자왕은 국제 질서의 변화에 둔감했고, 동맹에 의존하다가 고립을 자초했다. 오늘날 한국도 미·중 갈등, 글로벌 패권 경쟁 속에서 외교적 자율성과 균형을 잃지 않는 것이 절대적 과제다.

둘째, 내부 통합과 제도 개혁의 필요성이다. 백제는 귀족의 분열과 민심 이반으로 내부적 취약성을 드러냈다. 국가의 몰락은 외세의 침략 때문만이 아니라 내부의 균열에서 비롯된다. 현대 한국 사회도 양극화, 세대 갈등, 정치 분열을 극복하지 못한다면 백제와 같은 취약성을 안게 될 것이다.

셋째, 지도자의 책임이다. 의자왕은 초기에는 성군으로 불렸으나, 나중에는 무능한 군주로 기억된다. 한 지도자의 선택과 태도가 국가의 흥망을 가른다는 사실은 역사가 반복해서 증명해 왔다. 지도자는 현실을 직시하고, 시대의 흐름을 읽으며, 국민과의 신뢰를 지켜야 한다.

역사는 말한다. 국가의 몰락은 외부의 침략보다 내부의 붕괴에서 시작된다. 백제 의자왕의 실패는 오늘날 우리에게, 강한 국가의 조건은 군사력이나 경제력 이전에 건강한 제도와 단단한 국민적 통합임을 일깨워 준다.

고구려 멸망, 연개소문의 권력 정치

고구려의 영광과 위기의 그림자

고구려는 기원전 1세기 건국 이후 동북아시아의 패권을 쥔 강국이었다. 광개토대왕과 장수왕 시기에 전성기를 구가하며 만주와 한반도 북부를 아우르는 제국으로 성장했다. 그러나 7세기 중엽에 이르면 내부와 외부에서 동시에 위기가 닥쳤다.

외부적으로는 당나라가 동아시아 최강국으로 부상했고, 신라는 당과 손잡고 삼국통일을 노리고 있었다. 백제가 이미 나당 연합군에 의해 멸망한 상황에서, 고구려는 신라와 당의 집중 공격 대상이 되었다. 내부적으로는 왕권이 약화하고 귀족 간 갈등이 격화되었다. 영토는 넓었지만, 통합과 제도적 안정성은 부족했다.

바로 이 시기에 등장한 인물이 연개소문(淵蓋蘇文)이었다. 그는 강력한 무력과 정치적 수완으로 권력을 장악했으나, 그 방식이 고구려의 운명을 더욱 불안정하게 만들었다.

연개소문의 집권과 권력 정치

연개소문은 642년 정변을 일으켜 영류왕을 시해하고 보장왕을 옹립했다. 사실상 군주의 권한을 빼앗고, 대막리지로서 전권을 장악했다. 그는 고구려의 실질적 지배자였지만, 그 집권 방식은 피로 얼룩진 폭력 정치였다. 귀족들을 숙청해 반대 세력을 제압했으나, 이는 곧 내부 불신과 분열을 심화시켰다.

그는 대외적으로 강경책을 폈다. 당나라와의 대결을 선택하고, 신라에 대한 압박을 강화했다. 초기에는 당 태종의 침공을 막아내며 일시적 승리를 거두기도 했다. 특히 안시성 전투(645)는 고구려의 저력을 보여준 명승부였다. 그러나 장기적으로는 국력을 소모하는 소모전이었다.

또한 불교 대신 도교를 장려하여 당과의 갈등을 격화시켰다. 이는 사상적 통합보다 정치적 계산에 따른 선택이었으나, 오히려 사회적 갈등을 키우는 결과를 낳았다. 그의 권력은 막강했지만, 국가 운영의 안정성과 장기 전략은 부족했다.

연개소문 사후에는 아들들 간의 내분이 터졌다. 남생·남건·남산 형제는 권력 다툼을 벌였고, 결국 내부 분열로 국력은 급속히 약화했다. 나당 연합군이 총공세를 가하자, 고구려는 이를 감당하지 못하고 668년 마침내 멸망했다.

고구려 멸망과 연개소문의 권력 정치는 오늘날에도 중요한 교훈을 준다.

첫째, 폭력적 권력 장악의 한계다. 연개소문은 무력으로 정권을 잡았지만, 이는 국가적 통합이 아닌 공포에 기반한 지배였다. 국가는 일시적으로 유지될 수 있으나, 내적 신뢰가 없는 권력은 오래가지 못한다.

둘째, 내부 분열이 외부 침략보다 무섭다는 사실이다. 연개소문 사후 고구려는 아들들의 권력 다툼으로 스스로 무너졌다. 외부의 강력한 적보다 더 치명적인 것은 내부의 불신과 분열이었다. 오늘날 한국 사회 역시 내부 갈등과 정치 양극화가 심화한다면 외부 도전에 취약해질 수 있다.

셋째, 지도자의 장기 전략 부재는 국가를 위험에 빠뜨린다는 점이다. 연개소문은 당장의 승리를 얻었지만, 국력을 소진하는 전략적 실수를 범했다. 장기적 안목과 제도적 안정성이 없는 권력은 국가를 위기에 몰아넣는다.

역사는 말한다. 강권은 순간이지만, 제도는 영원하다. 고구려의 멸망은 연개소문 개인의 영웅적 모습과 동시에 그가 남긴 권력 정치의 폐해를 보여준다. 이는 오늘날 지도자들에게도 제도와 합의의 중요성을 일깨워 준다.

통일 신라와 문무왕의 화해 리더십

삼국통일의 격랑 속에서

문무왕(文武王, 재위 661~681)은 신라 제30대 왕으로, 한국사에서 '통일의 군주'로 불린다. 그의 즉위는 격랑 속에서 이루어졌다. 선대 태종무열왕이 660년 백제를 멸망시켰으나, 곧바로 고구려와의 전쟁, 나아가 당나라와의 갈등이 이어졌다. 문무왕은 즉위 직후부터 고구려 정복과 당 세력 축출이라는 두 가지 과제를 동시에 해결해야 했다.

668년 나당 연합군은 고구려를 멸망시켰다. 그러나 당은 철수하지 않고 한반도 지배를 시도했다. 백제 지역에는 웅진도독부를, 고구려 지역에는 안동도호부를 설치해 사실상 한반도를 식민지화하려 했다. 신라는 당의 세력에 맞서 싸우지 않을 수 없었다. 문무왕은 끊임없는 전투와 외교적 줄다리기를 통해 마침내 676년 당 세력을 한반도에서 축출하고, 신라 주도의 통일을 완성했다.

통일 신라는 단일 국가로서 새로운 질서를 열었지만, 동시에 다양한 민족과 지역을 포용해야 하는 어려움도 떠안게 되었다. 문무왕은 그 과정에서 화해와 통합의 리더십을 발휘했다.

미래는 과거에서 온다

화해로 다진 통일의 기틀

문무왕은 전쟁의 상처를 치유하고 다양한 세력을 포용하기 위해 노력했다. 우선 패망한 백제와 고구려 유민들을 단순한 피지배 집단으로 두지 않고, 신라 사회의 일원으로 흡수하려 했다. 그들에게 관직 진출의 기회를 열고, 사회적 지위를 인정함으로써 불만을 줄였다.

그는 불교를 국가 통합의 사상적 기반으로 삼았다. 통일 과정에서 희생된 이들을 위로하고, 전쟁으로 인한 사회적 갈등을 치유하는 데 불교는 중요한 역할을 했다. 문무왕은 불교 의례와 사찰 건립을 통해 공동체적 정체성을 강화했고, 이는 통합 국가의 정신적 버팀목이 되었다.

또한 그는 대외적으로도 유연한 태도를 보였다. 당나라와는 군사적으로 대립했지만, 완전한 적대가 아니라 협상과 화해를 병행했다. 7세기 후반, 신라는 당과 평화적 관계를 회복하고 교류를 이어갔다. 이는 한반도의 독립적 주권을 지키면서도 국제적 고립을 피하는 지혜로운 선택이었다.

문무왕은 또한 자신의 죽음을 통해서도 화해와 통합의 메시지를 남겼다. 그는 유언으로 "내가 죽으면 화장해 동해에 묻어 나라를 지키겠다"고 했다. 불교적 소망과 더불어, 통일 신라의 영토와 백성을 끝까지 지키겠다는 군주의 의지가 담긴 결정이었다. 그의 유해가 안치된 대왕암은 지금도 '바다의 수호자'로 기억된다.

오늘의 교훈- 화해 없는 통일은 없다

문무왕의 통일 리더십은 오늘날 한반도의 상황에도 깊은 교훈을 준다.

첫째, 승리 후의 포용이다. 문무왕은 적국의 유민을 배척하지 않고 포용함으로써 내부 반발을 최소화했다. 진정한 통일은 군사적 승리만으로 이루어지지 않는다. 사회적 화합과 공동체적 통합이 뒤따라야 한다.

둘째, 정신적 통합의 필요성이다. 문무왕이 불교를 국가 통합의 사상적 토대로 삼은 것은, 시대적 상황에 맞는 선택이었다. 오늘날 한국 사회 역시 분열과 갈등을 넘어설 정신적 공통분모를 찾는 노력이 필요하다. 민주주의 가치, 인권 존중, 평화 추구 같은 원칙이 그것일 것이다.

셋째, 대외 관계의 균형 감각이다. 문무왕은 당나라와 싸우면서도 완전한 적대 대신 협상과 화해를 병행했다. 오늘날 한국의 외교 전략도 미·중 패권 경쟁과 같은 격랑 속에서 균형 감각을 잃지 말아야 한다.

역사는 말한다. 화해 없는 통일은 없다. 문무왕이 보여준 화해와 포용의 리더십은, 한반도의 미래를 설계하는 데 여전히 유효한 교훈이다. 군사력이나 제도의 통합보다 더 중요한 것은 마음과 신뢰의 통합임을, 역사가 증명하고 있다.

불국사와 석굴암,
문화로 읽는 국가 비전

신라 문화의 절정, 불국사와 석굴암

통일 신라 시대는 정치적 안정 속에서 문화와 예술이 찬란하게 꽃핀 시기였다. 그 대표적 결실이 바로 불국사와 석굴암이다. 불국사는 경덕왕 때 김대성이 창건한 사찰로, 단순한 불교 건축을 넘어 신라인들의 세계관과 이상을 담아낸 국가적 프로젝트였다. 불국사는 '불국정토(佛國淨土)'의 구현을 목표로 삼았는데, 이는 신라인들이 불교를 단순한 신앙이 아니라 국가 운영의 철학으로 받아들였음을 보여준다.

석굴암은 토함산 기슭에 조성된 인공 석굴 사찰로, 불국사와 함께 유네스코 세계문화유산에 등재된 걸작이다. 본존불을 중심으로 한 석굴암의 구조는 우주적 질서와 불교의 이상 세계를 상징하며, 예술성과 종교성이 완벽하게 결합한 작품으로 평가된다. 석굴암은 단순한 예배 공간이 아니라, 신라인들이 꿈꾸었던 이상 세계와 국가 비전을 돌에 새긴 상징물이었다.

이 두 건축물은 신라의 문화적 수준이 얼마나 높았는지를 보여주는

동시에, 국가가 물질적 부강만이 아니라 정신적 이상을 추구했음을 입
증한다.

문화와 종교가 이룬 국가 비전

불국사와 석굴암은 단순한 종교 시설이 아니었다. 그것은 신라인들
이 국가와 사회를 어떤 방향으로 이끌어 가고자 했는지 보여주는 국
가 비전의 산물이었다.

첫째, 불국사는 정토 신앙의 구현이었다. 이는 혼란스러운 현실 세계
속에서도 백성들에게 안식과 희망을 주고자 하는 의지를 담고 있었다.
국가가 종교적 상징을 통해 국민의 마음을 하나로 모으려 한 것이다.

둘째, 석굴암은 우주적 질서와 인간 존재의 의미를 형상화한 예술이
었다. 정교한 건축 기법과 수학적 비례는 단순한 장인의 솜씨를 넘어
선 과학적 성취였다. 이는 국가적 차원에서 축적된 지식과 기술이 총
동원된 결과였다.

셋째, 두 건축물은 신라가 동아시아 문화의 중심으로 자리매김하려
했던 국제적 비전의 표현이었다. 중국과 인도의 불교문화를 수용하되,
신라만의 독창적 예술로 재창조함으로써 '문화 강국 신라'를 세계에 드
러낸 것이다.

결국 불국사와 석굴암은 신라인들의 정신적 이상과 국가적 꿈이 응
축된 상징이었다. 정치적 통일이 이뤄진 뒤, 문화적 통합과 정신적 결

속을 강화하기 위한 국가 전략의 일부였다고도 할 수 있다.

오늘의 교훈 - 문화는 국가의 영혼이다

불국사와 석굴암이 오늘날까지 감동을 주는 이유는 단순히 오래된 건축물이어서가 아니다. 그 속에는 신라 사람들이 꿈꾸었던 국가의 이상, 곧 문화가 곧 국가의 영혼이라는 깨달음이 담겨 있기 때문이다.

첫째, 문화적 투자와 비전의 중요성이다. 신라는 전쟁의 상처를 치유하고 통합된 국가를 다지기 위해 문화와 예술에 아낌없이 투자했다. 오늘날 한국도 경제 발전만으로는 지속 가능한 성장을 담보할 수 없다. 문화와 예술, 정신적 가치에 대한 투자가 미래 사회의 품격을 결정한다.

둘째, 과학과 예술의 융합이다. 석굴암의 구조와 불국사의 설계는 과학적 지식과 예술적 감각이 결합한 결과물이었다. 21세기 한국 역시 과학기술과 인문학, 예술을 융합하는 창의적 비전이 필요하다.

셋째, 국제적 소통과 문화 자산이다. 신라는 외래문화를 단순히 모방하지 않고, 자신만의 색깔로 재창조했다. 오늘날 한국이 세계 속에서 'K-문화'를 확산시키는 것도 같은 맥락이다. 단순한 수출이 아니라, 한국적 정체성을 담아낸 문화가 세계인의 공감을 얻고 있다.

역사는 말한다. 국토는 언젠가 변할 수 있지만, 문화는 세대를 넘어 국가의 혼을 이어간다. 불국사와 석굴암은 바로 그 사실을 보여주는

살아 있는 증거다. 한국 사회가 앞으로 나아갈 길 역시, 문화적 비전
속에서 찾을 수 있다.

발해 대조영,
이민과 개방의 국가 건설

고구려 멸망의 상처와 대조영의 결단

668년 고구려가 무너졌을 때, 만주의 광활한 땅은 수많은 유민의 눈물과 절망으로 뒤덮였다. 700년 가까운 역사와 문화를 지닌 강대국이 순식간에 사라지자, 백성들은 뿔뿔이 흩어졌다. 당나라와 신라는 고구려 땅을 분할하며 세력을 키우려 했지만, 고구려인들의 뿌리 깊은 자존심과 독립 의지는 쉽게 꺾이지 않았다.

이 와중에 고구려 장수 출신 대조영이 등장했다. 그는 당나라에 협력하거나 신라에 흡수되는 길을 택하지 않았다. 대신 만주의 동모산 일대에서 고구려 유민과 말갈 집단을 모아 새로운 국가 건설의 기틀을 다졌다. 698년, 그는 '진국(震國)'을 선포했으며, 후일 국호를 '발해(渤海)'로 바꾸었다.

대조영의 결단은 단순한 망명이나 도피가 아니었다. 그것은 "멸망한 나라를 넘어, 새로운 나라를 세우겠다"는 담대한 비전이었다. 역사의 큰 흐름을 보면, 멸망 뒤에도 유민을 규합해 국가를 다시 세운 사례는

제1부 고대, 국가의 기틀을 세우다

많지 않다. 대조영은 그 어려운 길을 걸어간 인물이었다.

다민족 융합과 개방적 국가 운영

발해의 가장 큰 특징은 다민족·다문화 국가라는 점이었다.

첫째, 국민 구성의 다양성이다. 발해는 고구려 유민이 주축이었지만, 말갈족을 비롯해 북방 여러 부족이 결합한 다민족 국가였다. 당시 대부분의 국가가 단일 민족적 성격을 띠었음을 고려하면, 이는 매우 이례적인 현상이었다. 대조영은 지배·피지배의 일방적 구도를 만들기보다는, 각 부족의 전통과 문화를 일정 부분 존중하며 공존을 추구했다.

둘째, 제도의 유연한 수용이다. 발해는 고구려의 정치 제도를 이어받는 한편, 당나라의 선진 문물을 적극 수용했다. 중앙 행정 체계인 '3성 6부' 제도는 당나라를 본받았지만, 운영은 고구려식으로 변용했다. 이는 현실과 전통을 모두 살린 융합의 지혜였다.

셋째, 대외 교류의 적극성이다. 발해는 당나라와의 사신 교환, 일본과의 외교 관계, 신라와의 긴장과 교류를 통해 국제적 위상을 높였다. 일본 사서에는 발해 사신의 빈번한 왕래가 기록되어 있으며, 당나라에서는 발해를 '해동성국(海東盛國)'이라 칭하며 동아시아 강국으로 인정했다. 개방과 교류는 발해가 단기간에 부국강병을 이룰 수 있었던 핵심 요인이었다.

오늘의 교훈 - 발해의 유산

926년, 발해는 거란의 침입으로 멸망했다. 그러나 불과 200여 년 동안의 역사 속에서 발해가 남긴 유산은 결코 작지 않다.

첫째, 역사 인식의 교훈이다. 발해는 오랫동안 우리 역사에서 소외됐다. 조선 후기 실학자 유득공이 『발해고』를 집필하기 전까지, 발해는 사실상 잊힌 존재였다. 이는 역사를 보는 시야가 한반도에만 갇혀 있었음을 보여준다. 오늘날 우리는 발해를 고구려의 계승국으로, 한국사의 당당한 일부로 재인식해야 한다.

둘째, 개방과 융합의 가치다. 발해는 다민족·다문화 속에서 국가 정체성을 세웠다. 오늘날 한국은 이민과 다문화 사회로 나아가는 길목에 서 있다. 발해의 경험은 우리에게 단일 민족 신화에 갇히지 말고, 다양성을 포용하는 미래를 설계해야 함을 시사한다.

셋째, 지도자와 민중의 의지다. 멸망의 잿더미 속에서도 대조영과 유민들은 체념하지 않았다. 새로운 땅에서 국가를 일으켰다. 이는 "위기 속에서도 미래를 향한 용기 있는 선택이 역사를 바꾼다"라는 사실을 증명한다.

발해의 정신은 오늘의 우리에게 말한다. 개방과 융합, 그리고 새출발의 용기야말로 위기를 넘어 미래로 나아가는 열쇠라는 것을.

제1부 고대, 국가의 기틀을 세우다

해상왕 장보고와 글로벌 무역 네트워크

신라인에서 해상왕으로 - 장보고의 출발

9세기 초, 신라 사회는 심각한 균열에 시달리고 있었다. 중앙 귀족의 전횡과 지방 세력의 성장, 경제적 불평등은 나라를 흔들고 있었다. 이런 혼란을 피해 많은 백성이 해외로 진출했다. 산둥반도와 양쯔강 하류, 일본 규슈 등에는 이미 신라인 집단 거주지, 즉 신라방(新羅坊)이 형성되어 있었다.

이곳에서 두각을 나타낸 인물이 바로 장보고(張保皐, ?~846)다. 그는 젊은 시절 신라에서 벗어나 당나라로 건너가 무관으로 성장했고, 뛰어난 군사력과 조직력을 바탕으로 국제 무대에서 활약했다. 단순한 상인이 아닌, 군사와 정치, 경제를 두루 아우른 인물이 바로 장보고였다.

장보고는 당나라 군에서 활동하며 국제 정세와 해상 교통로를 익혔다. 나아가 산둥반도의 적산법화원(赤山法華院) 같은 종교·문화적 거점을 후원하며 신라인 네트워크를 강화했다. 이는 장차 그가 동아시아 해상 세계를 주도하는 기초가 되었다. 한 개인의 해외 진출이 어떻게 국가적 차원의 영향력으로 확장될 수 있는지를 보여주는 사례였다.

청해진 설치와 해상 네트워크 구축

장보고의 업적 가운데 가장 핵심은 청해진(淸海鎭)의 설치다. 828년, 그는 신라로 돌아와 흥덕왕에게 요청해 완도에 청해진을 설치했다. 청해진은 군사 기지이자 무역 기지, 나아가 문화 교류의 허브였다.

첫째, 군사적 기능이다. 당시 동아시아 해상은 해적의 위협이 심각했다. 장보고는 훈련된 해상 세력을 조직해 해적을 소탕하고, 항로의 안전을 확보했다. 이는 단순한 치안 유지가 아니라, 국제 무역의 신뢰를 쌓는 기반이었다.

둘째, 경제적 기능이다. 청해진은 한반도, 중국, 일본을 잇는 중간 기착지였다. 신라의 금, 인삼, 직물은 중국과 일본으로, 중국의 비단과 도자기는 신라와 일본으로, 일본의 황금과 진주는 다시 신라와 중국으로 흘러갔다. 장보고는 이를 통해 동아시아의 무역 네트워크를 사실상 독점했다.

셋째, 문화적 기능이다. 청해진은 단순한 무역항이 아니라 불교·학문·기술이 오가는 교류의 장이었다. 장보고는 불교 사찰을 세우고 학승과 장인들을 보호했다. 이를 통해 해상 실크로드라 불릴 만한 문명 교류의 길을 열었다.

청해진은 오늘날로 치면 국제 자유무역항이나 글로벌 허브 공항과 같은 기능을 수행했다. 장보고는 이를 통해 신라의 영향력을 한반도 안에 가두지 않고, 동아시아 전역으로 확장했다.

오늘의 교훈- 장보고의 몰락과 시사점

그러나 장보고의 눈부신 활약은 오래가지 못했다. 그는 신라 중앙 권력의 견제를 받았고, 결국 846년 김양의 자객에게 암살당했다. 장보고의 몰락은 개혁적 인물이 기존 권력 구조와 충돌할 때 겪는 비극적 운명을 잘 보여준다.

첫째, 정치권력과 경제 권력의 갈등이다. 장보고는 해상 무역을 통해 막대한 부와 병력을 거느렸다. 이는 중앙 귀족들에게 위협이 되었다. 중앙 권력은 장보고를 포용하기보다는 제거하는 길을 택했다. 이는 신라가 국제적 기회를 잃고, 쇠퇴로 들어서는 계기가 되었다.

둘째, 글로벌 리더십의 상징성이다. 장보고는 출신 신분에 얽매이지 않고 국제 무대에서 성공을 거둔 인물이었다. 그는 이민자 공동체를 조직하고, 무역과 문화를 잇는 글로벌 네트워크의 창시자였다. 오늘날 한국이 세계 속에서 어떤 위치를 차지해야 하는지 고민할 때, 장보고의 개방성과 도전 정신은 여전히 유효하다.

셋째, 개방과 포용의 가치다. 장보고는 신라인뿐 아니라 당인, 일본인, 다양한 집단을 아우르며 네트워크를 구축했다. 이는 다문화 사회와 글로벌 협력이 필수적인 오늘날에도 직접적인 시사점을 준다. 국가와 사회가 폐쇄적일 때 쇠퇴하고, 개방적일 때 성장한다는 사실을 역사는 증명한다.

장보고의 죽음 이후 청해진은 빠르게 쇠락했고, 신라는 국제적 위상을 잃었다. 그러나 그의 삶과 도전은 여전히 남아 있다. 오늘날 한국

사회가 이민·무역·글로벌 네트워크의 문제를 논할 때, 장보고는 과거가
아니라 현재진행형의 교훈이다.

제1부 고대, 국가의 기틀을 세우다

제2부

고려, 왕조의 흥망과 제도 실험

고려는 제도 실험과 외세 침입 속에서 끊임없이 스스로를 재구성한 국가였다. 과거제의 도입, 유교 정치, 학문 교류를 통한 문명적 재창조가 있었던 반면, 거란·몽골과의 전쟁, 내부 권력투쟁은 왕조의 지속성을 위협했다. 공민왕의 개혁은 새로운 사회세력의 등장과 변화를 알렸으나, 위화도 회군은 제도의 균열이 어떻게 왕조의 종말을 이끄는지 보여주는 결정적 사건이었다. 고려의 흥망은 제도·사상·리더십의 균형이 얼마나 중요한지를 드러낸다.

왕건의 고려 건국과 혼인 정책

후삼국의 혼란과 새로운 리더의 등장

9세기 말에서 10세기 초, 신라는 이미 힘을 잃고 있었다. 중앙 귀족의 분열과 지방 세력의 독립 움직임은 신라의 통치력을 무너뜨렸다. 이 틈을 타 견훤의 후백제, 궁예의 후고구려(나중에 태봉)가 등장하면서 한반도는 다시 분열의 소용돌이에 빠져들었다. 이른바 후삼국 시대였다.

혼란의 시대는 새로운 리더를 요구했다. 궁예의 휘하 장수였던 왕건(王建, 877~943)은 개경(개성) 출신 호족 세력 기반 위에 성장했다. 그는 바다 무역을 통해 부를 축적한 가문 출신이었고, 해상 세력과의 연결망을 갖고 있었다. 궁예의 카리스마적 권위와 폭정 사이에서, 왕건은 온화함과 포용력, 현실적 감각을 무기로 점차 세력을 키웠다.

918년, 궁예의 폭정을 더는 참지 못한 신하들이 왕건을 추대하여 새 왕조를 세웠다. 국호는 고려(高麗). 이는 고구려의 후예임을 자처하는 이름이었다. 왕건은 즉위와 함께 후삼국 통일의 대업을 향한 첫걸음을 내디뎠다.

미래는 과거에서 온다

혼인 정책- 혈연을 통한 정치적 네트워크

왕건이 후삼국을 통일할 수 있었던 중요한 기반 중 하나는 바로 혼인 정책이었다.

첫째, 지방 호족과의 혼인 동맹이다. 왕건은 전국 각지 유력 호족 가문과 혼인 관계를 맺었다. 그는 본처와 첩을 합쳐 수십 명의 부인을 맞이했으며, 그들의 가문과 정치적 연합을 구축했다. 혼인은 단순한 가정사가 아니라 정치적 동맹의 수단이었다. 왕건의 사위와 외손자는 고려 초기 권력층의 중추를 이루었고, 이는 나라의 기틀을 다지는 데 큰 힘이 되었다.

둘째, 민심 확보의 장치였다. 왕건은 혼인으로 얽힌 인척 관계를 통해 지방 세력의 협조를 얻고, 반란을 예방했다. 예컨대, 전라도 호족과의 연합은 후백제 견훤 세력을 압박하는 효과를 가져왔다. 혼인을 통한 연결망은 곧 정치적 안전망이었다.

셋째, 국가 통합의 전략이었다. 혼인 정책은 단순히 정략적 차원을 넘어, 다양한 지방 세력을 '고려'라는 틀 안에 포용하는 상징적 장치였다. 피 한 방울로 연결된 유대는 법과 명령보다 더 강력한 구속력을 발휘했다.

오늘날 시각으로 보면 다처제는 비판받을 여지가 많다. 그러나 당시 사회에서 혼인 정책은 후삼국 통일과 고려 건국이라는 대의에 부합하는 실용적 정치술이었다. 왕건은 현실을 읽고, 가장 효과적인 방법으로 세력을 결집했다.

오늘의 교훈- 왕건의 건국 이념

왕건은 단순한 무력 통일자가 아니었다. 그는 포용과 화합의 지도자였다.

첫째, 훈요십조(訓要十條)의 유산이다. 왕건은 후계자들에게 10가지 유훈을 남겼다. 그 핵심은 불교 장려, 지방 세력 존중, 북진 정책 유지, 그리고 백성들의 삶을 편안히 할 것 등이었다. 이는 고려가 500년 왕조로 이어질 수 있었던 정신적 지주였다.

둘째, 포용의 정치다. 왕건은 적대 세력마저 포용했다. 후백제 견훤이 내분으로 아들에게 쫓겨 고려에 망명했을 때, 왕건은 그를 후하게 대우했다. 적의 수장마저 품는 정치적 도량은 백성과 호족들에게 신뢰를 주었다.

셋째, 오늘의 교훈이다. 왕건의 혼인 정책은 오늘날로 치면 사회적 네트워크 구축과 연합 정치에 해당한다. 다양한 세력과의 연합 없이는 국가 통합이 불가능하다. 또한, 왕건이 보여준 포용과 균형 감각은 오늘날 정치 지도자들에게도 절실히 요구되는 덕목이다.

역사는 증언한다. 힘만으로는 나라를 세울 수 없고, 사람과의 연결망 속에서 국가의 기틀이 다져진다는 것을. 왕건은 혼인의 고리를 넘어, 신뢰와 포용의 정치로 고려 500년 역사의 초석을 놓았다.

광종의 과거제와 인재 등용

고려 초기의 혼란과 광종의 과제

918년 왕건이 고려를 세우고 후삼국을 통일했지만, 새 왕조의 기틀은 여전히 불안정했다. 호족들이 각 지역에서 독자적 권력을 행사하고, 왕실 내부에서도 계승 다툼이 끊이지 않았다. 중앙집권 체제를 확립하지 못한다면, 고려는 쉽게 분열될 위험에 놓여 있었다.

이때 즉위한 인물이 제4대 국왕 광종(光宗, 925~975)이다. 그는 왕건의 아들로서 949년에 왕위에 올랐다. 광종은 즉위 직후부터 강력한 왕권 확립을 최우선 과제로 삼았다. 지방 호족 세력과 공신 귀족들이 지나치게 권력을 독점하고 있었기 때문이다.

광종의 개혁은 크게 세 갈래였다. 노비안검법으로, 불법적으로 노비가 된 백성을 해방해 왕실의 직접 지배력을 확대했고, 관복 제정을 통해 중앙 귀족의 위계질서를 바로잡았다. 그리고 가장 결정적인 개혁이 바로 과거제(科擧制)의 도입이었다.

제2부 고려, 왕조의 흥망과 제도 실험

과거제 시행과 새로운 인재 등용 체제

958년, 광종은 중국 후주의 쌍기(雙冀)를 불러들여 과거제를 시행했다. 이는 한국사에서 최초의 국가 주도 인재 선발 시험이었다.

첫째, 호족 권력의 견제였다. 고려 초기 관직은 주로 개국 공신이나 호족 가문에 의해 세습되었다. 그러나 과거제를 통해 능력 있는 인재를 시험으로 선발하자, 가문보다 실력이 더 중요한 기준이 되었다. 이는 곧 호족의 세력을 약화하고, 왕권을 강화하는 결과를 낳았다.

둘째, 신진 관료층의 등장이다. 과거제를 통해 선발된 관리들은 왕에게 충성심을 보이는 경우가 많았다. 이들은 지방 기반이 약해 독자적으로 권력을 키우기 어려웠기 때문이다. 따라서 광종은 이들을 통해 새로운 관료 체제를 구축할 수 있었다.

셋째, 정치 문화의 변화다. 과거제는 단순한 시험이 아니라, 정치적 정당성의 새로운 기준이었다. 학문과 유교적 교양을 갖춘 자들이 국가 경영의 주체로 떠오르면서, 고려 사회는 점차 문치주의(文治主義)로 나아갔다. 이는 후대 조선까지 이어지는 관료 선발 제도의 기원이 되었다.

과거제는 당시 백성들에게도 꿈과 희망의 사다리였다. 신분이 높지 않아도 학문을 닦으면 출세할 수 있다는 인식은 사회에 새로운 활력을 불어넣었다.

오늘의 교훈- 광종 개혁의 성과

광종의 개혁은 긍정과 부정이 교차한다.

첫째, 성과는 분명했다. 왕권이 강화되었고, 고려는 국가체제로서 안정된 기반을 마련했다. 과거제 덕분에 인재들이 두각을 나타냈으며, 고려가 동아시아 문명국가로 자리매김하는 데 기여했다.

둘째, 부작용도 있었다. 광종은 권력 강화를 위해 숙청을 단행했고, 반대 세력을 철저히 제거했다. 이는 당시 귀족 사회에 큰 두려움을 불러일으켰다. 왕권은 강화되었지만, 사회적 갈등도 심화한 것이다.

셋째, 오늘의 교훈이다. 광종의 과거제 도입은 국가가 공정한 인재 선발 제도를 마련해야 한다는 사실을 보여준다. 가문이나 특권에 기대지 않고, 실력과 능력을 바탕으로 등용하는 시스템은 시대를 막론하고 국가 경쟁력의 핵심이다. 또한, 개혁은 강력한 의지와 추진력 없이는 불가능하지만, 동시에 사회적 합의와 균형이 필요하다는 점도 시사한다.

광종의 과감한 개혁은 고려를 왕조다운 왕조로 만들었고, 한국사 전체에 긴 그림자를 드리웠다. 역사는 말한다. 지도자가 시대를 바꾸려면 과감한 결단과 제도적 혁신이 필요하다고.

성종의 유교 정치 실험

광종 개혁 이후의 과제와 성종의 즉위

광종의 강력한 개혁은 왕권을 크게 강화했으나, 동시에 귀족 사회와 지방호족에게는 깊은 상처를 남겼다. 숙청의 공포와 왕권 집중의 긴장은 고려 사회에 불안정한 그림자를 드리웠다. 광종 사후, 잠시 혼란이 이어졌으나 981년 즉위한 성종(成宗, 재위 981~997)은 새로운 방향을 제시했다.

성종은 광종의 개혁 성과를 계승하면서도, 과도한 강압 대신 유교적 정치 이념을 토대로 국가 운영의 새로운 질서를 모색했다. 그는 유교 경전의 가르침을 존중했고, 중앙집권적 제도를 정비하며 고려 왕조를 안정시켰다. 특히, 그는 문신 관료를 중심으로 하는 정치 체제를 확립하려 했다.

성종의 즉위는 고려가 단순히 왕조를 세운 단계에서 벗어나, 제도적·사상적 기반 위에 나라를 다지는 시기였음을 상징한다.

유교 정치의 구체적 실험, 제도와 문치주의

성종이 추진한 유교 정치 실험은 크게 세 가지 방향에서 전개되었다.

첫째, 중앙집권 강화와 관료 체제 정비였다. 성종은 지방 호족의 힘을 약화하기 위해 지방관 파견을 확대했다. 지방관 제도는 단순히 행정 관리 차원을 넘어, 중앙의 권위를 지방에 직접 심는 장치였다. 이를 통해 고려는 전국적 지배 체제를 정착시켜 나갔다.

둘째, 유교 정치 이념의 제도화였다. 성종은 최승로의 건의를 받아들여 정치 운영에 유교적 덕목을 반영했다. 최승로는『시무 28조』를 올려 왕도 정치, 인재 등용, 불교와 유교의 균형 등을 강조했는데, 성종은 이를 국정 운영의 지침으로 삼았다. 성종이 강조한 문치주의(文治主義)는 무력보다는 문관을 중시하고, 학문과 예법을 정치의 기준으로 삼는 방향이었다.

셋째, 불교와 유교의 조화였다. 고려는 불교 국가였지만, 성종은 불교의 지나친 특권과 폐단을 줄이고, 유교적 합리성을 접목하려 했다. 사찰의 토지와 노비 문제를 정비하고, 유학 교육을 진흥해 균형을 꾀했다. 이는 고려가 사상적 기반을 넓히고, 국가 운영의 합리성을 확보하는 계기가 되었다.

성종의 정치 실험은 단순히 제도 개혁이 아니라, 새로운 국가 정체성을 세우는 작업이었다.

오늘의 교훈- 성종 정치 실험의 의의

성종의 유교 정치 실험은 고려사에서 중요한 전환점을 마련했다.

첫째, 안정적 국가 운영의 기반이었다. 광종이 과감한 개혁으로 제도를 뼈대 삼았다면, 성종은 유교적 정치 이념으로 그 뼈대를 다듬었다. 제도와 사상이 결합하면서 고려는 장기적 안정에 들어설 수 있었다.

둘째, 관료제와 학문 중심 사회의 발전이다. 성종은 문관 중심 체제를 확립해 고려 정치 문화가 점차 학문과 제도를 중시하는 방향으로 발전하도록 이끌었다. 이후 고려의 지식인 계층, 즉 사대부의 성장은 성종의 정책에서 기초를 찾을 수 있다.

셋째, 오늘의 교훈이다. 성종의 선택은 강압 일변도의 정치가 아니라, 사상과 제도의 결합이 국가를 안정시키는 길임을 보여준다. 단기적 성과만을 중시하기보다, 장기적 비전과 가치에 기반을 둔 정치는 오늘날에도 필요하다. 또한, 성종이 보여준 종교와 이념의 균형 감각은 다원화된 현대 사회에서 더욱 중요한 덕목이다.

성종의 유교 정치 실험은 고려를 동아시아 문명국가의 일원으로 자리매김하게 했고, 후대 조선의 성리학 국가체제로 이어지는 교량 역할을 했다. 역사는 말한다. 제도 위에 사상이 더해질 때, 국가는 비로소 오래가는 기틀을 갖추게 된다고.

미래는 과거에서 온다

거란 전쟁과 서희의 담판

거란의 위협과 고려의 위기

10세기 후반 동북아는 새로운 강자의 등장으로 흔들리고 있었다. 만주의 거란족은 요나라를 세우고 급속히 세력을 넓혀가며, 고려에 심각한 압박을 가했다. 고려가 송나라와 우호 관계를 맺자, 이를 견제하려는 거란의 침입은 불가피했다.

993년, 거란의 소손녕이 80만 대군을 이끌고 고려를 침공했다. 고려 조정은 충격에 휩싸였다. 막대한 병력 차와 군사적 열세를 고려하면 정면 대결은 패배가 뻔했다. 왕과 신료들은 항복이냐 항전이냐를 두고 격론을 벌였다. 국가의 운명이 풍전등화에 놓인 순간, 전면전에 나서는 것은 자멸에 가까운 선택일 수 있었다.

이 위기 국면에서 등장한 인물이 바로 외교관 서희(徐熙)였다. 그는 무력 대신 담판을 통해 문제를 풀 것을 주장했다. 당시로서는 파격적인 선택이었다.

서희의 담판, 외교적 승리의 전형

서희는 소손녕을 직접 만나 협상에 나섰다. 그는 담판에서 몇 가지 전략적 논리를 구사했다.

첫째, 명분의 전환이었다. 서희는 고려가 고구려의 계승국임을 강조했다. 따라서 만주 지역은 원래 고려의 땅이라는 논리를 폈다. 거란이 침략자가 아니라, 오히려 고려가 정당한 계승자임을 역설한 것이다.

둘째, 국제 질서 활용이었다. 서희는 고려가 송과 동맹 관계를 맺고 있지만, 거란과 화친한다면 송과 단교할 의지가 있음을 시사했다. 이는 거란의 근심을 덜어주고, 고려의 협상력을 높였다.

셋째, 실질적 이익 제시였다. 서희는 단순히 전쟁 중단을 요청한 것이 아니라, 거란이 얻을 수 있는 실익을 제시했다. 고려와 거란이 외교 관계를 맺고, 조공을 통해 명분을 충족시킨다면 불필요한 전쟁을 피할 수 있다는 점을 설득했다.

협상 결과는 놀라웠다. 거란은 고려의 주장을 받아들였을 뿐 아니라, 오히려 압록강 동쪽 280km에 달하는 강동 6주를 고려에 할양했다. 전쟁은커녕 국토가 넓어지는 결과를 얻은 것이다. 이는 한국 외교사에서 손꼽히는 승리였다.

오늘의 교훈- 외교 담판의 유산

서희의 담판은 단순한 일회성 외교 성공이 아니었다. 그가 남긴 교훈은 지금도 유효하다.

첫째, 무력보다 지혜의 힘이다. 당시 고려는 전면전을 치를 군사적 역량이 부족했다. 그러나 서희는 전쟁 대신 외교 협상을 통해 승리를 거두었다. 이는 지혜와 언변, 전략적 사고가 무력 못지않은 힘임을 보여준다.

둘째, 명분과 실리의 균형이다. 서희는 고려의 정통성을 강조하는 명분 외교와 거란의 체면을 세워주는 실리 외교를 동시에 구사했다. 국제 관계에서 명분만으로는 부족하고, 실리만으로는 지속성을 담보할 수 없다. 두 가지를 적절히 결합한 것이 승리의 열쇠였다.

셋째, 오늘의 교훈이다. 한반도는 지금도 강대국 사이에서 외교적 줄타기를 해야 하는 위치에 있다. 서희의 사례는 약소국이라도 지혜로운 외교 전략을 구사하면 충분히 국익을 지킬 수 있음을 증명한다. 당당함과 유연함, 원칙과 현실 사이의 균형이야말로 외교의 본질이다.

서희의 담판은 고려를 지켜낸 사건이자, 외교가 국가 안보의 핵심임을 보여준 사례였다. 역사는 증언한다. 말 한마디가 칼 백만을 이길 수 있다는 것을.

대몽항쟁과 삼별초의 교훈

몽골 제국의 침략과 고려의 시련

13세기 초, 유라시아를 뒤흔든 몽골 제국은 압도적인 군사력을 앞세워 동아시아를 휩쓸었다. 1231년, 살리타이 장군이 이끄는 몽골군이 고려에 침입하면서 한반도는 장장 40여 년간 이어지는 대몽항쟁의 소용돌이에 빠졌다.

고려 조정은 강화도로 천도해 장기 항전을 시도했다. 바다로 둘러싸인 강화도는 몽골 기병의 기동력을 무력화시킬 수 있는 요충지였다. 그러나 이 선택은 백성들에게 막대한 고통을 안겼다. 몽골군은 육지에 남은 고려 백성들을 무차별 학살하고, 농토를 유린했다. 백성들은 전쟁의 희생양이 되면서 점차 조정에 대한 불만을 품게 되었다.

40년 가까운 항전은 고려 사회를 피폐하게 만들었다. 불타는 사찰, 짓밟힌 농토, 유린당한 마을 속에서 고려는 존망의 기로에 섰다. 결국 1259년 원종은 굴욕적인 강화 조약을 맺고 몽골과의 화친을 선택할 수밖에 없었다. 그러나 이 과정에서 고려의 저항 정신은 쉽게 꺾이지 않았다.

삼별초의 항쟁, 고려 민중의 의지

몽골과의 화친은 왕실과 일부 귀족의 선택이었을 뿐, 모든 이가 받아들인 것은 아니었다. 바로 여기서 등장한 세력이 삼별초(三別抄)였다.

삼별초는 원래 고려 무신정권이 조직한 군사 집단이었다. 좌별초·우별초·신의군으로 이루어진 특수 부대였으며, 무신 집권기 권력 유지의 핵심 세력이었다. 그러나 고려가 몽골과 화친하면서 해체 명령이 내려지자, 삼별초는 이를 거부하고 무장봉기를 일으켰다.

그들은 1270년 강화도를 떠나 진도를 근거지로 삼아 항쟁을 전개했다. 삼별초는 단순한 군사 집단이 아니라, 몽골 지배에 맞선 민중 저항의 상징이었다. 진도에서 일본, 남송과의 연계를 시도하며 국제적 지원을 모색하기도 했다.

삼별초 항쟁은 진도가 함락된 뒤에도 끝나지 않았다. 지도부는 제주도로 옮겨 최후의 항전을 벌였다. 비록 1273년 제주도 함락과 함께 역사의 무대에서 사라졌지만, 그들의 저항은 고려 백성들의 독립 의지를 대변했다.

오늘의 교훈- 삼별초 항쟁의 유산

삼별초 항쟁은 실패로 끝났지만, 그 의미와 교훈은 깊다.

첫째, 민중의 자주 의지다. 왕실과 귀족이 현실적 타협을 택했을 때,

제2부 고려, 왕조의 흥망과 제도 실험

삼별초와 백성들은 끝까지 항전했다. 이는 고려사의 저항 정신을 보여 주는 동시에, 역사가 단지 왕과 귀족의 기록만으로 이루어지지 않음을 증명한다.

둘째, 국제 정세 활용의 한계다. 삼별초는 일본·남송과 손잡으려 했으나, 현실적인 국제 지원을 얻는 데 실패했다. 외교적 고립 속에서 자력 항쟁만으로는 한계가 있었다. 이는 오늘날에도 작은 나라가 국제 연대를 확보하지 못할 때 처하는 구조적 어려움을 잘 보여준다.

셋째, 오늘의 교훈이다. 삼별초 항쟁은 패배했지만, 그들의 정신은 후대에 독립 의지와 민족자존의 상징으로 계승되었다. 위기에 처한 공동체는 언제든 권력자의 타협을 넘어, 민중의 저항으로 존립을 이어갈 수 있다. 또한 국제 관계 속에서 원칙 있는 저항과 현실적 외교의 균형이 얼마나 중요한지도 일깨워 준다.

역사는 증언한다. 삼별초는 무너졌지만, 그들의 정신은 고려의 자주성을 지탱한 불씨였고, 훗날 한국인의 저항 DNA로 이어졌다는 것을.

미래는 과거에서 온다

묘청의 난, 사상과 권력의 충돌

서경 천도론과 개혁의 열망

고려 인종(재위 1122~1146) 대는 정치적, 사상적 갈등이 극심했던 시기였다. 개혁적 성향의 승려이자 정치가였던 묘청(妙淸)은 새로운 비전을 제시했다. 그는 고려가 더 이상 개경(개성)에 머물러서는 안 되고, 서경(평양)으로 천도해야 한다고 주장했다.

묘청의 주장은 단순한 수도 이전이 아니었다. 그는 서경을 고구려의 옛 도읍으로 인식하며, 고려가 고구려의 계승국임을 명확히 해야 한다고 보았다. 또한 송나라에 지나치게 의존하는 외교 노선을 버리고, 금나라를 견제하며 자주적인 대외 관계를 지향해야 한다고 주장했다. 이는 곧 자주적 정치와 북진 정책, 불교와 도교적 이상을 결합한 새로운 국가 비전이었다.

그의 사상은 당시 개혁을 갈망하던 신진 세력에게 매력적으로 다가왔다. 서경 천도론은 단순한 행정적 논의가 아니라, 정치적 혁신과 사상적 전환의 상징이었다.

김부식과 사대부의 반대, 사상과 권력의 대립

그러나 묘청의 주장은 곧바로 거센 반대에 부딪혔다. 대표적 인물이 유교적 합리주의를 앞세운 김부식(金富軾)이었다.

김부식과 개경의 보수적 관료들은 송과의 외교 관계를 유지하고, 성리학적 가치에 기반한 정치 질서를 강조했다. 이들에게 묘청의 서경 천도와 자주 노선은 무모한 모험이자 체제 불안을 초래하는 급진적 발상으로 보였다.

결국 양측의 대립은 사상과 권력의 충돌로 비화했다. 묘청은 서경에서 반란을 일으켰고, 이는 역사상 유명한 묘청의 난(1135)으로 기록되었다. 그러나 반란은 오래가지 못했다. 김부식이 이끄는 개경 관군의 진압으로 불과 1년 만에 실패로 끝났다.

묘청의 난은 군사적 사건이었지만, 그 본질은 유불도 개혁 사상과 유교적 합리주의의 충돌이었다. 나아가 지방 세력과 중앙 귀족의 갈등, 자주 노선과 사대 외교의 대립이 뒤엉킨 복합적 사건이었다.

오늘의 교훈- 묘청의 난이 남긴 의미

묘청의 난은 실패로 끝났지만, 그 의미는 크다.

첫째, 사상의 다양성과 긴장이다. 고려는 불교 국가였으나, 유교적 정치 이념이 점차 뿌리내리던 시기였다. 묘청의 난은 사상 전환기의 충

미래는 과거에서 온다

돌을 보여주었다. 새로운 비전이 기존 질서와 부딪힐 때 어떤 파열음을 내는지를 잘 보여준다.

둘째, 중앙과 지방의 갈등이다. 서경 세력은 지방 기반 개혁 세력이었고, 개경은 중앙 귀족의 본거지였다. 묘청의 난은 고려 사회 구조적 긴장의 폭발이기도 했다. 이는 훗날 고려가 지방 분열과 무신정권의 혼란을 겪게 되는 예고편이었다.

셋째, 오늘의 교훈이다. 묘청의 난은 "개혁은 명분만으로는 성공할 수 없다"는 사실을 일깨운다. 사상과 이상이 아무리 참신해도, 정치적 기반과 현실적 힘이 뒷받침되지 않으면 좌절할 수밖에 없다. 동시에 김부식의 보수적 합리주의도 한계가 있었다. 과도한 보수는 국가의 활력을 갉아먹을 수 있기 때문이다.

역사는 묻는다. 묘청의 난은 실패였는가, 아니면 시대를 앞서간 도전이었는가? 아마도 그것은 두 가지 모두일 것이다. 비록 무너졌지만, 묘청의 열망은 한국사 속 자주정신과 개혁 의지의 한 원류로 남았다.

무신정권과 최충헌의 권력 유지술

무신정변과 새로운 권력의 탄생

1170년, 고려 정치사는 거대한 전환점을 맞는다. 문신 중심의 정권 운영에 불만을 품은 무신들이 정변을 일으켜 정권을 장악한 것이다. 이른바 무신정변(武臣政變)이다.

무신들은 오랫동안 문신에게 억눌려 왔다. 전장에서 목숨을 걸고 싸우며 국경을 지켰지만, 정권의 실권은 언제나 문신이 독점했다. 그 불만이 폭발하면서 무신들은 일거에 정권을 뒤엎었다. 그러나 무신정변 이후의 정치는 혼란 그 자체였다. 정변 주도자들이 서로 권력을 다투었고, 수많은 집권자가 짧은 시간 안에 바뀌었다.

이 혼란의 소용돌이 속에서 두각을 나타낸 인물이 바로 최충헌(崔忠獻, 1149~1219)이다. 그는 1196년 무신 이의민을 제거하고 권력을 장악하면서, 이후 60여 년간 이어지는 최 씨 무신정권의 기틀을 마련했다. 고려 정치사는 이때부터 새로운 국면으로 접어든다.

미래는 과거에서 온다

최충헌의 권력 유지술, '조직, 제도, 명분'

최충헌이 단순히 무력으로만 권력을 유지한 것은 아니었다. 그는 다양한 방식으로 권력을 제도화하고 안정시켰다.

첫째, 사병 조직화다. 최충헌은 자신의 친위부대를 '도방(都房)'으로 정비했다. 도방은 단순한 무장이 아니라, 체계적으로 훈련되고 충성심으로 무장한 사병 집단이었다. 도방을 통해 최충헌은 정적을 제압하고, 정권 기반을 튼튼히 다졌다.

둘째, 교정도감 설치다. 그는 1199년 '교정도감(敎定都監)'이라는 새로운 기구를 설치했다. 이는 국가 정책을 총괄하는 최고 권력 기구로, 사실상 왕권을 대신하는 권력 기관이었다. 교정도감을 장악함으로써 최충헌은 실질적인 국가 운영의 주도권을 쥐었다.

셋째, 명분의 확보다. 최충헌은 왕을 폐하거나 새로 세우는 권력을 행사하면서도, 왕조 자체를 무너뜨리지는 않았다. 그는 고려 왕실을 존속시키며 '왕을 보좌한다'라는 형식을 유지했다. 이를 통해 자신의 정권을 쿠데타 세력이 아니라, 합법적 통치 세력으로 포장할 수 있었다.

넷째, 경제적 기반 강화다. 최충헌은 자신의 가문에 광대한 토지를 확보하고, 경제력을 강화했다. 재정적 자립이 있었기에 군사력과 정치력을 안정적으로 유지할 수 있었다.

제2부 고려, 왕조의 흥망과 제도 실험

최충헌과 그 후손들이 이어간 최 씨 무신정권은 60여 년간 지속되었다. 그러나 그 권력이 영원하지는 않았다.

첫째, 권력 집중의 명암이다. 최충헌은 강력한 권력 집중으로 혼란을 수습했지만, 지나친 권력 독점은 필연적으로 내부 부패를 낳았다. 그의 후손들 역시 권력을 세습하면서 점차 기강이 무너졌다.

둘째, 민중의 고통이다. 무신정권은 권력을 유지하는 데 성공했지만, 민중의 삶을 크게 개선하지는 못했다. 권력 투쟁과 군사력 강화에 자원이 소모되면서 농민과 백성은 여전히 빈곤과 착취에 시달렸다. 결국 민란과 사회 불안은 계속되었다.

셋째, 오늘의 교훈이다. 최충헌의 권력 유지술은 한편으로는 정치적 안정을, 다른 한편으로는 민심 이반을 불러왔다. 이는 지도자가 권력을 유지하는 방식이 단순히 '강한 힘'에 달린 것이 아님을 보여준다. 제도와 명분, 경제 기반이 뒷받침되어야 하며, 동시에 민중의 지지가 수반되지 않으면 권력은 오래갈 수 없다.

최충헌의 무신정권은 고려 왕조를 존속할 수 있게 했지만, 동시에 권력의 본질이 무엇인지에 관한 질문을 던진다. 역사는 말한다. 권력은 힘으로 쟁취할 수 있지만, 오직 민심으로만 지속될 수 있다고.

충선왕과 만권당
-학문 교류의 힘

원 간섭기와 충선왕의 즉위

13세기 후반, 고려는 몽골의 간섭 속에서 국권을 크게 제약받고 있었다. 원나라의 간섭 체제는 단순한 외교적 종속을 넘어, 왕의 즉위와 폐위마저 원 황제의 승인 없이는 불가능할 정도였다. 이 시기를 흔히 원 간섭기라 부른다.

그럼에도 고려 왕실은 나름의 자율성과 문화를 지켜내려 했다. 그 중심에 선 인물이 바로 충선왕(忠宣王, 1275~1325, 재위 1298·1308~1313)이다. 그는 원나라에서 성장하며 국제 정세와 문화를 몸소 경험했다. 젊은 시절 원나라의 세자와 교류하며 시야를 넓혔고, 즉위 이후에는 원나라 수도 대도(大都, 오늘날 베이징)에서 장기간 머물며 고려와 원의 가교 구실을 했다.

충선왕은 권력 정치에서 성공적 군주라 보기 어렵다. 두 차례나 폐위와 복위를 거듭했을 만큼 정치적 입지는 불안정했다. 그러나 그는 다른 방식으로 자신의 시대를 빛냈다. 바로 학문과 문화, 지식 교류를 통한 정신적 주권의 수호자였다.

만권당의 설립과 학문 교류

충선왕의 가장 큰 업적은 단연 만권당(萬卷堂)의 설립이다. 만권당은 원나라 대도에 세운 학문 연구소이자 서재였다. 이름 그대로 '만 권의 책이 있는 집'이라는 뜻을 담고 있었다.

첫째, 지식 교류의 장이었다. 만권당에는 고려와 원나라, 나아가 중원의 학자들이 모여 학문을 논했다. 고려의 이제현, 원나라의 유학자 조맹부 등이 교류하며 동아시아 학문사의 새로운 장을 열었다. 만권당은 단순히 책을 보관하는 공간이 아니라, 사상과 지식이 오가는 국제 학술 공동체였다.

둘째, 정치적 제약을 학문으로 극복한 사례였다. 고려 왕이 원의 간섭으로 국정에 제약받는 상황에서, 충선왕은 학문과 문화에서 자율성을 확보했다. 만권당을 통해 고려의 정체성을 잃지 않고, 지식 교류를 통해 새로운 활로를 열었다.

셋째, 문화 융합의 모델이었다. 만권당에서는 유교 경전 해석뿐 아니라 시문, 서예, 불교와 도교 사상까지 논의되었다. 이는 고려 지식인들에게 큰 자극이 되었고, 한국 학문 전통에 깊은 영향을 남겼다. 특히 이제현은 만권당에서 배운 학문을 고려에 전파하며, 후대 성리학 발전의 토대를 닦았다.

오늘의 교훈 - 만권당의 의미

충선왕의 만권당은 단순한 서재가 아니었다. 그것은 정신적 독립의 상징이었다.

첫째, 지식 교류의 힘이다. 군사력이나 정치적 권력이 부족해도, 학문과 문화의 교류를 통해 국격을 높일 수 있다. 충선왕은 외교와 권력에서 불리한 처지였지만, 학문 교류를 통해 고려의 지적 위상을 드높였다.

둘째, 문화 자율성의 중요성이다. 원 간섭기라는 굴욕적 상황에서도, 고려는 문화적 주체성을 지켜냈다. 만권당은 고려가 단순한 속국이 아니라, 동아시아 지식 네트워크의 중요한 일원임을 증명했다.

셋째, 오늘의 교훈이다. 작은 나라라도 국제사회 속에서 주도성을 발휘하려면, 군사력 못지않게 문화적 자산과 지식 경쟁력이 필요하다. 충선왕의 선택은 힘의 논리에 종속된 시대에도, 학문과 문화가 독립과 자존의 버팀목이 될 수 있음을 보여준다.

충선왕은 정치적으로는 흔들렸지만, 학문과 문화의 영역에서 고려의 주권을 지켜냈다. 역사는 말한다. 무너진 나라를 다시 세우는 힘은, 때로는 군사력이 아니라 지식과 문화에서 비롯된다는 것을.

공민왕의 개혁과 신진사대부

원 간섭기 극복과 개혁의 출발

14세기 중반, 고려는 원나라의 간섭 속에 깊이 얽혀 있었다. 왕의 즉위조차 원 황제의 허락을 받아야 했고, 공녀와 재정 부담, 심지어 군사 문제까지 원의 지배 아래 놓여 있었다. 이러한 상황에서 즉위한 인물이 공민왕(恭愍王, 1330~1374, 재위 1351~1374)이다.

공민왕은 즉위와 동시에 원의 간섭에서 벗어나려는 개혁을 추진했다. 원의 세력이 약화하는 국제 정세를 기회로 삼았다. 1356년, 그는 반원 세력과 협력해 기철을 비롯한 친원파 권문세족을 숙청하고, 정동행성을 폐지하여 고려의 자주성을 회복했다. 이는 고려가 다시금 독립 국가로 설 수 있음을 보여주는 상징적 조치였다.

공민왕의 개혁은 단순한 반원 정책에 그치지 않았다. 토지 제도를 개혁하고, 불교의 폐단을 줄이며, 중앙집권적 권력을 강화하는 등 근본적인 체제 정비를 목표로 했다.

미래는 과거에서 온다

신진사대부의 부상과 개혁 동력

공민왕 개혁의 중요한 동력은 신진사대부(新進士大夫)였다.

첫째, 사회적 배경이다. 신진사대부는 과거제를 통해 중앙 정계에 진출한 신흥 관료 집단이었다. 그들은 권문세족처럼 대규모 토지를 세습한 기득권층이 아니었으며, 학문적 수양과 성리학적 가치관을 바탕으로 한 새로운 세력이었다.

둘째, 정치적 역할이다. 공민왕은 권문세족의 기반을 무너뜨리기 위해 신진사대부를 중용했다. 신진사대부는 토지 제도의 모순을 비판하며 전제 개혁안을 제시했다. 대표적으로 전민변정도감을 설치해 불법적으로 탈취된 토지를 조사하고, 노비를 해방하는 등 제도 개혁을 시도했다.

셋째, 사상적 기반이다. 신진사대부는 성리학을 새로운 정치 이념으로 내세웠다. 불교적 권위에 기댄 권문세족과 대비되는 이들의 성리학은 청렴과 공정, 공적인 가치 실현을 강조했다. 이는 고려 말 사회 개혁의 사상적 토대가 되었고, 훗날 조선 건국의 이념적 기반으로 이어졌다.

공민왕과 신진사대부의 협력은 권력 구조의 변화를 넘어, 고려 사회의 이념적 전환을 이끌었다.

오늘의 교훈- 개혁의 좌절

그러나 공민왕의 개혁은 끝내 완전한 성공으로 이어지지 못했다.

첫째, 내부의 저항이다. 권문세족은 기득권을 쉽게 포기하지 않았다. 전민변정도감의 개혁은 부분적으로 성과를 거두었지만, 거대한 토지와 노비 제도를 근본적으로 바꾸는 데는 한계가 있었다.

둘째, 외부의 압박이다. 고려는 원이 쇠퇴하는 틈을 타 자주성을 회복했지만, 곧 명나라의 부상과 홍건적, 왜구의 침입이라는 새로운 외부 도전에 직면했다. 국방과 외교 문제는 개혁의 성과를 갉아먹었다.

셋째, 왕권의 불안정이다. 공민왕 자신도 정치적 암살 위기를 겪었고, 결국 1374년 시해당하면서 그의 개혁은 중도에서 좌절되었다.

오늘의 교훈은 분명하다. 개혁은 시대적 기회와 사회적 지지, 강력한 리더십이 삼위일체로 맞아떨어질 때만 성공할 수 있다. 공민왕의 개혁은 자주성과 제도 개혁이라는 역사적 과제를 던졌지만, 구조적 한계와 불안정한 권력 기반 앞에서 미완으로 끝날 수밖에 없었다.

그러나 그 정신은 헛되지 않았다. 신진사대부의 부상은 곧 조선 건국으로 이어졌고, 공민왕의 개혁 의지는 한국사 속에서 민족 자주와 사회 개혁의 이정표로 남았다. 역사는 증언한다. 개혁은 비록 좌절될 수 있으나, 그 씨앗은 후대의 변화로 이어진다는 것을.

미래는 과거에서 온다

위화도 회군과 고려의 몰락

왜 위화도였는가- 회군의 배경

1388년, 고려 말은 이미 내우외환이 극심했다. 내부적으로는 권문세족의 토지 독점과 정치 부패가 만연했고, 외부적으로는 신흥 강국 명나라와의 관계가 불안정했다. 당시 권력을 장악한 인물은 최영 장군이었다. 그는 원의 쇠퇴를 기회로 삼아 요동을 정벌해 고려의 위상을 되살리려 했다.

최영은 고려군을 이끌고 압록강을 건너 요동으로 진격하려 했으나, 군사들이 집결한 곳은 바로 위화도(威化島)였다. 지금의 평안북도 의주 인근 압록강 하류에 있는 작은 섬이다. 군사들은 강을 건너기 직전, 전혀 예상치 못한 결정을 내린다. 이성계를 중심으로 한 일부 장수들이 "지금은 전쟁할 때가 아니다"라며 군사를 돌려 개경으로 향한 것이다. 이것이 바로 위화도 회군이다.

회군의 명분은 합리적이었다. 첫째, 장마철 군사 이동은 식량과 보급에 치명적이었다. 둘째, 명나라의 세력이 이미 강력해져 고려군이 승리하기 어려웠다. 셋째, 고려 내부의 혼란을 수습하는 것이 시급하다는 판단도 있었다. 그러나 이 사건은 단순한 전략적 후퇴가 아니라, 고려 왕조의 운명을 바꾸는 정치 혁명으로 이어졌다.

회군의 정치적 파장, 이성계의 부상

위화도 회군 이후, 고려 정치의 주도권은 급격히 변했다.

첫째, 이성계 세력의 부상이다. 회군을 주도한 이성계는 군사적 실권을 쥐게 되었고, 개경으로 돌아오자 곧바로 정권을 장악했다. 최영은 반역자로 몰려 처형되었고, 공양왕이 새로 즉위했지만 사실상 권력은 이성계와 신흥 무인 세력에게 넘어갔다.

둘째, 개혁 세력의 등장이다. 이성계는 회군 이후 신진사대부와 손잡았다. 정도전, 조준, 권근 등 성리학적 가치관을 바탕으로 한 개혁 세력이 합류하면서 권문세족의 기반을 흔드는 토지 개혁 논의가 본격화됐다. 특히 과전법은 토지를 관리에게 지급함으로써 국왕 중심의 권력 구조를 강화하는 핵심 제도로 자리 잡았다.

셋째, 정권 교체의 전조이다. 고려 왕조는 여전히 존속했지만, 이미 실질적 권력은 무너졌다. 왕은 허수아비였고, 정치·군사·경제의 주도권은 이성계와 신진사대부의 손에 있었다. 위화도 회군은 고려의 몰락과 조선 건국을 가르는 분수령이었다.

미래는 과거에서 온다

오늘의 교훈- 시대 교체와 리더십

위화도 회군은 단순한 군사 작전의 후퇴가 아니라, 한 왕조의 몰락과 새 왕조의 서막을 알린 사건이었다.

첫째, 국제 정세를 읽는 안목이다. 최영은 고려의 자주성을 회복하려는 의지에서 요동 정벌을 추진했지만, 이미 명은 압도적인 강국으로 성장해 있었다. 국제 질서를 오판한 결과는 국가적 모험으로 이어졌다. 반면 이성계는 "불필요한 전쟁을 피해야 한다"라는 현실적 선택을 내림으로써 군사적 기반을 다졌다.

둘째, 내부 개혁과 민심의 향방이다. 회군 이후 개혁 세력이 본격적으로 권력을 잡았다는 사실은, 당시 민심이 권문세족의 부패보다는 새로운 리더십을 원했음을 보여준다. 신진사대부의 성리학적 정치 이념과 토지 개혁은 곧 조선 왕조의 건국 이념으로 이어졌다.

셋째, 리더십의 전환이다. 고려 말 왕실은 정치적 주도권을 상실했다. 공민왕 이후 왕권은 권문세족과 무장 세력 사이에서 흔들렸고, 회군을 계기로 최종적으로 붕괴했다. 이성계는 군사력과 개혁 세력을 결집해 새로운 시대를 열었다. 위화도 회군은 결국 리더십이 교체되는 역사적 순간이었다.

오늘날 우리가 얻을 수 있는 교훈은 명확하다. 위화도 회군은 "시대 변화에 맞지 않는 리더십은 민심을 잃고, 국제 정세를 외면한 결정은 국가를 위기로 몰아넣는다"라는 것을 잘 보여준다. 고려 왕조의 몰락은 단지 군사적 사건 때문이 아니라, 구체제를 고집하고 변화의 흐름을 읽지 못한 지도층의 한계에서 비롯되었다.

제3부

조선,
문치의 나라를
열다

고려는 제도 실험과 외세 침입 속에서 끊임없이 스스로 재구성한 국가였다. 과거제의 도입, 유교 정치, 학문 교류를 통한 문명적 재창조가 있었던 반면, 거란·몽골과의 전쟁, 내부 권력투쟁은 왕조의 지속성을 위협했다. 공민왕의 개혁은 새로운 사회세력의 등장과 변화를 알렸으나, 위화도 회군은 제도의 균열이 어떻게 왕조의 종말을 이끄는지 보여주는 결정적 사건이었다. 고려의 흥망은 제도·사상·리더십의 균형이 얼마나 중요한지를 드러낸다.

태조 이성계의 건국과
신흥 무인 세력

고려 말, 혼란과 새로운 세력의 부상

14세기 후반, 고려는 안팎으로 큰 위기에 직면했다. 원 간섭기의 그늘은 여전히 깊었고, 명나라의 부상은 새로운 외교적 도전으로 다가왔다. 홍건적과 왜구의 침입은 민생을 피폐하게 만들었으며, 권문세족의 토지 독점과 부정부패는 사회 구조를 무너뜨리고 있었다.

이러한 혼란 속에서 새로운 세력이 부상했다. 바로 신흥 무인 세력이었다. 그들은 기존 권문세족과 달리 지역 기반을 바탕으로 성장한 무장 집단이었다. 특히 동북면과 서북면의 국경 방위를 맡으며 실질적 군사력과 민심을 동시에 확보했다. 백성들에게는 왜구와 외적의 침략으로부터 생존을 지켜주는 실질적 보호자로 인식되었고, 이는 곧 정치적 신뢰와 권력 기반으로 이어졌다.

그 중심에 선 인물이 바로 이성계(李成桂, 1335~1408)였다. 그는 동북면 쌍성총관부 출신으로 활쏘기와 전술 능력에서 두각을 나타내며 빠르게 군사적 명성을 쌓았다. 고려 조정은 그를 국방의 중추로 기용했

미래는 과거에서 온다

지만, 그의 존재는 곧 기존 권력 질서를 위협하는 새로운 변수로 자리 잡게 된다.

위화도 회군과 조선 건국의 길

이성계가 정치 무대의 전면에 등장한 계기는 1388년 위화도 회군이 었다. 그는 명나라 요동 정벌을 반대하며 군사를 돌려 개경으로 복귀했고, 이 사건으로 권문세족과 최영 중심의 기존 질서는 무너졌다. 회군 이후 이성계는 사실상 고려 정치의 주도권을 장악했다.

그러나 그는 곧 더 큰 선택의 기로에 섰다. 고려 왕조를 존속시킬 것인가, 아니면 새로운 나라를 세울 것인가. 당시 왕실은 이미 권위를 잃고 있었고, 신진사대부는 성리학적 개혁 이념을 바탕으로 새로운 국가 건설을 요구했다. 특히 정도전, 조준, 권근 등은 조선 건국의 이념 설계자 역할을 맡았다.

이성계는 민심과 시대 흐름을 읽었다. 고려 왕조는 이미 회생 불가능했고, 새 왕조 건립만이 국가와 백성을 위한 길이었다. 1392년, 그는 마침내 고려 마지막 왕인 공양왕을 폐위시키고, 한양을 도읍으로 삼아 조선 왕조를 세웠다. 국호는 고조선의 정통성을 잇는다는 의미에서 '조선'이라 명명되었다.

건국 과정에서 이성계는 군사적 기반만으로는 왕조를 안정시킬 수 없음을 잘 알았다. 따라서 신진사대부와 협력하여 토지 제도를 개혁

제3부 조선, 문치의 나라를 열다

하고, 불교 권력의 과도한 영향력을 제한하며, 새로운 정치 이념으로 성리학 중심의 문치주의를 도입했다. 이는 조선 500년을 관통하는 국가 운영의 근본 축이 되었다.

오늘의 교훈- 무인에서 국왕으로, 이성계의 리더십

태조 이성계의 리더십은 단순히 무력으로 정권을 잡은 군사 지도자의 그것과는 달랐다.

첫째, 민심을 얻는 현실적 판단이었다. 위화도 회군에서 보여준 전략적 후퇴는 무모한 전쟁 대신 백성의 안녕을 우선한 선택이었다. 이는 백성들의 지지를 얻는 결정적 계기가 되었다.

둘째, 새로운 세력과의 연대였다. 그는 권문세족을 제압하는 동시에, 신진사대부를 권력 파트너로 삼았다. 특히 정도전과 같은 개혁 세력에게 국가 설계도를 맡김으로써 새 왕조의 정통성을 확보했다. 이는 단순한 군사 정권이 아닌 제도와 사상으로 무장한 국가를 건설할 수 있었던 비결이었다.

셋째, 무인에서 문치로의 전환이다. 이성계는 본래 무인 출신이었으나, 건국 이후에는 문치주의를 국가 운영의 원리로 삼았다. 스스로는 군사적 영웅이었지만, 국가의 미래는 학문과 제도, 인재 양성에 있다고 보았다. 이 점에서 그는 단순한 무장 지도자가 아니라, 문치 국가의 기초를 닦은 개국 군주였다.

오늘날 이성계의 건국은 한 가지 중요한 교훈을 남긴다. 새로운 시대를 여는 지도자는 힘만으로는 부족하다. 시대적 흐름을 읽고, 민심을 얻으며, 제도와 사상을 결합한 리더십이 필요하다는 것이다. 무력의 영웅에서 문치의 국왕으로 변신한 이성계의 리더십은 지금도 정치와 사회 변혁의 모델로 삼을 만하다.

제3부 조선, 문치의 나라를 열다

정도전과 조선의 국가 설계도

개혁 사상가의 등장, 고려에서 조선으로

조선 건국의 이념적 설계자는 단연 정도전(鄭道傳, 1342~1398)이었다. 그는 고려 말 혼란의 시대를 살며, 성리학을 기반으로 한 새로운 국가 운영 원리를 구상했다. 어린 시절부터 학문에 뛰어난 소질을 보였고, 정몽주·길재 등과 교류하면서 성리학적 세계관을 다졌다.

정도전은 고려 말 사회 구조의 모순을 누구보다 날카롭게 비판했다. 권문세족의 토지 독점, 불교 세력의 부패, 왕권의 무력화 등은 나라의 근간을 흔드는 요소였다. 그는 "나라를 다시 세우지 않고서는 백성의 고통을 줄일 수 없다"라는 신념을 가졌다.

이런 문제의식을 바탕으로 그는 신흥 무인 세력 이성계와 손을 잡았다. 이성계가 군사력으로 기반을 다지는 동안, 정도전은 새로운 왕조의 정치적·사상적 청사진을 마련했다. 그의 구상은 단순한 개혁이 아니라, 고려라는 낡은 체제를 넘어 새로운 나라 조선의 근본 설계도였다.

미래는 과거에서 온다

국가 설계도의 핵심- 민본, 법치, 문치

정도전이 제시한 국가 설계도의 핵심은 세 가지로 요약할 수 있다.

첫째, 민본주의다. 그는 백성을 국가 운영의 중심에 두었다. 『조선경국전』과 『경제문감』 등에서 "백성이 편안해야 나라가 안정된다"라는 원칙을 강조했다. 이는 백성의 생계 보장을 국가의 근본 임무로 규정한 것이며, 조선의 장기적 안정과 발전의 토대가 되었다.

둘째, 법치주의다. 고려 말 권문세족은 사적 권력으로 법을 무력화시켰다. 정도전은 이를 철저히 부정하고, 국가 권력이 법과 제도를 통해 작동해야 한다고 보았다. 그는 경국대전의 기초가 되는 법전 정비를 추진했고, 관료제적 행정 구조를 제도화했다. 이는 "사람이 아닌 법이 지배하는 국가"라는 근대적 원칙에 가까운 사고였다.

셋째, 문치주의다. 무력으로 왕조가 개창되었지만, 국정 운영은 학문과 제도를 기반으로 해야 한다는 것이 그의 일관된 입장이었다. 불교적 세계관을 대신해 성리학을 국가 운영의 이념으로 삼았고, 인재 등용을 과거제에 의존하며 관료 중심의 정치 체제를 마련했다. 이로써 조선은 "문치의 나라"라는 방향성을 확립하게 되었다.

정도전의 국가 설계는 단순히 제도 개혁에 그치지 않았다. 그는 유교적 가치관을 사회 규범으로 내재화해 국가·가정·개인의 삶을 아우르는 통합적 질서를 구상했다.

오늘의 교훈- 이상과 좌절, 정도전의 유산

그러나 정도전의 구상은 완전한 성공으로 이어지지 않았다.

첫째, 권력투쟁의 현실이다. 조선 건국 이후 그는 사실상 제1 공신으로 정치 전면에 나섰다. 하지만 그의 강력한 개혁 추진은 반발을 불렀다. 특히 왕자 이방원(훗날 태종)과의 갈등은 치명적이었다. 왕권과 신권의 주도권을 둘러싼 대립 속에서, 1398년 제1차 왕자의 난이 일어나 정도전은 처참하게 최후를 맞았다.

둘째, 미완의 개혁이다. 그는 불교 세력을 철저히 배척하고 성리학 일변도의 사회 체제를 구축하려 했다. 그러나 이 과정에서 다양성을 억압하고, 종교적·사상적 관용을 결여했다는 한계도 있었다.

셋째, 유산의 지속성이다. 그의 개혁은 생전에는 좌절되었지만, 사후에도 국가 운영의 근본 방향으로 남았다. 『조선경국전』은 이후 『경국대전』으로 발전했고, 민본과 법치, 문치의 원리는 조선 500년을 관통하는 국정 기조로 자리 잡았다.

정도전의 삶은 이상과 현실의 충돌 속에서 비극으로 끝났지만, 그의 사상은 "국가란 무엇인가, 어떻게 운영해야 하는가"라는 질문에 대한 한국사의 가장 근본적인 답변을 제시했다. 오늘날에도 우리는 정도전에게서 국가 운영의 철학과 제도적 기반의 중요성을 배운다. 이상은 좌절될 수 있으나, 그 씨앗은 후대의 국가적 틀을 만든다.

미래는 과거에서 온다

태종 이방원의 권력 집중과
정치적 폭력

왕자의 난- 권력 쟁취를 향한 피의 길

조선 개국 직후, 권력의 중심에는 태조 이성계와 개혁 설계자 정도전이 있었다. 그러나 두 사람의 권력 기반은 달랐다. 정도전은 신진사대부를 중심으로 한 문치 이념과 제도 개혁에 무게를 두었고, 이성계는 무인으로서 군사적 기반을 지녔다. 문제는 후계 구도였다. 정도전은 태조의 장자 대신 어린 방석을 지지했고, 이는 곧 장성한 왕자들과의 갈등으로 이어졌다.

1398년, 결국 피비린내 나는 사건이 터졌다. 훗날 태종이 되는 이방원은 군사 세력을 동원해 정도전을 비롯한 개혁 세력을 제거했다. 이것이 제1차 왕자의 난이다. 그는 친동생 방석뿐 아니라, 정치적 경쟁자들을 무자비하게 숙청했다. 개국 초기의 이상은 무너졌고, 피로 얼룩진 권력 쟁취의 시대가 열렸다.

이 사건은 단순한 왕위 계승 문제가 아니었다. 그것은 왕권과 신권, 무력과 제도의 충돌이었다. 이방원은 결국 폭력을 통해 권력의 주도권을 쥐었고, 조선 정치 구조는 다시금 왕 중심으로 기울게 되었다.

권력 집중과 정치 운영의 방식

이방원은 1400년 제2차 왕자의 난을 거쳐 정적을 모두 제거하고, 마침내 1400년 태종으로 즉위했다. 그의 통치는 강력한 왕권 집권으로 특징지어진다.

첫째, 왕권 강화다. 태종은 사병 혁파를 단행하여 종친과 공신 세력이 군사력을 보유하지 못하도록 했다. 이는 곧 왕이 군사권을 독점하는 체제로 이어졌다. 또, 의정부와 육조의 권한을 조정하면서 결국 왕의 재가 없이는 어떤 정치적 결정도 불가능한 구조를 만들었다.

둘째, 통치 기구 정비다. 호패법 시행을 통해 인구와 세원을 파악했고, 사병 대신 국가 군사 체제를 정비했다. 아울러 사간원·사헌부 등 언관 기관을 강화해 정치 감시 체제를 구축했다. 겉으로는 공정한 정치를 위한 장치였지만, 실제로는 왕권을 견제하는 세력을 통제하는 수단으로 활용되었다.

셋째, 폭력 정치의 일상화다. 태종은 조금이라도 왕권에 도전하는 세력에게 가차 없었다. 자신의 왕위 찬탈을 도운 공신들조차 견제하거나 숙청했고, 종친 세력 역시 철저히 제약했다. 심지어 왕위 계승 과정에서 친자식인 양녕대군을 폐위하고 세자 충녕(훗날 세종)을 책봉하는 과정에서도 정치적 폭력과 권모술수가 작동했다.

미래는 과거에서 온다

태종의 정치는 철저한 실용주의였다. 이상보다는 힘과 제도를 활용해 안정된 왕권을 구축하는 데 목적을 두었다. 그러나 그 과정은 피와 공포로 얼룩져 있었다.

오늘의 교훈- 정치적 폭력의 유산

태종의 권력 집중은 단기적으로는 정치적 안정을 가져왔다. 고려 말부터 이어진 혼란을 수습하고, 강력한 왕권을 중심으로 조선의 기틀을 다졌다는 점은 부정할 수 없다. 하지만 그가 남긴 방식은 이후 조선 정치의 양면성을 드러냈다.

첫째, 왕권 절대화의 위험이다. 태종은 왕권을 강화하는 데 성공했으나, 이는 곧 후대 왕들이 왕권과 신권의 균형을 잡는 데 어려움을 겪게 했다. 권력 집중은 강력한 지도자가 있을 때는 안정적이지만, 그렇지 못할 경우 혼란을 가중한다.

둘째, 정치적 폭력의 정당화다. 왕위 계승과 권력 쟁취 과정에서 폭력이 동원되고 정적 제거가 당연시된 것은 후대 정치 문화에 깊은 상처를 남겼다. 숙청과 탄압은 조선 전기 정치의 고질병이 되었고, 이는 사화와 붕당 정치의 폭력적 성격으로 이어졌다.

셋째, 지도자의 딜레마다. 태종은 나라의 안정을 위해 폭력을 선택했지만, 동시에 도덕적 정당성을 상실했다. 정치적 폭력은 단기적 성과를 가져오더라도 장기적 신뢰를 무너뜨린다. 이는 오늘날에도 적용되

제3부 조선, 문치의 나라를 열다

는 교훈이다. 국가나 조직의 안정은 두려움이 아니라, 합의와 신뢰를 통해서만 지속될 수 있다.

태종의 시대는 피로 얼룩진 권력투쟁 속에서 강력한 왕권을 구축한 역설의 시대였다. 그는 조선의 제도적 기반을 다진 군주였지만, 동시에 폭력 정치의 그림자를 드리운 군주였다. 역사는 우리에게 묻는다. 강력한 권력 집중과 정치적 폭력은 안정의 해법인가, 또 다른 불안의 씨앗인가.

세종대왕의 과학과 문화 르네상스

성군의 조건, 백성을 향한 마음

세종(世宗, 1397~1450, 재위 1418~1450)은 조선 제4대 국왕으로, 오늘날까지도 한국사에서 가장 위대한 성군으로 기억된다. 그의 리더십의 핵심은 백성을 향한 따뜻한 애민(愛民)의 마음이었다.

세종은 즉위 초부터 "정치는 백성을 위하는 데서 출발해야 한다"라는 신념을 강조했다. 국왕의 권위를 백성의 삶 속에서 찾았으며, 민본주의 정치 이념을 실천했다. 기근이 들면 직접 농사의 어려움을 살피고, 법과 제도를 개선해 농민의 부담을 덜어주었다.

그는 왕권을 안정적으로 계승했을 뿐 아니라, 신하들의 의견을 경청하는 포용적 리더십을 발휘했다. "임금이 현명하지 못하더라도 신하가 보필하면 나라가 다스려진다"라는 그의 말은 군주와 신하가 함께 국가를 이끌어야 한다는 공존의 정치관을 잘 보여준다. 이러한 열린 자세는 곧 조선의 황금기를 여는 토대가 되었다.

과학과 제도의 혁신, 실용주의 국가 운영

세종대왕의 치세는 조선의 과학기술과 제도 개혁이 꽃피운 르네상스였다.

첫째, 과학기술 발전이다. 그는 집현전을 설치해 학문 연구를 장려하고, 장영실과 같은 천재 기술자를 발탁했다. 그 결과 혼천의·앙부일구·자격루·측우기와 같은 발명품이 만들어졌다. 이러한 과학기구는 농업과 천문, 기상 관측에 활용되어 백성의 삶을 실질적으로 개선했다.

둘째, 문자의 창제다. 1443년, 세종은 집현전 학자들과 함께 훈민정음을 창제했다. 이는 백성이 쉽게 배우고 사용할 수 있는 문자로, '나라의 큰일'을 해결하기 위한 위대한 결단이었다. 당시 지배층은 반대했으나, 세종은 백성이 글을 몰라 억울함을 호소하지 못하는 현실을 바꾸기 위해 강력히 추진했다. 훈민정음은 단순한 문자 창제를 넘어, 민본주의의 실질적 구현이었다.

셋째, 법과 제도의 정비다. 그는 전분육등법과 연분9등법을 제정하여 토지세를 합리화했고, 악법을 개혁하여 형벌을 완화했다. 세종은 억울한 재판을 방지하기 위해 신문고 제도를 부활시켰으며, 지방관들의 횡포를 줄이기 위한 감찰제도도 강화했다. 이는 권력보다 백성의 권익을 앞세운 정치였다.

세종의 실용주의는 이상적 구호가 아니라, 과학과 제도를 통해 현실 문제를 해결하는 정치였다.

오늘의 교훈- 문화 르네상스의 빛

세종은 과학과 제도뿐 아니라, 문화와 예술의 르네상스를 열었다.

첫째, 음악과 예술의 진흥이다. 그는 아악을 정비하고, 궁중음악뿐 아니라 백성들의 음악까지 체계화했다. 음악은 단순한 오락이 아니라, 예(禮)와 덕(德)을 드러내는 정치의 도구였다. 세종이 직접 새 악기를 제작하도록 한 것은 문화의 힘을 국가 통치에 활용한 사례였다.

둘째, 학문과 지식의 확산이다. 세종은 집현전을 중심으로 수많은 서적을 간행하게 했다. 농사직설, 의학집성방, 삼강행실도 등은 백성들의 삶을 직접적으로 개선하는 지식이었다. 학문이 왕궁을 넘어 백성들의 일상에 스며든 것은 세종 시대의 큰 성과였다.

셋째, 교훈과 유산이다. 세종의 정치가 특별했던 이유는, 권력을 강화하는 동시에 권력을, 백성을 위해 사용했다는 점이다. 그는 폭력이나 강압 대신, 과학과 학문, 문화와 제도를 통해 사회를 안정시켰다. 이는 곧 포용적 리더십과 실용적 혁신의 결합이었다.

오늘날 우리가 세종대왕에게서 얻는 교훈은 분명하다. 국가 발전은 단순한 권력 강화가 아니라, 백성의 삶을 개선하는 과학과 제도의 혁신, 문화의 힘에서 비롯된다는 것이다. 세종은 정치와 과학, 문화가 어우러질 때 한 사회가 르네상스에 도달할 수 있음을 증명한 지도자였다.

제3부 조선, 문치의 나라를 열다

집현전과 집단지성의 실험

집현전의 설립, 새로운 정치 실험의 무대

조선 전기는 유교 정치 이념을 국가 운영의 근본으로 삼았다. 그러나 유교의 가르침만으로는 급변하는 사회 현실과 백성들의 삶을 해결하기 어려웠다. 이에 세종은 학문과 연구를 통해 국가 정책을 뒷받침할 전문화된 연구 기관, 곧 집현전(集賢殿)을 설치했다.

집현전은 단순한 학문 연구소가 아니라, 국가 정책 브레인 센터였다. 이곳에는 젊고 재능 있는 학자들이 발탁되어 정치·경제·과학·문화 전반에 걸친 연구를 수행했다. 세종은 "임금 혼자만의 지혜로는 나라를 다스리기 어렵다"라는 겸허한 태도를 보이며, 학자들과 함께 국정을 운영하려 했다.

집현전의 설립은 곧 집단지성의 실험이었다. 개인의 천재성에 의존하는 것이 아니라, 다양한 학문적 배경과 의견을 모아 최적의 정책을 찾으려는 시도였다. 조선은 이를 통해 지식과 권력이 결합한 새로운 정치 문화를 만들어갔다.

집단지성이 빚어낸 성과들

집현전은 조선 초기의 문치주의를 제도적으로 뒷받침하며 수많은 성과를 남겼다.

첫째, 훈민정음 창제다. 세종이 한글을 창제할 때, 집현전 학자들이 중심 역할을 했다. 정인지·박팽년·성삼문 등이 학문적 토대를 마련했고, 이를 바탕으로 백성을 위한 과학적이고 체계적인 문자가 완성되었다. 이는 집단지성이 발휘된 대표적 사례였다.

둘째, 지식의 체계화와 보급이다. 『농사직설』은 각 지역의 농업 경험을 집대성하여 전국적으로 보급한 책이다. 『삼강행실도』는 유교적 도덕규범을 그림과 함께 설명해 백성들에게 쉽게 전달했다. 『의방유취』는 의학 지식을 종합해 후대 의료 발전의 토대를 마련했다. 모두 학자들의 협업이 있었기에 가능했다.

셋째, 정책 자문과 과학 연구다. 집현전 학자들은 토지 제도, 세금 체계, 국방 문제 등 국가 운영 전반에 관한 연구와 보고서를 작성했다. 장영실과의 협업을 통해 천문기구·측우기 같은 과학 도구 개발에도 참여했다. 이는 단순한 학문 연구가 아니라, 실질적 국가 운영에 기여한 연구였다.

집현전의 성과는 조선이 "문치의 나라"라는 정체성을 굳히는 데 핵심적인 역할을 했다.

오늘의 교훈- 집단지성의 정치적 의미

집현전의 실험은 단순한 학문 연구를 넘어, 지식 공동체의 정치적 의미를 보여준다.

첫째, 집단지성의 힘이다. 집현전은 개인의 역량보다 협력과 토론의 과정을 중시했다. 다양한 의견이 모여 새로운 해법을 찾을 수 있다는 사실은 오늘날 민주주의의 원리와도 맞닿아 있다.

둘째, 정치와 학문의 결합이다. 집현전 학자들은 현실과 동떨어진 이상론자가 아니었다. 그들은 직접 정책 제안을 하고, 백성들의 삶을 개선할 방안을 연구했다. 이는 학문이 권력과 동떨어진 것이 아니라, 사회적 문제 해결에 적극적으로 참여해야 한다는 사실을 보여준다.

셋째, 제도의 한계와 교훈이다. 세종 사후 집현전은 정치적 견제를 받으며 위축되었다. 세조 때는 아예 폐지되었고, 학자들은 정치적 희생양이 되기도 했다. 이는 집단지성이 권력의 후원 없이는 지속되기 어렵다는 현실을 보여준다. 하지만 그 성과와 이상은 후대에 영감을 주었다.

오늘날 집현전은 "한 사회가 어떻게 지식을 모아 공익을 위해 활용할 수 있는가"라는 질문에 답을 제시한 역사적 사례다. 세종이 보여준 포용적 리더십과 학자들의 집단 연구는 현대 사회에서도 정책 혁신과 지식 공동체 운영의 모델이 된다.

세조의 왕위 찬탈과 역설적 개혁

피로 얼룩진 왕위 찬탈

세종의 뒤를 이은 문종은 학문과 정치에 탁월했으나, 재위 2년 만에 세상을 떠났다. 어린 단종이 즉위하면서 왕권은 급격히 불안정해졌다. 이 틈을 노린 인물이 바로 수양대군, 훗날의 세조(世祖, 1417~1468)였다. 그는 권력을 잡기 위해 무력과 술수를 가리지 않았다.

1453년, 그는 한명회·권람 등과 함께 '계유정난'을 일으켜 어린 단종을 보좌하던 김종서, 황보인 등 충신들을 살해했다. 이는 조선 정치사에서 가장 피비린내 나는 사건 중 하나로 꼽힌다. 이후 단종은 폐위되어 영월로 유배되었고, 끝내 죽음을 맞이했다. 세조는 조선 왕조의 정통성을 무너뜨린 왕위 찬탈자로 역사에 기록되었다.

세조의 즉위 과정은 분명 폭력과 배신으로 얼룩졌다. 그러나 그의 치세는 또 다른 역설을 남겼다. 바로, 피로 쟁취한 권력을 기반으로 강력한 제도 개혁을 추진했다는 점이다.

강력한 제도 개혁과 국가 운영

세조는 왕권을 안정시키기 위해 역설적으로 체제 정비에 매진했다.

첫째, 왕권 강화다. 그는 의정부 중심의 합의 정치를 약화하고, 육조 직계제를 부활시켰다. 이는 국정 운영이 대신들의 합의가 아니라, 곧바로 국왕에게 보고되도록 만든 제도였다. 그 결과 왕의 권한은 막강해졌고, 대신 세력의 독주는 차단되었다.

둘째, 군사 제도 개편이다. 세조는 집권 이후 군사력을 기반으로 권력을 유지했다. 5위(五衛) 체제를 정비해 수도 방위를 강화했고, 진관 체제를 통해 지방 군사 운영도 재편했다. 이는 국왕 중심의 군사 체제를 확립해 국가 안보를 한층 안정시켰다.

셋째, 법제와 행정 정비다. 그는 『경국대전』 편찬을 본격화하여 조선의 기본 법전 완성을 추진했다. 또한 호적 정비와 토지 제도 개선을 통해 세원을 안정시켰다. 불교 억제 정책과 함께 유교 중심 사회 질서를 확립한 것도 그의 통치 방향을 보여준다.

세조의 개혁은 권력 찬탈이라는 치명적 오점에도 불구하고, 조선 국가체제가 더 강력하고 중앙집권적으로 정비되는 계기가 되었다.

오늘의 교훈- 역설의 유산

세조의 치세는 권력 찬탈의 어두움과 제도 개혁의 성과라는 모순된

두 얼굴을 동시에 지녔다.

첫째, 정통성의 문제다. 단종을 희생시키고 왕위에 오른 세조는 정통성 논란을 피할 수 없었다. 이는 후대 정치에서 '정통성과 실리 사이의 갈등'을 상징하는 사건으로 남았다.

둘째, 제도의 지속성이다. 세조의 개혁은 그의 개인적 권력욕에서 출발했지만, 결과적으로 조선의 국가 운영 체제를 공고히 했다. 특히 『경국대전』 편찬은 조선 법치주의의 근간이 되었고, 군사 제도 개혁은 이후 국가 안보 체제의 뼈대를 이뤘다.

셋째, 교훈과 반성이다. 세조의 역사는 권력의 정당성과 실효성의 관계를 묻는다. 정통성을 잃은 권력은 끊임없는 비판을 받지만, 동시에 실질적 성과를 통해 후대에 일정한 긍정적 평가를 남길 수 있다. 그러나 폭력으로 시작된 권력은 언제나 도덕적 흠결을 지니며, 이는 민심을 얻는 데 치명적 약점이 된다.

오늘날 세조의 역사는 우리에게 중요한 메시지를 던진다. 지도자의 권력은 정통성과 실효성, 두 가지 축이 균형을 이룰 때만 온전한 의미가 있다. 어느 하나를 잃으면 역사는 왜곡되거나 불완전한 평가를 내릴 수밖에 없다.

성종과 경국대전
- 법치의 완성

문치주의의 정착, 성종 시대의 배경

조선 전기는 태조의 개국과 태종의 왕권 강화, 세종의 문화·과학적 르네상스를 거쳐 체제가 정비되어 가던 시기였다. 그러나 제도와 법이 아직 완전하게 정착하지 못해 혼란이 이어졌다. 세조는 왕위 찬탈의 어두운 그림자 속에서도 『경국대전(經國大典)』의 편찬을 추진했지만, 미완의 상태로 세상을 떠났다.

그 뒤를 이은 성종(成宗, 1457~1494, 재위 1469~1494)은 세조의 손자이자 예종의 아들이었다. 나이 어린 왕으로 즉위했지만, 대신들의 보좌와 안정된 정치 환경 속에서 성종은 문치주의를 본격적으로 정착시킬 수 있었다. 그는 학문과 예법을 숭상하고, 유교적 정치 이념을 기반으로 나라를 다스렸다.

성종의 가장 큰 업적은 『경국대전』을 완성해 법치 국가의 기틀을 마련한 것이다. 이는 조선이 건국 이래 추진해 온 법제 정비 사업의 결실이자, 조선 정치 체제가 장기적으로 안정될 수 있었던 이유였다.

미래는 과거에서 온다

『경국대전』의 완성과 의미

성종 대의 가장 중요한 업적은 단연 『경국대전』의 완성이다.

첫째, 완결된 법전이다. 『경국대전』은 육조 체제를 중심으로 행정·재정·군사·형벌·의례 등 국가 운영의 전 영역을 포괄했다. 이는 단순한 법률 집합이 아니라, 조선이 지향한 성리학적 국가 질서를 제도화한 것이었다.

둘째, 유교 정치 이념의 제도화다. 『경국대전』은 왕권과 신권의 관계를 정립하고, 관료제 운용의 원칙을 확립했다. 특히 예의와 의례를 강조하여 군신 간의 질서를 바로 세우고, 가부장적 사회 구조를 법으로 뒷받침했다. 이는 조선 사회 전반을 성리학적 가치관에 따라 운영하는 토대를 마련한 것이다.

셋째, 장기적 안정성 확보다. 『경국대전』은 성종 이후 조선 500년 동안 기본 법전으로 기능했다. 물론 시대에 따라 보완과 개정이 있었지만, 큰 틀은 흔들리지 않았다. 이는 조선 사회가 제도적 안정성을 유지하며 장기간 지속할 수 있었던 비밀이었다.

성종이 『경국대전』을 완성한 것은 단순히 법전을 편찬한 사건이 아니라, 조선을 법치 국가로 전환한 결정적 순간이었다.

성종의 통치는『경국대전』완성에 그치지 않고, 법치주의를 실제로 구현하는 방향으로 나아갔다.

첫째, 정치 운영의 안정화다. 성종은 사림 세력을 점차 등용해 훈구파 대신들의 전횡을 견제했다. 이는 정치적 균형을 잡고, 국가 운영을 합리화하는 데 기여했다.

둘째, 백성의 삶과 법이다. 성종은 형벌 남용을 억제하고, 재판 절차를 개선해 억울한 옥사를 줄이려 했다.『경국대전』은 백성의 권리와 의무를 명확히 규정함으로써, 최소한의 법적 보호 장치를 마련했다. 물론 현대적 기준으로 보면 한계가 많지만, 당시로서는 중요한 진전이었다.

셋째, 법과 권력의 긴장이다. 성종의 법치주의는 왕권과 신권의 균형 속에서 운영되었다. 법이 권력을 제약하는 동시에, 권력은 법을 집행하는 힘을 가졌다. 이 균형은 조선 정치의 핵심 구조가 되었지만, 동시에 권력자가 법을 이용해 정적을 탄압하는 폐단으로도 이어졌다.

오늘날 성종의 통치는 한 가지 중요한 메시지를 남긴다. 국가 운영의 지속 가능성은 법과 제도의 안정성에서 비롯된다는 것이다. 아무리 유능한 군주와 신하가 있어도, 그것이 제도로 정착하지 못하면 일시적 성과에 그칠 뿐이다. 성종이 남긴『경국대전』은 제도의 힘이 역사를 얼마나 오래 지탱할 수 있는지를 보여주는 산 증거다.

연산군의 폭정과 교훈

문치 국가에 등장한 폭군

조선 전기는 태조와 태종의 왕권 강화, 세종의 성군 정치, 성종의 법치 확립을 거치며 문치 국가의 기틀을 다졌다. 그러나 성종의 뒤를 이은 연산군(燕山君, 1476~1506, 재위 1494~1506)은 전혀 다른 길을 걸었다. 그는 조선 역사에서 대표적인 폭군으로 기록된다.

즉위 초기 연산군은 나름 성군의 면모를 보였다. 정치를 배우고 백성을 위하는 정책도 일부 시행했다. 그러나 그의 내면에는 어린 시절부터 겪은 불우한 기억과 권력에 대한 불안이 자리 잡고 있었다. 생모인 윤씨가 폐비로 몰려 사사된 사건은 그에게 지울 수 없는 상처를 남겼다. 이 상처는 훗날 권력에 대한 불신과 폭력적 성향으로 이어졌다.

조선이 추구한 성리학적 질서와 민본주의는 연산군 치세에서 무너졌다. 그는 권력의 사적 향유에 몰두했고, 국정을 사치와 향락으로 낭비했다. 문치 국가의 왕이 아니라, 절대 권력을 휘두르는 독재자가 되어버렸다.

제3부 조선, 문치의 나라를 열다

폭정의 실상, 사화와 향락 정치

연산군의 폭정은 두 가지 측면에서 극명하게 드러난다.

첫째, 사화(士禍)다. 연산군은 자신의 권력에 도전할 수 있는 사림 세력을 가차 없이 숙청했다. 1498년의 무오사화, 1504년의 갑자사화가 대표적이다. 무오사화에서는 김종직의 조의제문을 문제 삼아 사림을 대거 탄압했고, 갑자사화에서는 어머니 윤 씨의 폐비 사건과 관련된 대신들을 처참하게 제거했다. 이는 단순한 정치적 숙청이 아니라, 공포 정치 그 자체였다.

둘째, 향락과 사치다. 연산군은 정치보다 쾌락에 몰두했다. 궁궐에 기생을 불러들여 술과 연회를 즐겼고, 궁궐 밖의 기생을 강제로 끌어들이기도 했다. 심지어 백성들의 아내와 딸을 강제로 빼앗는 만행까지 저질렀다. 백성들의 원성은 하늘을 찔렀고, 조정은 부패와 무능으로 가득 찼다.

셋째, 국가의 피폐다. 국고는 왕의 향락에 쓰이며 텅 비어갔고, 백성들은 세금과 부역에 시달렸다. 왜구의 침입과 국방의 위기에도 제대로 대응하지 못했다. 연산군 치세는 국가 기능이 마비된 붕괴의 시기였다.

오늘의 교훈- 권력의 본질

연산군의 폭정은 결국 자신을 파멸로 이끌었다. 1506년, 중종반정이

미래는 과거에서 온다

일어나 대신들과 무신들이 그를 폐위시켰다. 연산군은 강화도로 유배되어 비참한 최후를 맞았다. 그는 조선 역사상 공식적으로 '군(君)'으로 격하된 몇 안 되는 군주였다.

연산군의 치세는 중요한 교훈을 남긴다.

첫째, 권력의 사유화는 국가를 파괴한다는 점이다. 연산군은 왕권을 공공의 책임이 아닌 사적 욕망의 도구로 삼았다. 그 결과 국가는 붕괴했고, 백성들의 삶은 파탄에 이르렀다.

둘째, 공포 정치의 한계다. 폭력은 단기적으로는 반대를 잠재울 수 있지만, 결국 더 큰 저항을 불러온다. 연산군이 사화를 통해 사림을 억눌렀지만, 오히려 정치적 반발과 민심의 저항은 더 거세졌다.

셋째, 리더십의 본질이다. 군주의 권력은 두려움이 아니라 신뢰와 존경에서 나와야 한다. 세종과 성종이 남긴 유산은 백성의 지지를 기반으로 한 안정이었다면, 연산군은 폭력과 향락으로 모든 것을 잃었다. 그의 몰락은 권력의 본질이 무엇인지를 극명하게 보여주는 사례다.

연산군의 시대는 문치 국가 조선이 맞이한 최악의 일탈이었다. 그러나 동시에 "권력의 사적 남용은 반드시 몰락으로 이어진다"라는 역사적 교훈을 후대에 남겼다.

제3부 조선, 문치의 나라를 열다

중종반정과 조광조의 개혁 꿈

반정으로 세운 왕, 불안한 출발

1506년, 연산군의 폭정은 극에 달했고 백성들의 원망과 신하들의 불만이 하늘을 찔렀다. 결국 신하들은 무력을 동원해 연산군을 폐위시키고 그의 이복동생을 왕위에 올렸다. 이것이 바로 중종반정이다.

반정으로 즉위한 중종(中宗, 1488~1544, 재위 1506~1544)은 즉위 초부터 정통성 문제에 시달렸다. 그가 백성의 추대로 즉위한 성군이 아니라, 대신들의 손에 의해 세워진 군주였기 때문이다. 이러한 태생적 한계는 그의 통치를 제약했다. 권력은 왕에게 집중되지 못했고, 대신들의 눈치를 보며 정국을 운영해야 했다.

그럼에도 중종반정은 단순한 권력 교체가 아니었다. 연산군의 폭정을 끝내고 새로운 개혁의 길을 열었다는 점에서 역사적 의미가 있다. 바로 이 시기에 성리학적 이상 정치를 추구한 젊은 개혁가, 조광조(趙光祖)가 등장했다.

조광조의 개혁 실험, 성리학적 이상 정치

중종은 정치적 기반이 약했기에 새로운 개혁 세력을 필요로 했다. 이때 발탁된 인물이 바로 조광조였다. 그는 학문적 명성과 청렴한 인품으로 주목받았으며, 이상적 성리학 정치를 실현하고자 했다.

첫째, 현량과 실시다. 그는 인재 등용에서 기존의 과거제 한계를 지적하고, 도덕성과 학문적 역량을 기준으로 관리들을 발탁하는 현량과 제도를 시행했다. 이는 유교적 이상에 충실한 인재 등용 정책이었다.

둘째, 위훈 삭제다. 연산군과의 정치적 이해로 부풀려진 공신들의 공훈을 대폭 삭감하여 권문세족의 기득권을 약화하려 했다. 이는 정치의 공정성을 회복하려는 과감한 조치였다.

셋째, 향약 보급이다. 조광조는 지방 자치적 도덕 공동체인 향약을 전국적으로 확산시켜, 백성들의 생활 속에서 성리학적 윤리를 실현하고자 했다. 이는 단순한 정치 개혁이 아니라, 사회 전반의 도덕화를 지향한 시도였다.

넷째, 불교 비판과 유교 중심 질서 확립이다. 그는 불교 사원을 정리하고 유교적 가치관을 국가 운영의 중심으로 두려 했다. 이는 성리학적 이상 정치를 제도적으로 뿌리내리려는 의도였다.

조광조의 개혁은 단호하고 급진적이었다. 그러나 이는 기존 기득권 세력의 반발을 불러왔다.

오늘의 교훈- 개혁의 좌절과 남은 꿈

조광조의 개혁은 불과 몇 년 만에 좌절되고 말았다.

첫째, 기득권 세력의 반격이다. 훈구파 대신들은 조광조의 개혁을 자신들의 권력을 위협하는 것으로 인식했다. 특히 위훈 삭제는 그들의 이해관계와 정면으로 충돌했다.

둘째, 왕권의 불안정이다. 중종은 조광조의 개혁을 지지했지만, 자신의 정통성이 약한 탓에 끝까지 그를 보호할 수 없었다. 결국 훈구 세력의 압박에 굴복해 조광조를 제거했다. 1519년 기묘사화가 일어나 조광조와 그의 동료들은 유배와 사사(賜死)의 비극을 맞았다.

셋째, 개혁의 유산이다. 조광조의 개혁은 실패했지만, 그의 이상은 사림 세력에게 계승되었다. 이후 사림은 조선 정치의 주류로 성장했고, 그의 개혁 정신은 조선 중후기로 이어졌다. 조광조가 꿈꾼 성리학적 이상 정치는 현실과 타협하지 못했으나, 도덕성과 공정을 강조한 정치 이념은 후대에 깊은 울림을 남겼다.

오늘날 조광조의 개혁은 중요한 교훈을 준다. 개혁은 이상만으로는 성공할 수 없으며, 권력의 현실과 타협할 전략이 필요하다는 점이다. 그러나 동시에 그의 개혁이 남긴 도덕적 울림은 "정치의 본질은 백성과 정의에 있다"라는 사실을 잊지 않게 한다.

미래는 과거에서 온다

기묘사화와 사림의 몰락

조광조의 개혁과 기득권의 충돌

중종반정 이후 조정의 새로운 주도 세력으로 떠오른 것은 젊은 개혁가 조광조와 그의 동료 사림이었다. 그들은 성리학적 이상 정치를 내세우며 도덕과 정의를 바탕으로 한 국가 운영을 추구했다. 현량과를 통해 청렴한 인재를 등용하고, 위훈 삭제를 통해 권문세족의 특권을 무너뜨리며, 향약을 보급해 사회 전반에 성리학 윤리를 확산시키려 했다.

그러나 이러한 개혁은 곧바로 기존 기득권 세력의 강력한 반발을 불러왔다. 훈구파 대신들에게 조광조의 개혁은 그들의 정치적·경제적 기반을 무너뜨리는 급진적 도전이었다. 특히 위훈 삭제는 그들의 권력을 정면으로 부정하는 조치였으니, 정치적 갈등은 불가피했다.

이 갈등은 결국 국가 권력의 성격을 둘러싼 충돌로 번졌다. 이상적 도덕 정치를 내세운 사림과, 현실적 권력 정치를 지켜내려는 훈구 세력 간의 싸움이었다.

이상이 무너진 비극

1519년, 드디어 사건이 폭발했다. 훈구파 대신들은 조광조와 사림 세력을 제거하기 위해 모략을 꾸몄다. 조광조가 '주초위왕(走肖爲王)', 즉 '조 씨가 왕이 될 것'이라는 요언을 퍼뜨렸다는 혐의를 씌운 것이다. 이는 조광조가 반역을 꾀한다는 명분을 만들기 위한 조작이었다.

중종은 이미 훈구파 대신들의 압박에 흔들리고 있었다. 자신의 왕위가 반정으로 세워진 만큼 권력 기반이 취약했던 그는 끝내 사림을 끝까지 보호하지 못했다. 결국 조광조는 유배되었고, 곧 사사되었다. 수많은 사림 인사들도 함께 몰락했다. 이것이 바로 기묘사화다.

기묘사화는 조선 전기 사림의 이상 정치가 좌절된 사건이었다. 불과 몇 년 동안의 개혁 실험은 피로 얼룩진 비극으로 끝났고, 사림 세력은 정치적 주도권을 잃었다. 국정은 다시 훈구파 대신들의 손에 돌아갔고, 조선 정치의 개혁 동력은 한동안 사라졌다.

오늘의 교훈- 사림의 몰락과 남은 유산

기묘사화는 단기적으로 사림의 몰락을 의미했지만, 장기적으로는 다른 의미를 남겼다.

첫째, 사림의 정치적 후퇴다. 사림은 조광조의 실패 이후 조정에서 물러나 지방으로 내려가 학문과 향약 활동에 집중했다. 이는 곧 향촌 사회 속에서 사림의 기반을 다지는 계기가 되었다.

둘째, 개혁의 유산이다. 비록 실패했지만, 조광조가 강조한 도덕성과 공정성, 민본주의 정치 이념은 후대 사림 세력에게 강력한 유산으로 남았다. 16세기 이후 사림은 점차 다시 중앙 정계에 진출했고, 결국 조선 정치의 주류로 자리 잡게 된다.

셋째, 교훈이다. 기묘사화는 이상과 현실의 충돌이 낳은 비극이었다. 도덕적 이상만으로는 권력 정치의 벽을 넘을 수 없다는 냉혹한 현실을 보여주었다. 그러나 동시에, 개혁의 불씨는 쉽게 꺼지지 않음을 증명하기도 했다. 사림은 패배했지만, 그들의 꿈은 후대 정치 변화를 이끌 동력이 되었다.

오늘날 기묘사화는 우리에게 중요한 메시지를 던진다. 개혁은 철저한 이상만으로는 불가능하고, 권력의 현실을 고려한 전략이 병행되어야 한다는 점이다. 그러나 동시에, 권력의 벽 앞에서 좌절된 이상이라도 후대에 다시 살아날 수 있음을 보여준다. 조광조와 사림의 실패는 조선 정치사의 뼈아픈 교훈이자, 긴 역사의 흐름 속에서 다시금 이어진 희망이었다.

훈구와 사림, 권력 교체의 흐름

훈구의 시대, 공신 정치의 한계

조선 건국 초, 정권을 장악한 세력은 개국에 공을 세운 훈구파(勳舊派)였다. 그들은 태조 이성계의 개국 과정에서 무력과 정치적 책략으로 새로운 왕조를 세운 주역들이었다. 공신 책봉을 통해 정치적 특권을 얻었고, 대규모 토지와 노비를 소유하면서 경제적 기반도 확립했다.

훈구 세력은 초창기 조선의 안정에 기여했다. 태종의 왕권 강화, 세종의 학문 진흥, 세조의 제도 정비에도 훈구대신들의 역할이 컸다. 그러나 시간이 흐르면서 그들의 성격은 달라졌다. 초기 공신 집단은 점차 세습적 기득권 세력으로 변질되었고, 권력을 독점하면서 백성과의 괴리가 커졌다.

특히 토지 독점과 관직 세습은 사회적 불평등을 심화시켰다. 그들은 국가를 위해 봉사하는 대신, 권력을 사적으로 활용하는 집단이 되었다. 훈구 정치가 한계에 부딪히자, 조선 사회에는 새로운 세력을 요구하는 목소리가 커졌다.

사림의 부상, 향촌에서 중앙으로

새로운 세력은 사림파(士林派)였다. 사림은 훈구와 달리 개국 공신의 후예가 아니라, 지방 향촌에서 학문을 연마하고 성리학적 도덕 정치를 추구한 학자 출신 집단이었다.

사림은 향약과 서원 활동을 통해 향촌 사회에서 도덕적 지도력을 확보했다. 이들은 단순히 학문에만 머문 것이 아니라, 향촌 자치와 도덕적 규범을 강조하면서 지역 사회의 신뢰를 얻었다. 이런 기반은 그들이 중앙 정치로 진출할 수 있는 토대가 되었다.

사림의 중앙 진출은 성종 때 본격화했다. 성종은 훈구 세력의 전횡을 견제하기 위해 사림을 등용했다. 김종직을 비롯한 인물들이 정치에 참여하며 새로운 바람을 일으켰다. 그러나 사림의 도덕적 이상 정치는 곧 훈구 세력과 충돌할 수밖에 없었다. 조광조의 개혁과 기묘사화는 그 갈등의 폭발적 사례였다.

비록 사림은 여러 차례 사화를 겪으며 큰 피해를 보았으나, 향촌 기반은 건재했다. 오히려 사림은 사화의 경험을 통해 더 결속하고, 도덕적 명분을 강화했다. 시간이 흐르면서 그들은 점차 중앙 정계에서 세력을 확대하며 훈구파와의 권력 균형을 바꾸어 갔다.

오늘의 교훈- 권력 교체와 변화

훈구와 사림의 대립은 결국 권력 교체의 흐름으로 귀결되었다.

첫째, 정치권력의 이동이다. 15세기 후반까지 훈구가 주도권을 쥐었지만, 16세기 들어 사림이 점차 부상했다. 중종과 명종 대를 거치며 사림은 중앙 정치의 주류로 자리 잡았고, 훈구는 점차 쇠퇴했다.

둘째, 정치 문화의 변화다. 훈구는 권력과 토지, 공신적 특권에 의존했지만, 사림은 성리학적 도덕성과 학문적 명분을 앞세웠다. 이는 조선 정치의 성격을 권력 중심에서 도덕성과 명분 중심으로 전환했다. 그러나 동시에 지나친 명분 정치와 붕당 대립의 단초도 제공했다.

셋째, 교훈이다. 훈구와 사림의 대립과 교체는 정치권력이 고정된 집단에 머무르면 부패로 흐를 수밖에 없음을 보여준다. 또한 새로운 세력이 등장해 교체가 이루어질 때, 사회는 새로운 활력을 얻게 된다. 그러나 권력 교체가 균형과 조화를 이루지 못할 경우, 또 다른 분열과 갈등을 낳을 수 있다.

훈구에서 사림으로 이어진 권력 교체는 조선 정치의 동력과 한계를 동시에 보여준다. 역사는 우리에게 묻는다. 권력은 누가 차지하는가보다, 어떻게 쓰이며 어떤 가치 위에서 운영되는가가 더 중요하다는 사실을.

선조와 임진왜란,
국난 극복의 리더십

예기치 못한 국난, 임진왜란의 충격

1592년, 일본 도요토미 히데요시의 대규모 침략으로 시작된 임진왜란은 조선의 존망을 뒤흔든 대사건이었다. 일본군은 개전 직후 파죽지세로 한양을 점령하고 평양까지 북상했다. 조선의 중앙군은 무기력했고, 지방 방어망은 제대로 작동하지 못했다.

이 모든 혼란의 중심에 선 군주는 조선 제14대 왕 선조였다. 선조는 즉위 초부터 당파 갈등과 정국 혼란을 겪으며 국정 운영에 어려움을 겪었고, 국방 준비 역시 소홀했다. 그 결과 왜군이 침략했을 때 조선은 속수무책으로 무너졌다. 백성은 전쟁의 참화를 고스란히 떠안아야 했다.

그러나 국난은 단순한 군사적 충돌이 아니었다. 국가의 존립, 왕권의 정당성, 백성과의 신뢰가 걸린 총체적 위기였다. 임진왜란은 조선의 제도와 리더십이 시험대에 오른 순간이었다.

리더십의 부재와 새로운 힘의 부상

전쟁 초기 선조의 리더십은 심각한 한계를 드러냈다. 왜군이 압록강 부근까지 북상하자 선조는 평양을 버리고 의주까지 몽진했다. 백성은 왕이 나라를 지켜주지 못한다고 원망했고, 일부는 일본군에게 귀순하기도 했다. 왕권의 권위가 뿌리째 흔들린 것이다.

그러나 역설적으로, 이 공백은 새로운 리더십을 등장할 수 있게 했다. 먼저, 의병 운동은 향촌의 유학자와 농민들이 자발적으로 봉기해 전선을 형성했다. 곽재우, 고경명, 조헌 등이 대표적이다. 이는 조선 사회의 자생적 저항력이자 민본의 힘을 보여주었다. 또한 수군의 활약은 이순신 장군의 해전 승리는 전세를 뒤집는 결정적 요인이었다. 한산도 대첩, 명량 해전 등은 조선 수군의 전략적 가치를 입증했다. 이어 명나라 원군은 국제 외교를 통한 지원 역시 조선의 존망을 지탱했다. 명과의 연합군은 일본군을 평양에서 격퇴하고 휴전을 성사했다.

이러한 다양한 힘이 합쳐져 전쟁은 단순히 왕의 지휘력이 아니라 사회 전체의 저항력에 의해 이어졌다. 선조가 부족한 리더십을 보였음에도, 조선이 멸망하지 않고 버틸 수 있었던 이유였다.

오늘의 교훈- 분열에서 협력으로

임진왜란은 조선 사회에 깊은 상처를 남겼다. 전쟁이 끝난 후에도 국

미래는 과거에서 온다

토는 황폐해졌고, 민생은 피폐해졌다. 수많은 인구가 전사하거나 포로가 되었으며, 경제적·문화적 자산도 큰 타격을 입었다.

그러나 이 국난 속에서 조선은 몇 가지 중요한 교훈을 얻었다.

첫째, 왕권만으로는 국가를 지탱할 수 없다는 사실이다. 선조의 리더십은 위기 앞에서 무력했으나, 백성의 자발적 참여와 지역 사회의 저항은 국가를 생존할 수 있게 했다. 이는 통치자가 민심을 외면해서는 안 된다는 교훈을 남겼다.

둘째, 분열의 정치가 국가를 위기에 빠뜨린다는 점이다. 임진왜란 직전 조정은 동인과 서인으로 나뉘어 정쟁에 몰두했고, 군사적 대비는 뒷전이었다. 전쟁의 참화는 분열 정치가 초래한 대가였다.

셋째, 국제적 연대의 중요성이다. 명나라 원군의 개입은 전세를 뒤집는 결정적 역할을 했다. 고립된 국가는 위기를 버티기 어렵다. 이는 오늘날 국제 외교와 안보 전략에서도 여전히 중요한 교훈이다.

임진왜란은 단순한 외침이 아니라, 조선 사회 전체의 구조적 문제를 드러낸 사건이었다. 선조는 위기의 시대를 충분히 끌어내지 못했지만, 백성과 장수, 그리고 국제 협력의 힘이 모여 국가를 지탱했다. 이는 오늘날 위기관리 리더십의 본질을 다시금 성찰하게 한다.

이순신 장군과
리더십의 본질

절망 속에서 피어난 희망, 민족을 구한 장수

임진왜란이 발발하자 조선은 국가 존망의 위기를 맞았다. 육군은 일본군의 파죽지세를 막지 못하고 한양과 평양을 잃었으며, 국왕은 의주로 피신했다. 백성들은 지도층의 무능과 분열에 절망했고, 전쟁의 참화를 고스란히 짊어져야 했다. 바로 이때 민족의 구원자로 떠오른 인물이 이순신(李舜臣, 1545~1598) 장군이었다.

그는 전라좌수사로 부임한 이후 해전을 치밀하게 준비했다. 수군의 훈련 강화, 무기와 군량의 확보, 전략적 요충지인 한산도 진지 구축까지 한 걸음 한 걸음 착실히 준비한 결과, 전쟁 초반부터 압도적인 승리를 거두었다. 옥포 해전, 사천 해전, 한산도 대첩 등은 일본군의 보급선을 차단하며 전세를 뒤흔들었다.

이순신의 활약은 단순한 군사적 성과를 넘어선 것이었다. 나라를 버리고 달아난 지도부와 대비되는 그의 책임감과 헌신은 백성들에게 희망을 주었고, 전쟁의 흐름을 바꾸는 결정적 힘이 되었다. 이순신은 절망의 시대에 "한 사람의 진정한 리더십이 역사를 바꿀 수 있다"라는 사실을 증명했다.

리더십의 본질- 책임, 공정, 헌신

이순신 장군의 리더십은 몇 가지 핵심적 특징으로 요약된다.

첫째, 철저한 책임감이다. 그는 명령을 어겼다는 억울한 누명을 쓰고 백의종군의 치욕을 당했음에도, 나라와 백성을 위해 다시 전장에 나섰다. 사사로운 원망보다 공적 책임을 우선시한 태도는 진정한 공직자의 자세였다.

둘째, 공정과 신뢰의 리더십이다. 그는 장수와 병사들을 공정하게 대우했다. 전공을 세운 자에게는 분명히 상을 주고, 잘못을 저지른 자는 지위 고하를 막론하고 엄정히 다스렸다. 이러한 공정함은 병사들의 신뢰를 끌어냈다. 전우들이 그의 명령을 목숨 걸고 따른 이유도 여기에 있었다.

셋째, 헌신과 자기희생이다. 이순신은 항상 전선의 최전방에서 병사들과 고락을 함께했다. 그는 "전투에서 반드시 이기겠다"라는 결연한 각오를 몸소 실천했다. 마지막 노량해전에서도 그는 끝내 퇴각하지 않고 싸우다 전사했다. 그의 죽음은 단순한 장군의 죽음이 아니라, 나라와 백성을 위한 자기희생의 상징이었다.

이순신의 리더십은 권력욕이나 명예욕이 아니라, 책임·공정·헌신이라는 리더의 본질적 덕목 위에 세워졌다.

오늘의 교훈- 위기 시대의 리더십 모델

이순신 장군의 삶과 리더십은 오늘의 우리에게도 깊은 울림을 준다.

첫째, 위기관리의 모범이다. 그는 철저한 준비와 치밀한 전략으로 전쟁을 승리로 이끌었다. 준비 없는 대응은 위기를 키울 뿐이라는 교훈은 오늘날 기업 경영, 국가 정책에도 그대로 적용된다.

둘째, 신뢰의 힘이다. 이순신의 리더십은 강제적 통제보다 신뢰와 존경 위에 세워졌다. 백성과 병사들이 자발적으로 따르는 지도자만이 진정한 리더라는 사실을 일깨워 준다.

셋째, 자기희생적 리더십의 가치다. 그는 마지막 순간까지 전선을 떠나지 않았다. 권력의 안전지대가 아닌, 가장 위험한 곳에 스스로 몸을 던진 지도자였기에 백성들의 가슴속에 영원히 남을 수 있었다.

오늘날 한국 사회는 정치적 분열, 경제적 불확실성, 국제 정세의 격변이라는 복합적 위기에 직면해 있다. 이럴 때일수록 지도자는 이순신의 리더십에서 교훈을 찾아야 한다. 권력 다툼이 아니라 백성을 위한 책임, 이해관계가 아니라 공정, 그리고 자기 보호가 아니라 헌신이야말로 시대가 요구하는 지도자의 조건이다.

광해군의 중립 외교와 실리 외교

불안한 국제 정세와 광해군의 즉위

17세기 초반 동아시아 정세는 요동쳤다. 명(明) 제국은 내부의 부패와 농민 반란으로 점차 약화하고 있었고, 만주에서 급성장하던 후금(後金, 뒤의 청)은 새로운 강자로 떠올랐다. 일본 역시 임진왜란 이후 전열을 가다듬고 대외 팽창의 기회를 엿보고 있었다. 이러한 격랑 속에서 조선은 지정학적 완충지대에 놓여 있었다.

광해군(光海君, 재위 1608~1623)은 임진왜란 당시 세자 신분으로 분조를 이끌며 국정을 책임진 경험이 있었다. 전란의 참화를 직접 겪은 그는 현실의 냉혹함을 누구보다 잘 알고 있었다. 즉위 후 광해군이 직면한 최대 과제는 바로 명과 후금 사이에서 국가의 생존을 지켜내는 일이었다.

그는 전통적으로 이어져 온 '사대 외교', 즉 명에 대한 절대적 충성을 답습할 수 없었다. 한편으로 명의 원조 덕분에 임진왜란을 극복했지만, 다른 한편으로는 약화하는 명에 모든 것을 의탁할 수 없는 형편이었다. 광해군이 내세운 전략은 철저한 실리와 중립 외교였다.

실리 외교의 선택, 명과 후금 사이의 줄타기

광해군은 명과 후금의 갈등 속에서 한쪽으로 기울지 않고 조선의 국익을 지키려 했다. 이는 조선 역사상 드물게 나타난 현실주의적 외교 전략이었다.

우선 그는 명의 요구를 완전히 거절하지 않았다. 조선은 전통적인 책봉 체제 속에서 명과 종속적 관계를 맺고 있었기에, 이를 무시하는 것은 위험했다. 따라서 광해군은 명의 요청에 따라 군사를 파병했지만, 그 규모를 최소화하고 전면전을 피하려 했다.

동시에 그는 후금과도 우호 관계를 유지하려 노력했다. 사신을 보내어 관계를 원만히 하고, 전쟁을 유발할 수 있는 불필요한 충돌을 피했다. 명과 후금 어느 쪽도 확실히 승리할 수 없는 상황에서 조선이 특정 진영에 올인한다는 것은 국가 자멸을 자초하는 것이었다.

광해군의 이런 선택은 국내적으로 큰 반발을 불러일으켰다. 조선 조정은 여전히 '의리 외교'를 중시하며, 명에 대한 절대 충성을 강조하는 신하들이 다수를 차지했다. 그들은 광해군의 정책을 '패륜'이라 비난했고, 심지어 정통성 없는 군주라는 명분까지 덧씌워 정치적 공격을 이어갔다. 그러나 광해군은 흔들리지 않았다. 그는 외교를 '살아남기 위한 현실적 선택'으로 이해했고, 그것이야말로 백성과 국가를 위한 길이라고 믿었다.

미래는 과거에서 온다

오늘의 교훈- 광해군 외교에 대한 평가

광해군은 결국 인조반정으로 쫓겨나고 역사 속에서 '폐위된 군주'라는 오명을 안게 되었다. 명분보다 실리를 중시한 그의 정책은 당시 유교적 정치 문화 속에서 쉽게 받아들여지지 않았다. 그러나 후대의 평가는 다르다.

첫째, 그의 중립 외교는 현실적 생존 전략이었다. 명은 이미 몰락의 길을 걷고 있었고, 후금은 빠르게 성장하고 있었다. 어느 쪽에 무조건 충성하거나 적대하지 않고 균형을 잡으려 했던 광해군의 태도는 국제 정치의 복잡성을 이해한 지도자의 통찰이었다.

둘째, 그는 국민 보호를 최우선 가치로 두었다. 무모한 전쟁 개입은 조선을 또다시 참화에 빠뜨릴 수 있었다. 광해군은 백성의 삶을 지키기 위해 실리적 선택을 한 것이다.

셋째, 광해군의 실패는 정치적 기반의 취약성에서 비롯되었다. 그의 정책은 국제적으로는 합리적이었으나, 국내 정치 세력과의 조율에 실패하면서 반정으로 이어졌다. 이는 아무리 훌륭한 정책이라도 정치적 정당성과 사회적 합의 없이는 지속될 수 없음을 보여준다.

오늘날 한국은 미·중 갈등, 북핵 문제, 글로벌 공급망 위기 등 복잡한 국제 환경에 놓여 있다. 이때 광해군의 실리 외교는 중요한 시사점을 던진다. 강대국 사이에서 생존을 모색하는 작은 나라의 길은 '의리'만으로는 지켜지지 않는다. 냉철한 현실 인식과 국민 보호를 우선시하는 전략만이 위기를 돌파할 수 있다.

광해군은 비록 '폐위된 군주'로 기록되었지만, 그의 외교 철학은 오늘의 시점에서 다시 평가받아야 한다. 역사는 묻는다. "국가를 지킨다는 것, 그것은 무엇을 우선시하는가?" 광해군의 대답은 분명했다. 그것은 바로 백성의 생존과 나라의 지속이었다.

인조반정과 삼전도의 굴욕

명분으로 세운 왕좌의 그림자

1623년, 서인 세력은 광해군의 실리 외교와 권력 운영을 문제 삼아 정변을 일으켰다. 이른바 인조반정(仁祖反正)이었다. 반정 세력은 광해군을 폐위하고 능양군 이종을 옹립해 인조(仁祖)를 새 임금으로 세웠다. 명분은 분명했다. 광해군이 적통 군주가 아니며, 중립 외교로 명에 대한 '의리'를 저버렸다는 것이었다.

그러나 실제 배경은 달랐다. 광해군의 개혁 정책은 기득권 세력의 이해를 위협했고, 서인 세력은 권력을 장악할 기회를 엿보고 있었다. 결국 인조는 스스로 왕위에 오른 군주라기보다 서인 정파가 옹립한 임금이었다. 즉위와 동시에 인조의 권력은 서인 정파의 이해관계에 종속될 수밖에 없었다.

이처럼 태생적 한계를 안고 출발한 인조의 정치 기반은 불안정했다. 명분은 있었으나 실질적 정통성과 권위는 부족했으며, 이는 훗날 치욕적인 외교적 굴욕으로 이어지는 중요한 배경이 되었다.

대외정책의 실패, 의리 외교와 현실의 괴리

인조와 서인 정권은 광해군의 실리 외교를 폐기하고 '명에 대한 절대 충성'을 내세웠다. 후금이 세력을 키워가는 현실을 무시하고, 명과의 관계만을 절대시한 것이다.

1627년 정묘호란에서 후금은 조선의 태도를 문제 삼아 침략해 왔다. 조선은 화의로 위기를 모면했지만, 교훈은 제대로 받아들이지 못했다. 인조 정권은 여전히 '의리'에 매달렸다.

그 결과 1636년, 청(後金이 국호를 바꾼 이름)은 다시 대규모로 침략해 왔다. 병자호란이었다. 조선의 대응은 무능했고, 강화도로의 피난도 실패했다. 인조는 결국 남한산성에 고립되었고, 수개월의 항전 끝에 더 이상 버틸 수 없게 되었다.

남한산성에서의 최후 협상은 조선의 굴욕을 결정짓는 순간이었다. 인조는 청 태종 앞에서 무릎을 꿇고 삼배구고두례(세 번 절하고 아홉 번 머리를 조아리는 의식)를 행했다. 이 사건은 역사에 길이 남은 삼전도의 굴욕이었다.

오늘의 교훈- 삼전도의 굴욕과 역사적 성찰

삼전도의 굴욕은 단순한 외교적 사건이 아니었다. 그것은 조선 정치의 구조적 문제, 즉 명분과 현실 사이의 괴리가 초래한 국가적 비극이

미래는 과거에서 온다

었다.

첫째, 정통성 없는 권력의 불안정이다. 인조반정은 명분을 내세웠으나, 실제로는 권력 쟁취를 위한 정변이었다. 태생적 취약성이 위기 앞에서 국정을 단단히 이끌 힘을 약화시켰다.

둘째, 의리 외교의 한계다. 명에 대한 충성은 도덕적 명분이었지만, 국제 현실은 달랐다. 강대국의 부상과 세력 변화를 외면한 채 의리만을 붙잡은 외교는 결국 국가를 치욕으로 몰아넣었다.

셋째, 지도자의 책임이다. 인조는 백성의 생존과 국가의 존망보다 정치적 명분을 앞세웠다. 결과적으로 수많은 백성이 전란과 포로로 고통을 겪었고, 국가는 청의 속국적 지위로 전락했다.

그러나 이 치욕은 후대에 중요한 성찰을 남겼다. 국제 정치에서 생존을 위해 필요한 것은 추상적 명분이 아니라 냉철한 현실 인식이며, 지도자의 사명은 체면이 아니라 백성을 지키는 일이라는 것이다. 삼전도의 굴욕은 오늘날까지 반복적으로 인용되며, 한국 외교사에서 '의리와 실리'의 균형이 얼마나 중요한가를 일깨워 준다.

제3부 조선, 문치의 나라를 열다

효종과 북벌론의 허상

치욕을 씻고자 한 북벌의 기치

병자호란(1636)에서 인조가 삼전도의 굴욕을 겪은 뒤, 조선 사회에는 깊은 상처와 울분이 남았다. 왕이 오랑캐라 불린 청나라 황제에게 무릎을 꿇고 조아렸다는 사실은 단순한 패전이 아니라 국가적 수치였다. 이 치욕은 후대에까지 정치적·정신적 상흔으로 이어졌다.

1649년 즉위한 효종(孝宗, 재위 1649~1659)은 이러한 울분을 씻고 국권을 회복하겠다는 명분 아래 북벌론(北伐論)을 내세웠다. 그는 청을 치고 명에 충성한다는 기치를 내걸었고, 이를 통해 국가의 자존심을 되찾으려 했다. 북벌론은 조선 사회에 애국적 감정을 자극하며 왕권 강화의 정치적 동력으로 작용했다.

그러나 북벌은 어디까지나 상징적 구호에 가까웠다. 실제 국력은 이미 청과의 전쟁을 감당할 수준이 아니었다. 인구와 경제 기반이 전란으로 피폐해진 상황에서, 대규모 원정 전쟁은 현실적으로 불가능했다. 그런데도 효종은 북벌 담론을 국가적 의제로 삼아 왕권의 정통성과 도덕적 권위를 강화했다.

북벌 준비의 실상, 구호와 현실의 간극

효종은 북벌을 명분으로 군사력 증강을 추진했다. 그는 송시열 등 서인 학자들의 지지를 받아 군사 훈련을 강화하고 무기 생산을 독려했다. 또 국경 방어선을 재정비하며 청에 대한 적개심을 드러냈다.

하지만 실상을 들여다보면 북벌 준비는 한계투성이였다. 우선, 경제적 기반이 부족했다. 임진왜란과 병자호란을 거치며 국토는 황폐해지고 농업 생산력도 크게 줄어든 상태였다. 전쟁에 필요한 재정을 조달하기 어려웠다. 군사력도 열세였다. 조선은 청의 압도적인 기병 전력에 맞설 병종을 갖추지 못했다. 화포와 조총의 생산도 부족했으며, 훈련도 체계적이지 않았다. 여기에 국제 정세의 제약도 있었다. 당시 명은 이미 몰락했고, 청은 동아시아 패권을 장악하고 있었다. 조선이 단독으로 북벌을 감행한다는 것은 자멸적 선택에 불과했다.

결국 북벌은 현실적으로 추진될 수 없는 구호였지만, 효종은 이를 통해 정치적 명분을 세우고 내부 결속을 다졌다. 백성들에게는 수치의 기억을 달래는 희망이었고, 사대부에게는 도덕적 정당성을 제공하는 구호였다.

오늘의 교훈 - 북벌론의 허상과 의미

효종의 북벌론은 실현되지 않았지만, 조선 정치와 역사에서 중요한

제3부 조선, 문치의 나라를 열다

의미가 있다.

첫째, 상징 정치의 힘이다. 북벌은 실제 전쟁 계획이 아니라 정치적 상징으로 기능했다. 효종은 이를 통해 왕권을 강화하고, 백성의 분노와 울분을 달래는 도덕적 지도력을 확보했다.

둘째, 현실 인식의 부재다. 북벌은 감정적으로는 매력적인 구호였지만, 국가적 역량과 국제 정세를 외면한 비현실적 발상이었다. 이는 지도자가 시대적 조건을 냉철하게 읽어내지 못할 때 어떤 한계를 드러내는지를 보여준다.

셋째, 교훈이다. 국가는 감정이나 명분만으로 운영될 수 없다. 체면보다 중요한 것은 국민의 삶과 국가의 생존이다. 효종의 북벌론은 치욕을 씻고자 한 열망이었지만, 실질적 국력 배양이나 민생 안정에는 충분히 기여하지 못했다.

오늘날 북벌론의 교훈은 분명하다. 위기와 굴욕 앞에서 국가 지도자는 감정적 대응이나 과장된 구호가 아니라, 현실적 전략과 내실 있는 준비로 국민의 삶을 지켜야 한다는 것이다. 효종의 북벌은 허상으로 끝났지만, 그 허상은 오히려 냉철한 현실 인식의 중요성을 우리에게 일깨운다.

현종과 예송논쟁, 정치적 분열

예송논쟁의 발단, 상복에서 비롯된 정치 갈등

조선 후기 정치사를 대표하는 사건 가운데 하나는 예송논쟁(禮訟論爭)이다. 이는 단순히 상복의 길이를 두고 벌어진 논쟁이 아니라, 조선 정치와 사상, 권력 구조의 본질적 문제를 드러낸 사건이었다.

첫 번째 예송(기해예송, 1659)은 인조의 계비이자 현종의 생모인 자의대비가 효종의 상복을 얼마 동안 입어야 하는가를 둘러싸고 발생했다. 서인은 계모이므로 '1년설'을 주장했고, 남인은 장자와 차자를 구별하지 말아야 한다며 '3년설'을 내세웠다. 두 번째 예송(갑인예송, 1674)은 현종의 계모인 자의대비가 효종비(인선왕후)의 상을 당했을 때의 복제 문제에서 다시 불거졌다.

겉으로 보면 단순한 예법 문제였으나, 실제로는 왕권의 정통성과 정치 세력의 주도권을 둘러싼 치열한 권력투쟁이었다. 예법이라는 형식을 빌려 서로의 정치적 입장을 정당화하려 했다.

제3부 조선, 문치의 나라를 열다

서인과 남인, 붕당의 대립 격화

예송논쟁은 조선 정치의 양대 붕당인 서인과 남인의 대립을 극대화했다.

서인은 왕권을 제한하고 신권을 강화하는 견해가 있었다. 그들은 엄격한 예법과 명분을 앞세워 질서를 유지하려 했다. 따라서 계모의 지위를 낮게 규정해 상복 기간을 줄이는 것이 합당하다고 보았다. 이는 곧 왕실 권위를 견제하고 신권을 강화하는 논리와도 맞닿아 있었다.

반면 남인은 왕권의 정통성과 유교적 도덕 원칙을 중시했다. 그들은 효의 가치를 내세우며, 효종이 비록 차자 출신이라도 장자와 다름없이 존중해야 한다고 주장했다. 이는 사실상 왕권의 정통성을 강화하는 논리였다.

결국 예송논쟁은 상복의 장단을 넘어, 왕권과 신권, 명분과 현실, 붕당 간 이념 차이가 얽힌 문제였다. 현종은 어느 한쪽의 손을 들어주면서 정국은 극심한 분열을 반복했다. 정치적 안정은 요원했고, 국정은 논쟁에 발이 묶여 제대로 작동하지 못했다.

오늘의 교훈 - 예송논쟁의 의미

예송논쟁은 조선 정치에 몇 가지 뼈아픈 교훈을 남겼다.

첫째, 명분 정치의 한계다. 유교적 예법은 본래 사회 질서를 바로잡기 위한 장치였지만, 정치 세력은 이를 권력 투쟁의 도구로 삼았다. 백성의 삶과 국정 운영은 뒷전으로 밀리고, 논리 싸움만 남았다. 이는 조선 정치가 현실적 문제 해결보다 명분 다툼에 치중했음을 보여준다.

둘째, 분열 정치의 폐해다. 서인과 남인은 사사건건 대립했고, 현종은 조정의 합의를 끌어내지 못했다. 그 결과 국정은 극도로 경직되었고, 사회적 갈등은 심화했다. 이는 국가적 위기 대응 능력을 약화하는 결과를 초래했다.

셋째, 현대적 시사점이다. 오늘날에도 정치는 종종 실질보다 형식, 국민보다 이념에 매몰되는 경우가 있다. 예송논쟁은 권력이 형식적 명분 싸움에만 몰두할 때, 국가 전체가 얼마나 큰 대가를 치르게 되는지를 일깨운다.

예송논쟁은 한 왕의 시대에 국한된 사건이 아니었다. 그것은 조선 정치 문화의 구조적 병폐를 응축해 보여주는 상징적 사례였다. 역사는 오늘의 우리에게 묻는다. 정치란 무엇을 위해 존재하는가? 국민의 삶을 지키기 위함인가, 아니면 이념과 명분의 승부를 위한 것인가?

제3부 조선, 문치의 나라를 열다

숙종과 환국정치의 교훈

환국정치의 전개, 정국 운영의 극단적 방식

조선 제19대 임금 숙종(肅宗, 재위 1674~1720)의 치세는 환국정치(換局政治)로 대표된다. 환국이란 말 그대로 정국을 통째로 뒤엎는 정치 방식으로, 특정 붕당이 집권하면 임금의 의지에 따라 하루아침에 실각하고 다른 붕당이 권력을 차지하는 구조였다.

숙종 대에만 세 차례의 큰 환국이 있었다. 첫 번째, 경신환국(1680)으로 남인이 몰락하고 서인이 집권하였다. 이어 기사환국(1689)으로 장희빈의 아들 원자가 세자로 책봉되자 서인이 몰락하고 남인이 부활하였다. 그리고 갑술환국(1694)으로 인현왕후 복위 문제로 남인이 다시 축출되고 서인이 재집권하였다.

이처럼 정국이 급격히 뒤바뀌는 환국정치는 임금이 주도한 정치 운영 방식이었다. 숙종은 붕당을 적절히 활용해 국왕 권력을 강화했지만, 정국은 안정성을 잃고 권력투쟁의 연속으로 이어졌다.

환국정치의 명암, 왕권 강화와 정치 불안

숙종의 환국정치는 분명한 성과와 한계를 동시에 지녔다.

첫째, 왕권 강화의 성과다. 조선 전기 이후 지속된 붕당정치는 왕권을 제약하고 사대부 세력의 힘을 키웠다. 숙종은 환국을 통해 붕당을 견제하고, 국왕이 최종 결정권자임을 보여주었다. 이는 국왕 중심 정치 질서를 회복하는 계기가 되었다.

둘째, 정치 불안의 심화다. 환국은 정국의 안정을 무너뜨렸다. 정권이 교체될 때마다 인사와 정책이 뒤집혔고, 집권 세력은 상대 세력을 철저히 숙청했다. 정치적 보복은 사림 사회의 도덕성과 연대 의식을 붕괴시켰다. 백성들은 정국 변동의 피해를 고스란히 떠안아야 했고, 행정과 국방은 불안정해졌다.

셋째, 사회 갈등의 확대다. 환국은 단순한 정치 변화가 아니라 사회 전반의 균열로 이어졌다. 특정 붕당에 속한 인물들은 출세와 생존을 보장받았으나, 다른 붕당 사람들은 가문 전체가 몰락했다. 정치는 공공선을 위한 경쟁이 아니라 생존을 건 투쟁이 되었다.

오늘의 교훈 - 권력 균형과 제도의 중요성

숙종의 환국정치는 오늘날에도 많은 교훈을 남긴다.

첫째, 지도자의 권력 운용 방식이다. 숙종은 환국을 통해 순간적으로 왕권을 강화했지만, 이는 제도적 기반 위에 세워진 안정적 권력이 아니었다. 특정 인물과 세력을 활용해 단기적 효과를 얻는 방식은 장기적으로 정치의 신뢰를 무너뜨렸다.

둘째, 권력 균형의 필요성이다. 환국정치가 보여준 가장 큰 문제는 권력이 균형을 잃고 극단적으로 이동했다는 점이다. 정치가 일방 독주로 흐를 때 반대 세력은 철저히 배제되었고, 이는 사회 전체의 불안정을 심화시켰다. 건강한 정치는 균형과 타협 속에서 가능하다.

셋째, 제도의 중요성이다. 환국정치는 제도적 절차보다 임금의 의지에 의해 좌우되었다. 제도가 부재하거나 무력화되면 권력은 임의적이고 감정적인 방식으로 행사될 수 있다. 정치의 안정성과 신뢰를 위해서는 인물보다 제도가 우선되어야 한다는 사실을 환국정치는 극명하게 보여준다.

숙종은 강력한 군주였으나, 환국정치는 조선을 정치적 불안과 갈등 속에 빠뜨렸다. 역사는 말한다. 권력은 견제와 균형 위에서만 지속 가능하며, 지도자의 지혜는 권력 그 자체가 아니라 권력을 어떻게 쓰느냐에 달려 있다.

영조의 탕평책과 균형 리더십

붕당 정치의 병폐와 영조의 고민

조선 후기 정치는 오랜 붕당 갈등으로 얼룩져 있었다. 서인·남인, 노론·소론 등으로 갈라진 사대부들은 명분을 앞세워 끊임없이 대립했다. 임금은 특정 붕당에 휘둘리기 일쑤였고, 국정은 정쟁의 늪에 빠져 민생은 방치되었다.

1724년 즉위한 영조(英祖, 재위 1724~1776)는 이러한 붕당 정치의 폐단을 누구보다 절실히 인식하고 있었다. 그는 숙종의 아들로 태어났으나, 어머니 숙빈 최씨의 신분 때문에 정치적 정통성에 흠결이 있었다. 이 때문에 즉위 초부터 노론·소론이 그의 왕위를 둘러싸고 치열하게 다투었고, 영조는 스스로 왕권을 공고히 하기 위해 정국 안정이 절실했다.

그가 선택한 해법이 바로 탕평책(蕩平策)이었다. 이는 특정 붕당에 치우치지 않고, 인재를 고르게 등용하여 균형 잡힌 정치를 구현하려는 전략이었다. 영조의 탕평책은 조선 정치사에서 매우 중요한 전환점을 이루었다.

제3부 조선, 문치의 나라를 열다

탕평책의 시행, 균형과 조율의 리더십

영조의 탕평책은 단순한 구호가 아니라 구체적 정책으로 나타났다.

첫째, 탕평파 육성이다. 그는 특정 붕당에 속하지 않고 중립적 입장을 견지하는 인물들을 발탁해 정국의 중심에 세웠다. 이는 극단적인 붕당 간 대립을 완화하는 데 기여했다.

둘째, 균형 인사다. 영조는 노론과 소론의 인물을 고르게 기용하며 어느 한쪽의 독주를 견제했다. 붕당 간 불신이 깊었지만, 임금이 직접 균형을 잡아주면서 국정 운영의 안정성이 강화되었다.

셋째, 정치·사회 개혁이다. 그는 균역법을 제정하여 백성의 군포 부담을 줄였고, 금주령·사치 금지령을 내려 사회 기강을 바로잡으려 했다. 또한 신문고를 부활시켜 백성의 억울함을 직접 듣고 해결하려는 노력을 기울였다. 이는 군주의 권위를 백성 친화적 방향으로 강화한 사례였다.

넷째, 학문과 사상의 융합이다. 영조는 성리학의 정통을 중시하면서도, 실용적 학문을 장려했다. 이는 정조 대의 실학 발전으로 이어지는 지적 토대를 마련했다.

이처럼 영조의 탕평책은 단순한 정치 기술이 아니라, 균형과 조율을 통한 리더십의 발현이었다.

오늘의 교훈- 탕평책의 가능성과 한계

탕평책은 조선 정치의 새로운 가능성을 열었지만, 한계도 뚜렷했다.

첫째, 정치적 기반의 불안정성이다. 영조는 신분적 한계 때문에 늘 정통성 논란에 시달렸다. 탕평책은 이를 극복하려는 전략이었으나, 완벽히 불신을 해소하지는 못했다.

둘째, 붕당 대립의 구조적 문제다. 탕평책은 일시적으로 갈등을 완화했지만, 붕당 자체를 해소하지는 못했다. 특히 노론의 강경파는 여전히 정치적 영향력을 행사했고, 소론은 상대적으로 약화했다.

셋째, 개혁의 한계다. 영조는 백성의 부담을 덜고자 균역법을 시행했지만, 재정 부족을 메우기 위해 다른 세목을 신설함으로써 효과가 반감되었다. 또한 사회 전반을 뒤흔드는 근본 개혁에는 이르지 못했다.

그럼에도 영조의 탕평책은 오늘날에도 중요한 교훈을 준다. 정치의 본질은 균형과 조율이라는 점이다. 갈등은 불가피하지만, 지도자가 어떤 태도로 이를 관리하느냐에 따라 국정은 분열에도 불구하고 안정으로 나아갈 수 있다.

영조는 자신의 약점을 정치적 지혜로 보완하며 52년간 장수한 군주로 기록되었다. 그의 통치는 권력보다 균형을, 명분보다 민생을 우선시한 정치의 의미를 다시금 일깨워 준다. 역사는 우리에게 묻는다. 지도자의 힘은 어디서 나오는가? 그것은 균형과 조율, 그리고 백성을 향한 책임감에서 비롯된다.

정조의 개혁과 규장각의 혁신

개혁 군주의 등장, 정조 즉위와 정치 구상

조선 제22대 왕 정조(正祖, 재위 1776~1800)는 조선 후기 개혁 군주의 상징으로 불린다. 그는 아버지 사도세자의 비극적 죽음을 목격하며 성장했고, 즉위와 동시에 왕권 강화와 사회 개혁이라는 뚜렷한 비전을 제시했다.

정조는 즉위 직후부터 탕평책을 계승하면서도 한 단계 발전시켰다. 단순히 붕당 간 균형을 유지하는 데 머물지 않고, 군주의 주도적 개혁을 통해 국정 운영의 새로운 틀을 만들려 했다. 그는 권력을 신하 집단이 아닌 군주 자신에게 집중시키려 했고, 이를 위해 새로운 제도와 기관을 적극 활용했다.

정조의 정치 구상은 명분과 실리를 동시에 추구했다. 명분 면에서는 성리학적 도덕 정치를 계승하면서도, 실리 면에서는 민생 안정과 국방 강화, 학문 진흥을 통한 국가 혁신을 꾀했다. 이러한 구상의 핵심에 자리 잡은 기관이 바로 규장각(奎章閣)이었다.

미래는 과거에서 온다

규장각의 혁신, 집단지성과 정책 연구의 산실

규장각은 원래 국왕의 도서관 성격을 가진 기관이었다. 그러나 정조는 이를 단순한 서고에서 정책 연구와 인재 양성의 핵심 기관으로 변모시켰다.

첫째, 정책 연구 기능 강화다. 규장각은 단순히 책을 보관하는 곳이 아니라, 학자들이 모여 국정 현안을 연구하고 대안을 마련하는 정책 싱크탱크 역할을 했다. 정조는 직접 학자들과 토론하며 정책을 구상했고, 이를 국정에 반영했다.

둘째, 인재 등용 창구다. 정조는 규장각 검서관 제도를 신설해 젊고 유능한 학자들을 발탁했다. 정약용, 이덕무, 박제가, 유득공 등 뛰어난 실학자들이 규장각을 거쳐 성장했다. 이들은 성리학적 명분을 넘어 실용적 학문과 개혁적 정책을 연구하며 조선 사회의 새로운 가능성을 열었다.

셋째, 문화·학술 진흥이다. 규장각은 방대한 서적을 수집하고 정리했으며, 학문 연구의 장으로 기능했다. 정조는 규장각을 중심으로 출판과 지식 보급을 장려해 학문적 교류와 사회적 지식 확산을 촉진했다.

규장각은 그 자체로 집단지성과 국가 혁신의 산실이었다. 이는 단순히 제도 개혁을 넘어, 조선 사회에 새로운 학문적·정치적 활력을 불어넣는 전환점이 되었다.

오늘의 교훈- 정조 개혁의 의의와 한계

정조의 개혁은 조선 후기의 침체를 돌파하려는 진지한 시도였다.

첫째, 군주 주도 개혁의 가능성을 보여주었다. 정조는 강력한 왕권을 바탕으로 붕당의 갈등을 억제하고, 군주가 직접 개혁을 추진하는 모델을 제시했다. 이는 조선 정치의 새로운 가능성을 보여준 사건이었다.

둘째, 실용 학문의 도입이다. 규장각을 통해 성장한 학자들은 농업·상업·산업 등 현실 문제 해결에 초점을 맞췄다. 이는 조선이 성리학적 교조주의를 넘어 사회 개혁을 모색한 중요한 전환이었다.

셋째, 한계도 뚜렷했다. 정조의 개혁은 군주의 강력한 의지에 의존했기에, 그의 갑작스러운 죽음 이후 제도화되지 못했다. 규장각은 이후 유명무실해졌고, 개혁의 불씨는 꺼져갔다. 또한 사회 구조 자체를 혁파하기보다는 점진적 개혁에 머물렀다.

그럼에도 정조의 개혁과 규장각의 혁신은 한국 정치사에 깊은 울림을 남겼다. 지도자가 학문과 인재를 존중하며 국가의 미래를 설계할 수 있다는 가능성을 보여주었기 때문이다. 오늘날에도 정조는 개혁적 리더십과 집단지성 활용의 상징으로 평가된다.

미래는 과거에서 온다

정조의 상언·격쟁 제도와
민본주의

백성의 목소리를 제도화하다, 상언과 격쟁의 의미

조선은 성리학적 유교 질서를 근간으로 한 국가였지만, 동시에 백성의 목소리를 들을 수 있는 장치를 제도적으로 마련해 두었다. 그 대표적 장치가 상언(上言)과 격쟁(擊錚)이었다. 상언은 백성이 글을 올려 자신의 억울함이나 의견을 직접 임금에게 전달하는 제도였다. 지방 관리나 관료층을 거치지 않고 곧바로 국왕에게 도달할 수 있었기에, 백성이 권력층의 부정을 고발할 수 있는 중요한 통로였다. 격쟁은 더 직접적이었다. 억울한 백성이 종이나 징을 치며 궁궐 앞에서 임금에게 호소하는 방식이다. 임금이 행차할 때 길을 막고 호소하는 것도 격쟁에 속했다. 이는 오늘날 '직접 청원권'에 해당하는 독특한 제도였다.

정조(正祖, 재위 1776~1800)는 이 제도를 적극적으로 활용하며 백성과 소통하려 했다. 그는 상언과 격쟁을 단순한 의식적 장치로 두지 않고, 백성의 목소리를 정치의 중심에 두려는 민본주의(民本主義)의 수단으로 삼았다.

제3부 조선, 문치의 나라를 열다

정조의 민본주의 정치, 백성과 소통하는 군주

정조는 즉위 초부터 민본주의 정치 철학을 분명히 했다. 그는 왕권 강화를 위해서도, 국가 개혁을 위해서도 무엇보다 백성의 신뢰를 얻는 것이 중요하다고 생각했다.

정조는 상언과 격쟁을 통해 접수된 민원을 무겁게 다루었다. 관리의 비리 고발, 세금 과중 문제, 억울한 판결, 지방의 행정 폐단 등이 백성의 목소리로 전달되면, 그는 직접 조사하게 하거나 곧장 시정 조치를 명했다. 이는 기존의 관료 체계가 가진 폐쇄성과 무능을 보완하는 중요한 통로였다.

또한 정조는 이러한 소통을 단순한 민원 처리로 한정하지 않았다. 그는 백성의 의견을 정책 결정의 참고 자료로 삼았다. 상언과 격쟁은 곧 민심을 읽는 창구였고, 이를 바탕으로 정조는 민생 안정 정책을 추진했다.

이러한 태도는 단순히 '어진 군주'의 덕목을 넘어선 것이었다. 그것은 왕권과 민심을 연결하는 정치적 전략이었다. 왕권은 백성의 지지를 얻을 때 더욱 강력해질 수 있다는 사실을 정조는 누구보다 잘 이해하고 있었다.

미래는 과거에서 온다

오늘의 교훈- 상언·격쟁의 역사적 의의

정조의 상언·격쟁 활용은 조선 정치사에서 중요한 의미가 있다.

첫째, 민본주의의 실천이다. 유교 정치의 이상은 '백성이 근본'이라는 민본사상에 있었지만, 실제로 이를 제도적으로 구현한 군주는 드물었다. 정조는 상언·격쟁을 실질적으로 활성화함으로써 민본주의를 현실 정치 속에서 실천했다.

둘째, 권력 견제의 기능이다. 백성이 직접 임금에게 목소리를 낼 수 있는 제도는 관리들의 전횡을 견제하는 효과를 가졌다. 이는 중앙집권적 조선 사회에서 보기 드문 '아래로부터의 견제 장치'였다.

셋째, 현대적 시사점이다. 오늘날 민주주의 사회에서 국민 청원 제도, 국민의 직접 청구권 등이 중요한 이유는 권력이 국민에게 있다는 원리를 확인해 주는 장치이기 때문이다. 정조의 상언·격쟁 제도 운용은 이런 민주주의적 제도의 역사적 전통을 보여주는 사례라 할 수 있다.

물론 상언·격쟁이 언제나 순기능만 한 것은 아니었다. 정치적 반대 세력이 이를 이용하기도 했고, 무리한 민원 제기도 있었다. 그러나 제도의 본질은 변하지 않았다. 그것은 백성이 억울함을 직접 호소할 수 있다는 희망의 통로였으며, 군주가 민심을 읽고 정책을 조율할 수 있는 소중한 창구였다.

정조의 정치는 우리에게 묻는다. 국가 권력은 누구를 위해 존재하는가? 지도자는 누구의 목소리에 귀 기울여야 하는가? 그 대답은 명확

하다. 백성의 삶을 근본으로 삼는 정치, 그것이 진정한 민본주의이자
오늘날 민주주의의 근원적 가치이다.

미래는 과거에서 온다

순조와 세도정치, 조선의 퇴행

어린 군주의 즉위와 외척의 득세

1800년, 정조가 갑작스럽게 서거하자 11세의 어린 나이였던 순조(純祖, 재위 1800~1834)가 즉위했다. 정조가 남긴 개혁의 기운은 미처 제도화되기 전에 끊겼고, 권력의 중심은 어린 군주를 대신한 외척 세력에게 넘어갔다.

처음에는 대비 정순왕후 김씨가 수렴청정하며 정권을 장악했고, 이후 안동 김씨·풍양 조씨 같은 외척 가문이 정국을 주도했다. 이른바 세도정치(勢道政治)의 시작이었다. 세도정치는 혈연과 혼맥을 통한 권력 독점 체제였다. 왕은 허수아비로 전락했고, 실질적 권력은 외척 가문이 나누어 가졌다.

이 과정에서 조선의 국정 운영은 크게 흔들렸다. 정조가 강조했던 인재 등용과 제도 개혁은 뒷전으로 밀렸고, 관직은 외척의 사적 이익을 위한 수단으로 전락했다. 국가 권력은 왕실과 관료의 공공성을 잃고, 특정 가문과 집단의 전유물이 되었다.

제3부 조선, 문치의 나라를 열다

세도정치의 병폐, 부패와 민생 파탄

세도정치는 구조적으로 부패를 낳았다. 권력을 독점한 외척 가문은 막대한 재산을 축적하기 위해 관직 매매, 세금 착취, 토지 겸병을 서슴지 않았다.

첫째, 관직 매매의 일상화였다. 벼슬은 능력이나 공로와 무관하게 돈으로 사고파는 대상이 되었다. 이는 관리들의 자질을 크게 떨어뜨렸고, 백성은 무능하고 탐욕스러운 관리들의 횡포에 시달려야 했다.

둘째, 삼정의 문란이 심화했다. 전정(田政)·군정(軍政)·환곡(還穀)의 세 가지 재정 제도가 부패의 온상이 되었다. 토지는 외척과 권세가의 손에 집중되었고, 군포는 부당하게 거둬들였으며, 환곡은 고리채로 변질되어 백성의 삶을 파탄으로 몰아갔다.

셋째, 민란의 빈발이었다. 19세기 전반 조선 사회 곳곳에서 민란이 일어났다. 홍경래의 난(1811~1812)은 세도정치의 모순이 폭발한 대표적 사건이었다. 평안도 지역의 차별과 경제적 수탈에 분노한 민중이 대규모 봉기했지만, 결국 무력으로 진압되었다. 그러나 민중의 저항은 멈추지 않았고, 조선 사회 전반에 불만이 쌓여갔다.

세도정치는 조선 정치의 본질을 왜곡시켰다. 국가는 백성을 위한 기구가 아니라 소수 가문의 이해관계를 위한 도구로 전락했고, 그 결과 조선 사회의 활력은 급속히 사라졌다.

미래는 과거에서 온다

오늘의 교훈- 조선의 퇴행과 역사적 의미

순조와 세도정치의 시대는 조선이 근대적 전환의 기회를 잃고 퇴행한 시기였다.

첫째, 개혁의 단절이다. 정조가 추진한 개혁은 제도적으로 정착되지 못한 채 사라졌다. 규장각의 기능도 약화했고, 실학자들의 학문적 성과도 정치에 반영되지 못했다. 개혁의 맥이 끊기자, 조선은 점차 시대의 흐름에서 뒤처졌다.

둘째, 국가 경쟁력의 약화다. 세도정치 아래에서 국방과 재정은 모두 무너졌다. 외척 세력은 군사와 재정을 사익 추구의 수단으로 전락시켰고, 국가는 대외적으로도 무기력해졌다. 19세기 말 외세의 침략 앞에서 조선이 속수무책일 수밖에 없었던 원인은 이미 이 시기에 뿌리내린 것이었다.

셋째, 오늘의 교훈이다. 세도정치는 권력이 특정 집단에 독점될 때 어떤 결과가 나타나는지를 극명하게 보여준다. 견제와 균형이 사라진 권력은 곧 부패로 흐르고, 그 피해는 고스란히 민중에게 돌아간다. 정치의 본질은 소수의 이익이 아니라 다수의 삶을 돌보는 데 있다는 사실을 망각할 때 국가는 쇠퇴한다.

순조와 세도정치는 조선이 근대적 도약 대신 내적 부패와 퇴행을 택한 시대였다. 역사는 말한다. 권력의 사유화는 국가의 몰락으로 이어진다. 국민의 신뢰와 공공성을 상실한 정치는 오래 지속될 수 없다.

헌종과 풍양 조씨 세도

어린 군주의 즉위와 권력 공백

1834년 순조가 세상을 떠나자, 그의 손자인 헌종(憲宗, 재위 1834~1849)이 즉위했다. 나이는 고작 8세였다. 어린 군주의 즉위는 곧바로 권력 공백을 의미했고, 이 틈을 노린 세력이 권력을 장악했다. 그 주역이 바로 풍양 조씨 가문이었다.

풍양 조씨는 헌종의 생모 신정왕후 조씨를 배경으로 세력을 확대했다. 왕실과 혼맥으로 얽힌 이 가문은 헌종 즉위 이후 국정을 사실상 장악했다. 순조 때 안동 김씨가 권력을 독점했다면, 헌종 대에는 풍양 조씨가 그 자리를 차지한 것이다.

이처럼 조선 후기는 왕권이 사실상 유명무실해지고, 외척 가문이 번갈아 정국을 지배하는 세도정치의 연속으로 흘렀다. 헌종은 명목상의 군주였으나, 실질적 권력은 풍양 조씨의 수중에 있었다.

미래는 과거에서 온다

풍양 조씨 세도의 폐해

풍양 조씨가 주도한 정국은 세도정치의 전형적인 병폐를 드러냈다.

첫째, 권력 독점과 인사 문란이다. 주요 관직은 풍양 조씨 인맥으로 채워졌다. 능력이나 도덕성보다 가문의 연줄이 기준이 되었고, 국정 운영의 효율성과 공정성은 크게 무너졌다.

둘째, 삼정의 문란 심화다. 전정·군정·환곡의 세 부담은 갈수록 백성을 옥죄었다. 풍양 조씨는 지방 수령들을 통해 재정을 사적으로 축적했고, 그 피해는 농민에게 전가되었다. 농민 봉기와 민란은 곳곳에서 발생했지만, 체제는 이를 억압하는 방식으로만 대응했다.

셋째, 사회 불평등의 확대다. 권력층의 호화와 사치는 극심해졌고, 백성의 삶은 피폐해졌다. 기근과 질병이 덮쳐도 구조적 대책은 마련되지 않았다. 풍양 조씨 세도는 조선 사회의 균열을 더 심화시키는 결과를 낳았다.

넷째, 정치 도덕성의 붕괴다. 조선 전기의 성리학적 명분 정치는 거의 힘을 잃고, 권력은 사적 이익을 추구하는 수단으로 변질되었다. 풍양 조씨는 표면적으로는 유교적 명분을 내세웠으나, 실제로는 탐욕적 권력 유지에만 몰두했다.

제3부 조선, 문치의 나라를 열다

오늘의 교훈- 권력 사유화의 말로

헌종과 풍양 조씨 세도의 시대는 조선의 퇴행을 가속했다.

첫째, 권력 사유화의 폐해다. 권력이 특정 가문에 집중되면 정치의 공공성은 사라진다. 풍양 조씨 세도는 조선 정치가 얼마나 쉽게 사적 권력의 놀이터로 전락할 수 있는지를 보여준다.

둘째, 국가 역량의 소진이다. 세도정치는 국가의 재정과 인재를 소모했다. 능력 있는 인재는 등용되지 못했고, 재정은 권세가의 사익으로 빨려 들어갔다. 그 결과 국가는 점차 활력을 잃었다.

셋째, 오늘의 교훈이다. 세도정치의 폐해는 현대 사회에도 시사점을 남긴다. 권력이 특정 집단이나 정파에 과도하게 집중될 때, 국정은 공공성을 잃고 사회 전체가 피해를 본다. 견제와 균형, 투명성과 공정성이 담보되지 않은 권력은 필연적으로 부패로 귀결된다.

헌종과 풍양 조씨 세도는 조선이 근대적 전환을 준비하기보다, 구체제의 모순을 더 키우는 길로 나아가게 한 중요한 분기점이었다. 역사는 말한다. 권력이 사유화될 때 국가는 쇠락하고, 백성은 고통받는다. 이 단순한 진리를 잊을 때, 나라는 위기에 빠진다.

철종과 삼정의 문란

강화도 시절의 소년, 왕위에 오르다

철종(哲宗, 재위 1849~1863)은 원래 강화도에서 가난하게 살아가던 인물이었다. 조선 왕조의 적통과는 거리가 멀었던 그가 왕위에 오르게 된 것은 순전히 안동 김씨 세도 가문의 권력 계산 덕분이었다. 헌종이 후사 없이 세상을 떠나자, 안동 김씨는 자신들의 정치적 기반을 지킬 수 있는 어린 군주를 찾았다. 그 결과 강화도에서 소박하게 살던 철종이 지목되었다.

철종은 어린 시절 논과 밭을 직접 갈며 농민의 고단한 삶을 체험했다. 그러나 역설적으로 왕위에 오른 이후, 그는 민생을 구제할 힘을 거의 행사하지 못했다. 실권은 여전히 세도 가문이 틀어쥐고 있었고, 철종은 허울뿐인 군주에 머물렀다.

즉위 초기 철종은 농민 출신 왕이라는 기대를 받기도 했으나, 정치 현실은 가혹했다. 안동 김씨의 세도 정치 속에서 철종은 자신의 의지를 구현하기보다 상징적 존재로 소비되었다. 그가 체험한 농민의 삶은 정치 개혁으로 이어지지 못했고, 대신 조선 사회는 더욱 깊은 위기 속으로 빠져들었다.

삼정의 문란, 백성을 짓누른 세 가지 고통

철종 대의 조선을 상징하는 말은 단연 삼정(三政)의 문란이다. 삼정이란 전정(田政), 군정(軍政), 환곡(還穀)을 일컫는데, 이는 농민의 삶과 직결된 국가 운영의 기본 제도였다. 그러나 19세기 들어 이 제도는 본래의 취지를 잃고 부패와 착취의 도구로 변질되었다.

첫째, 전정의 문란이다. 토지세는 원래 땅의 비옥도와 생산량에 맞추어 부과해야 했으나, 현실은 달랐다. 수령과 아전들은 세금을 과다징수하고, 때로는 없는 땅까지 꾸며내어 부세를 거두었다. 농민은 땅을 지켜내지 못하고 유랑민으로 전락하는 경우가 속출했다.

둘째, 군정의 문란이다. 군포(軍布)는 장정에게 부과되는 군역 부담이었으나, 실제로는 돈으로 대신하는 형태로 굳어졌다. 그마저도 부정과 착취가 횡행해, 면제받을 사람에게까지 군포를 강제로 물렸다. 심지어 죽은 자의 이름으로 세금을 거두는 백골징포와 어린아이에게까지 부담을 지우는 황구첨정 같은 악습이 나타났다.

셋째, 환곡의 문란이다. 원래 환곡은 흉년에 곡식을 빌려주고 추수 후 갚게 하는 제도였으나, 관리들의 부정으로 백성의 고혈을 짜내는 수단이 되었다. 원곡에 가혹한 이자를 붙이고, 빌리지 않은 사람에게까지 강제로 부과하는 일이 다반사였다.

이렇게 삼정의 문란은 농민을 벼랑 끝으로 몰아넣었다. 생활은 파탄 났고, 사회 전반에 불만이 쌓였다. 철종 대의 곳곳에서 발생한 민란은 바로 이 구조적 착취의 결과였다.

오늘의 교훈- 민란의 불길과 역사적 의의

철종 대는 조선 후기 민중 봉기의 시대였다. 대표적으로 진주민란 (1862)이 있다. 진주에서 시작된 봉기는 삼정의 문란에 항거한 농민들의 절규였고, 곧 전국 각지로 확산했다. 이 봉기는 단순한 폭동이 아니라, 구조적 부패에 대한 집단적 저항이었다.

그러나 조정은 이를 개혁의 기회로 삼지 못했다. 진주민란의 원인을 조사하고 대책을 마련하려 했던 안핵사 박규수의 보고는 일부 수용되었지만, 근본적 제도 개혁으로 이어지지 않았다. 봉기는 무력으로 진압되었고, 농민의 피만 더해졌다.

철종과 삼정의 문란에서 얻을 교훈은 분명하다.

첫째, 민생을 외면한 권력은 오래 지속될 수 없다는 점이다. 조선 후기를 지배한 세도 정치와 삼정의 문란은 민중을 벼랑으로 몰았고, 이는 곧 체제 붕괴의 전조였다.

둘째, 위기의 신호를 개혁의 계기로 삼아야 한다는 것이다. 민란은 단순한 불온 세력의 반란이 아니라, 국가 운영의 근본적 잘못을 드러내는 거울이었다. 이를 외면한 정권은 역사 앞에 책임을 피할 수 없다.

셋째, 역사의 반복을 막는 힘은 공정한 제도 운용임을 보여준다. 세금·군역·곡물 대여 같은 제도는 백성의 삶을 지탱하는 장치였지만, 권력자의 탐욕 속에서 가장 잔혹한 착취 수단으로 변했다. 오늘날에도 제도가 본래 취지를 잃을 때, 국민은 불신과 저항으로 응답한다.

철종 대는 조선 사회가 더 이상 봉합으로는 유지될 수 없음을 드러낸 시기였다. 삼정의 문란은 단순한 행정 실패가 아니라, 국가체제의 근본적 균열이었다. 이는 훗날 흥선대원군 집권과 개혁 시도의 배경이 되었고, 더 멀리 가서는 조선 왕조 몰락의 서곡이기도 했다.

미래는 과거에서 온다

흥선대원군의 개혁과 한계

국정 장악과 권력의 귀환

철종이 후사 없이 세상을 떠나자, 조선은 다시 권력의 향방을 두고 격랑에 휩싸였다. 이때 선택된 인물이 바로 열 살의 고종이었다. 나이가 너무 어려 직접 정치를 맡을 수 없었기에, 아버지 흥선대원군 이하응(李昰應)이 대리청정을 맡게 되었다. 오랫동안 권력의 변방에 머물렀던 그는 아들의 즉위를 통해 돌연 정국의 중심에 서게 된 것이다.

흥선대원군은 권력 장악과 동시에 기득권 세력을 제압하는 데 착수했다. 세도 가문의 기반을 무너뜨리고, 붕괴된 왕권을 복원하는 것이 첫 과제였다. 그는 안동 김씨 등 외척 세력을 제거하고 왕실 권위를 강화했다. 이는 단순한 권력 다툼을 넘어, 조선 후기를 마비시킨 세도정치의 고리를 끊으려는 시도였다.

동시에 그는 왕실의 재정을 확보하기 위해 경복궁 중건이라는 대규모 사업을 추진했다. 이는 왕조의 상징을 재건하려는 정치적 선언이자, 왕권의 부활을 알리는 상징적 조치였다. 그러나 막대한 인력과 비용이 동원되면서 백성의 부담은 다시 커졌다.

쇄국과 내치 개혁의 두 얼굴

흥선대원군은 쇄국 정책을 고수했다. 서양 세력의 접근을 위협으로 간주하고, 통상을 단호히 거부했다. 병인양요(1866)와 신미양요(1871)는 이러한 쇄국 정책의 대표적 사건이다. 외세를 몰아내는 과정에서 일시적 성과를 거두기도 했지만, 결과적으로는 세계 질서 변화에 대응하지 못하는 고립을 심화시켰다.

내치 개혁에서는 일정한 성과가 있었다.

첫째, 삼정이정청 설치를 통해 삼정의 문란을 바로잡으려 했다. 농민의 고통을 덜고 재정 운영을 정상화하려는 시도였다.

둘째, 서원 철폐 정책을 단행했다. 불필요하게 늘어난 서원은 면세와 특권을 누리며 지방 사회의 폐단을 낳았다. 대원군은 수백 개의 서원을 철폐해 유교 명분 정치의 병폐를 일정 부분 개선했다.

셋째, 법전 정비와 행정 개혁을 통해 중앙집권적 권력 구조를 강화했다.

그러나 이러한 개혁은 한계도 분명했다. 무엇보다도 백성의 삶을 개선하기보다는 왕권을 회복하고 기득권을 재편하는 데 치중했다. 경복궁 중건을 위한 강제 동원과 과도한 세금 부과는 민생을 악화시켰다. 또 쇄국 정책은 근대적 산업·기술의 도입을 가로막아 조선의 국제 경쟁력을 떨어뜨렸다.

오늘의 교훈- 개혁의 절반과 놓친 미래

흥선대원군의 개혁은 절반의 성취와 절반의 실패로 평가된다.

첫째, 그는 분명히 세도정치의 폐단을 제거하고, 왕권을 일시적으로 회복했다. 서원 철폐, 부패 척결, 재정 정비 같은 조치는 조선 사회의 누적된 병폐를 완화하는 데 일정한 성과가 있었다.

둘째, 그러나 근본적 개혁으로 이어지지 못했다. 농민의 고통을 덜어주는 제도 개혁은 미흡했고, 외세의 도전에 대한 대응은 시대착오적이었다. 그는 세계가 이미 개항과 근대화의 물결로 움직이고 있다는 사실을 직시하지 못했다. 쇄국은 단기적으로는 자주적 결단처럼 보였지만, 장기적으로는 조선의 뒤처짐을 심화시켰다.

셋째, 오늘의 교훈은 명확하다. 개혁은 구조적 변화를 수반해야 하며, 미래를 준비하지 않는 개혁은 반쪽짜리라는 것이다. 흥선대원군의 개혁은 과거의 병폐를 수습하는 데는 기여했지만, 새로운 시대의 도래를 준비하지는 못했다.

결국 흥선대원군은 세도정치의 고리를 끊고자 했으나, 그 자신이 권력을 독점하고 백성을 동원하는 방식에서 또 다른 세도정치의 변주가 되었다. 그의 개혁이 왕조의 쇠락을 막기에는 역부족이었던 이유다.

제4부

대한제국과 근대의 길

근대 전환기는 전통과 근대, 내부 개혁과 외세 압력이 복잡하게 충돌한 시대였다. 개화 정책, 갑오개혁, 독립협회 운동은 새로운 질서를 향한 도전이었으나, 외세 의존과 지도층의 분열은 국가적 대응을 약화했다. 러일전쟁과 을사늑약은 국제 질서의 변화가 한 나라의 운명을 결정할 수 있음을 보여준다. 이 시대는 근대 국가의 기본요건-자주성, 제도 개혁, 시민의식-이 얼마나 중요한지 일깨운다.

고종과 개화 정책의 모순

어린 군주의 즉위와 대원군의 섭정

1863년, 아버지 흥선대원군의 뒷받침 속에 고종(高宗, 재위 1863~1907)이 즉위했다. 거우 열두 살이었던 그는 정치 경험은 물론, 국정 운영 능력을 발휘하기에는 너무 어렸다. 초반 국정은 대원군의 손에 맡겨졌다. 대원군은 서원 철폐와 부패 척결, 삼정의 문란 개선 등을 통해 세도정치의 폐단을 일정 부분 해소했으나, 동시에 쇄국 정책을 고수하여 외세와의 충돌을 불러왔다.

고종이 친정을 시작하면서 정국은 전환기를 맞았다. 그는 명분상 '자주적 근대화'를 내세웠지만, 실질적으로는 외세의 압박과 국내 보수 세력의 저항 사이에서 방황했다. 일본의 메이지 유신과 비교하면, 고종이 추진한 개화 정책은 체계성과 실행력이 부족했다.

이 시기 조선은 전통적 질서와 근대적 개혁 요구가 충돌하는 복잡한 국면에 놓였다. 고종은 개화의 기치를 들었지만, 내부적으로는 왕권 강화를 우선시하며 개혁의 진정성을 훼손했다.

개화 정책의 추진과 모순

고종은 근대 국가로 나아가기 위해 여러 정책을 시도했다.

첫째, 개항과 통상 조약 체결이다. 강화도 조약(1876)을 비롯해 미국, 영국, 독일, 러시아 등과 불평등 조약을 맺었다. 이는 외세 침투의 통로가 되었으나, 동시에 조선이 국제 무대에 등장하는 계기가 되었다.

둘째, 근대적 제도 개혁이다. 별기군 창설, 신식 학교와 근대식 병원 설립, 우정국 개설 등은 새로운 제도를 도입한 사례였다. 구식 군대와 신식 군대의 갈등은 임오군란(1882)으로 폭발했고, 이는 개화의 모순을 드러냈다.

셋째, 자주적 개혁을 표방한 시도다. 갑신정변(1884), 갑오개혁(1894) 등은 고종이 일정 부분 개혁 세력을 지원하거나 활용했음을 보여준다. 그러나 그는 개혁을 권력 기반 강화의 수단으로 삼았고, 위기가 닥치면 보수 세력과 외세에 기대며 개혁을 스스로 무너뜨렸다.

넷째, 황제권 강화와 대한제국 선포(1897)다. 근대적 개혁의 틀 속에서 그는 군주의 권위를 절대적으로 강화하려 했다. 그러나 이는 국민적 참여와 제도적 민주화를 지향한 근대화와 충돌했다. 고종의 개화 정책은 근대화를 위한 것이면서 동시에 봉건적 왕권을 유지하기 위한 모순적 시도였다.

오늘의 교훈- 개혁은 누구를 위한 것인가

고종의 개화 정책은 '자주적 개혁'을 내세웠으나, 실제로는 왕권 수호를 위한 성격이 강했다. 이 모순은 개혁이 제대로 뿌리내리지 못한 근본 이유였다.

첫째, 개혁은 공공성보다 권력 수호에 치중하면 실패한다는 교훈이다. 고종은 개화의 성과를 백성의 삶에 돌리기보다는 군주의 권위 강화에 이용했다. 이는 근대화의 동력을 약화했다.

둘째, 외세 의존의 위험성이다. 조선은 자주적 개혁을 외쳤지만, 실제로는 일본·청·러시아 등 외세의 이해에 휘둘렸다. 이는 근대 국가로서의 자주적 기반을 약화했다.

셋째, 참여 없는 개혁은 뿌리내리지 못한다는 점이다. 일본의 메이지 유신이 사회 각 계층을 포섭하며 근대화를 추진한 것과 달리, 고종은 지배층 중심의 개혁에 머물렀다. 백성의 지지와 참여를 끌어내지 못한 개혁은 결국 모래성에 불과했다.

고종의 개화 정책은 성취와 한계를 동시에 지녔다. 조선은 개항과 제도 개혁을 통해 근대 세계에 발을 들였지만, 권력 중심적 접근과 외세 의존으로 인해 스스로 미래를 주도하지 못했다. 역사는 우리에게 묻는다. 개혁은 누구를 위한 것인가? 고종의 시대는 이 물음에 답하지 못했기에, 조선은 근대사의 거센 소용돌이에 휩쓸리고 말았다.

미래는 과거에서 온다

갑신정변과 근대화의 좌절

개혁을 꿈꾼 젊은 개화파

19세기 후반, 조선은 외세의 압박과 내부의 부패가 교차하는 위기 속에 있었다. 개항 이후 일본과 서구 열강이 밀려오면서 전통적 질서는 흔들렸고, 삼정의 문란과 세도정치의 폐해는 백성들의 삶을 파탄으로 몰아갔다. 이러한 상황에서 새로운 길을 모색한 세력이 바로 개화파였다.

김옥균, 박영효, 홍영식, 서광범 등으로 대표되는 젊은 개화파는 일본 유학과 서구 문물을 통해 새로운 국가 모델을 꿈꾸었다. 그들의 목표는 근대적 국가 체제 확립과 왕권 중심에서 벗어난 개혁 정치였다.

1884년, 이들은 청나라의 내정 간섭과 보수 세력의 반발을 타개하기 위해 결단을 내렸다. 일본의 지원을 기대하며 정변을 일으킨 것이다. 이를 갑신정변이라 부른다.

제4부 대한제국과 근대의 길

3일 천하, 개혁의 청사진과 좌절

갑신정변은 단 3일 만에 무너졌지만, 당시 개화파가 내세운 개혁 청사진은 주목할 만하다.

첫째, 정치 개혁이다. 문벌 귀족의 특권을 폐지하고, 능력에 따라 인재를 등용하려 했다. 이는 유교적 신분 질서를 해체하려는 과감한 구상이었다.

둘째, 재정 개혁이다. 국가 재정을 일원화해 왕실 재정과 분리하고, 부패한 세금 제도를 개편하려 했다.

셋째, 사회 개혁이다. 노비제를 철폐하고, 인민의 평등권을 확대하려 했다. 이는 당시로서는 혁명적 발상이었다.

넷째, 군사 개혁이다. 근대적 군대를 편성하고, 청나라에 의존하지 않는 자주적 안보 체제를 구축하려 했다.

그러나 현실은 냉혹했다. 일본의 군사 지원은 미약했고, 청나라가 신속히 개입하면서 정변은 실패로 돌아갔다. 3일 만에 무너진 정변은 '3일 천하'라는 이름으로 역사에 남았다. 개화파 지도자들은 처형되거나 망명길에 올랐다.

갑신정변의 실패는 단순한 권력 쟁취 실패가 아니었다. 그것은 조선의 근대화가 자주적 힘으로 추진되지 못했음을 보여주는 비극이었다.

오늘의 교훈- 개혁은 힘과 기반이 필요하다

갑신정변은 오늘날에도 중요한 교훈을 던진다.

첫째, 개혁은 이상만으로 성공할 수 없다는 점이다. 개화파의 청사진은 선진적이었으나, 사회적 기반이 취약했다. 농민과 중인층 등 대중의 지지를 확보하지 못한 개혁은 지식인 소수의 구호에 그칠 수밖에 없었다.

둘째, 외세 의존의 위험성이다. 개화파는 일본의 지원에 기대를 걸었으나, 일본은 조선의 자주적 근대화를 진정으로 돕지 않았다. 외세의 이해관계에 기대는 개혁은 결국 외세에 의해 좌절될 수밖에 없다.

셋째, 개혁은 제도와 사회적 동력을 함께 구축해야 한다는 것이다. 갑신정변은 개혁의 비전은 있었으나, 이를 실행할 제도적 장치와 대중적 동력이 부족했다. 이는 개혁이 얼마나 준비와 기반이 중요한지를 잘 보여준다.

갑신정변은 실패로 끝났지만, 그 정신은 이후 갑오개혁, 독립협회 운동 등으로 이어졌다. 근대화를 향한 갈망은 좌절을 거듭하면서도 끊임없이 이어졌고, 이는 결국 근대 국가 건설의 밑거름이 되었다.

제4부 대한제국과 근대의 길

동학농민운동과 민중의 각성

시대적 배경- 탐관오리와 외세의 이중 압박

19세기 후반 조선 사회는 안팎으로 무너져 가고 있었다. 내부적으로는 세도정치와 삼정의 문란이 백성들의 삶을 피폐하게 만들었고, 탐관오리들은 부패를 일삼으며 농민을 끝없이 착취했다. 외부적으로는 청과 일본, 그리고 서구 열강의 세력이 한반도에 깊숙이 개입하면서 국권은 날로 흔들렸다.

백성의 불만은 하늘을 찔렀다. 쌀을 거둬들이는 환곡은 고리채로 변질되었고, 군역 부담은 부당하게 확대되었다. 마을마다 굶주림이 번져갔고, 관료의 횡포는 끊임없이 이어졌다. 이런 사회적 모순은 결국 폭발할 수밖에 없었다.

이때 등장한 사상이 바로 동학(東學)이었다. 최제우가 창시한 동학은 "사람이 곧 하늘이다(人乃天)"라는 평등사상을 바탕으로, 유교적 신분질서와 외세의 억압에 맞선 새로운 대안 이념이었다. 동학은 빠르게 농민들 사이에서 확산하며 저항의 사상적 기반을 제공했다.

봉기의 전개, 전라도에서 전국으로

1894년, 전라도 고부에서 첫 불길이 일어났다. 고부 군수 조병갑의 탐학에 분노한 농민들이 들고일어난 것이다. 이는 곧 고부민란으로 확산했고, 전라도 일대의 농민들이 합세하면서 대규모 동학농민운동으로 발전했다.

동학농민군은 단순한 봉기를 넘어 개혁 강령을 내세웠다. 탐관오리 숙청, 불법 세금 철폐, 신분 차별 철폐, 나라를 외세로부터 지키자 등이었다. 이 강령은 당시 농민의 절박한 요구를 집약한 것이었다.

동학농민군은 전주성을 점령하며 조정을 압박했다. 결국 정부는 청나라와 일본에 도움을 요청했고, 이것이 곧 청·일 전쟁으로 이어졌다. 조선 내부의 민중 봉기가 열강의 전쟁으로 비화한 것이다. 전주화약을 통해 잠시 농민군은 해산했지만, 일본의 내정 간섭이 심화하자 그들은 다시 봉기했다. 그러나 관군과 일본군의 연합 진압 앞에서 농민군은 패퇴했고, 수많은 희생자를 남긴 채 운동은 막을 내렸다.

오늘의 교훈 - 민중이 역사에 등장하다

동학농민운동은 비록 실패했으나, 조선 역사에서 민중이 주체로 등장한 사건이었다.

첫째, 민중 각성의 계기였다. 동학농민군은 더 이상 수동적 백성이

제4부 대한제국과 근대의 길

아니라, 스스로 권리를 주장하고 개혁을 요구하는 주체로 나섰다. 이는 한국 근대 민중 운동사의 출발점이었다.

둘째, 근대 개혁의 밑거름이었다. 동학농민운동이 내세운 폐정개혁안은 이후 갑오개혁 등 제도 개혁에 일정 부분 반영되었다. 신분제 철폐, 과부 재가 허용, 탐관오리 숙청 등은 민중의 요구가 제도로 이어진 사례였다.

셋째, 외세 의존의 위험을 드러냈다. 조선 정부는 내부 문제를 자력으로 해결하지 못하고 청과 일본에 손을 벌렸다. 그 결과 동학농민운동은 진압되었을 뿐 아니라, 조선은 청·일 전쟁의 무대로 전락해 국권이 더욱 위태로워졌다.

넷째, 오늘의 교훈은 분명하다. 사회의 불만이 누적되면 결국 폭발한다는 것이다. 그 불만을 제도와 정책으로 수용하지 못하면, 민중은 거리로 나서고, 역사는 거대한 소용돌이에 휩쓸린다. 또한 외세에 의존한 정권은 스스로 정당성을 잃고 몰락하게 된다.

동학농민운동은 비록 비극적 결말을 맞았으나, 한국 역사에서 민중 주권 의식이 본격적으로 형성된 전환점이었다. 역사는 이를 "실패한 혁명"이라 부를 수 있지만, 동시에 "미래를 준비한 각성"이기도 하다.

미래는 과거에서 온다

갑오개혁과 근대적 제도 실험

청일전쟁의 소용돌이 속 개혁의 출발

1894년 동학농민운동은 조선 사회의 모순을 집약적으로 드러냈다. 농민들은 탐관오리의 수탈과 삼정의 문란에 저항했고, 정부는 이를 자력으로 수습하지 못한 채 청과 일본에 도움을 청했다. 이에 따라 조선은 두 열강의 각축장이 되었고, 곧 청일전쟁이 발발했다. 일본은 전쟁에서 승기를 잡으며 조선에 대한 지배권을 확대했고, 조선 정부는 일본의 강한 압박 속에서 근대적 개혁을 추진할 수밖에 없었다.

그 결과 1894년 7월, 김홍집 내각을 중심으로 한 개혁 정부가 수립되었다. 이들은 일본군의 후원 아래 개혁을 추진했지만, 동시에 내부적으로는 시대적 요구와 민중의 목소리를 반영해야 했다. 이렇게 해서 시작된 것이 바로 갑오개혁이었다.

갑오개혁은 단순한 제도 개편이 아니라, 조선이 봉건적 질서를 청산하고 근대 국가로 나아가기 위한 실험이었다. 그러나 동시에 일본의 영향력이 짙게 드리워져 있었기에, 자주적 개혁이었는지에 대한 논란은 지금까지도 이어진다.

개혁의 주요 내용, 신분제 폐지와 제도 혁신

갑오개혁은 크게 세 차례에 걸쳐 단행되었으며, 내용은 근대적 제도 개편을 지향했다.

첫째, 신분제 폐지였다. 노비제와 문벌 특권을 철폐하고, 양반·상민·천민 간의 신분 차별을 공식적으로 없앴다. 이는 조선 사회를 지배하던 봉건적 틀을 무너뜨린 역사적 사건이었다.

둘째, 행정 제도의 개혁이다. 의정부와 궁내부를 분리하고, 내각 중심의 근대적 행정 체계를 도입했다. 6조 체제는 8아문으로 개편되었고, 근대적 관료제의 기초가 마련되었다.

셋째, 사법 제도의 정비다. 재판소를 설치해 행정과 사법을 분리했으며, 고문과 연좌제를 폐지했다. 이는 개인의 권리를 존중하는 근대적 사법 체계로의 진전이었다.

넷째, 경제 개혁이다. 은본위 화폐 제도를 도입하고, 조세를 금납화하여 세제를 정비했다. 또한 도량형을 통일해 상업 활동의 공정성을 높이고자 했다.

다섯째, 사회 개혁이다. 과부 재가를 허용하고, 조혼을 금지했으며, 과거제를 폐지하고 신식 학교를 확산시켰다. 이는 유교적 규범을 넘어선 근대적 사고의 확산을 의미했다.

그러나 개혁은 순탄하지 않았다. 보수 세력의 반발은 거셌고, 일본의 간섭은 노골적이었다. 2차, 3차 개혁은 일본의 이익을 반영하는 성격이 강해졌고, 자주적 개혁의 성격은 점차 퇴색했다.

오늘의 교훈 - 자주적 개혁 없이는 지속 불가능하다

갑오개혁은 조선 근대화의 출발점이자 한계를 동시에 보여주었다.

첫째, 근대 국가의 제도적 기반을 마련했다는 점에서 의의가 크다. 신분제 철폐, 과거제 폐지, 내각제 도입 등은 근대 국가 건설의 초석이 되었다. 이는 이후 대한제국 수립과 근대적 개혁으로 이어지는 중요한 전환점이었다.

둘째, 그러나 외세 주도의 개혁은 지속 가능하지 않다는 한계를 드러냈다. 일본의 간섭 아래 추진된 개혁은 민중의 지지를 얻지 못했고, 결국 반발과 혼란을 초래했다. 이는 개혁이 자주적 기반과 대중적 참여를 확보하지 못하면 성공할 수 없음을 보여준다.

셋째, 민중의 요구와 지배층의 이해가 충돌하면 개혁은 왜곡된다는 사실이다. 농민들은 토지 개혁과 세금 완화를 절실히 원했지만, 갑오개혁은 이를 외면했다. 대신 행정·제도적 개편에 집중하면서 민중의 삶은 크게 나아지지 않았다.

넷째, 오늘날의 교훈은 분명하다. 개혁은 외부 압력에 의해 강요될 때가 아니라, 내부적 동의와 사회적 합의 속에서 지속된다는 것이다. 갑오개혁은 근대적 성취에도 불구하고, 조선의 자주성을 확보하지 못한 채 불완전하게 끝났다.

결국 갑오개혁은 조선이 근대적 전환을 모색한 첫 본격적 실험이었으나, 자주성과 민중성을 확보하지 못해 좌절된 개혁이었다. 역사는 이를 통해 묻는다. "누가, 무엇을 위해, 어떤 방식으로 개혁을 추진해야 하는가?" 이 질문은 오늘날에도 여전히 유효하다.

명성황후 시해사건

국제 정세와 조선의 위기

19세기 말 조선은 청일전쟁 이후 급격한 격랑에 휩싸였다. 전쟁에서 승리한 일본은 조선에서 청의 영향력을 몰아내고 지배권을 확립하려 했다. 일본은 근대화와 개혁을 명분으로 내세웠지만, 실제 목적은 조선의 내정 장악이었다.

한편, 고종과 명성황후는 일본의 독주를 견제하기 위해 러시아 등 다른 열강과 손을 잡으려 했다. 특히 명성황후는 러시아와의 외교를 통해 일본의 영향력을 상쇄하고자 했다. 이 과정에서 조선은 일본·러시아·청·서구 열강의 각축장이 되었고, 국권은 갈수록 위태로워졌다.

이러한 국제 정세 속에서 일본은 명성황후를 제거함으로써 자신들의 조선 지배를 강화하려는 음모를 꾸몄다. 그 비극의 절정이 바로 을미사변(乙未事變, 1895)이었다.

미래는 과거에서 온다

왕비 시해, 조선 왕실의 치욕

1895년 10월 8일 새벽, 일본 공사 미우라 고로의 지휘 아래 일본군과 낭인들이 경복궁에 난입했다. 그들은 명성황후를 찾으며 궁궐을 수색했고, 결국 왕비를 살해한 뒤 시신을 훼손해 불태웠다. 조선 왕비가 외세의 손에 의해 무참히 시해당한 사건이었다.

이 사건은 단순한 개인 암살이 아니라, 조선의 자주권과 국격을 짓밟은 국가적 치욕이었다. 왕비의 시해는 곧바로 조선 사회를 충격과 분노로 몰아넣었으며, 국제적으로도 큰 파장을 불러왔다. 일본은 사건을 은폐·축소하려 했으나, 진실은 곧 드러나 세계 언론을 통해 일본의 만행이 알려졌다.

을미사변 직후 조정은 혼란에 빠졌다. 고종은 신변의 위협을 느끼며 러시아 공사관으로 거처를 옮겼는데, 이것이 바로 아관파천(俄館播遷, 1896)이다. 조선의 왕이 외국 공사관으로 피신해야 했다는 사실은, 국가의 주권이 얼마나 무너졌는지를 여실히 보여주었다.

오늘의 교훈- 외세 의존의 비극

을미사변은 조선 근대사의 전환점이자, 외세 의존의 비극적 결과였다.
첫째, 외교 전략의 실패다. 조선은 일본을 견제하기 위해 러시아에 의존했고, 그 결과 일본의 폭력적 반격을 불러왔다. 자주적 힘을 기르지 못한 채 강대국 사이에서 줄타기 외교만 반복한 결과, 국가의 존엄이 파괴되었다.

둘째, 개혁과 권력의 모순이다. 명성황후는 근대 개혁의 수호자가 아니었다. 그는 보수적 성향을 지녔고, 권력 유지와 외세 활용에 치중했다. 그러나 역설적으로 그의 죽음은 개혁의 진퇴와 무관하게, 조선의 주권 자체가 외세의 손아귀에 있었음을 상징적으로 드러냈다.

셋째, 오늘의 교훈은 분명하다. 자주적 개혁과 국력의 뒷받침 없는 외교는 허상일 뿐이다. 국제 정치의 냉혹한 현실 속에서 자국의 주권을 지키기 위해서는 내부 개혁과 국민적 역량 축적이 선행되어야 한다. 을미사변은 이를 외면한 결과가 얼마나 참혹한지를 보여준다.

을미사변은 단순한 왕비 시해 사건이 아니라, 조선의 근대화 좌절과 국권 상실을 알리는 비극적 전조였다. 외세 의존 속에서 이뤄지는 개혁과 권력 유지가 얼마나 허망한 것인지를 보여주는 역사적 경고였다.

미래는 과거에서 온다

아관파천과 외세 의존의 교훈

명성황후시해사건 이후의 혼란과 고종의 선택

1895년 10월, 명성황후가 일본 세력에 의해 무참히 시해된 을미사변은 조선의 자주권을 뿌리째 흔든 사건이었다. 왕비를 잃은 고종은 정치적·심리적 충격 속에서 일본의 위협을 직접 체감했다. 조선 조정은 공포에 휩싸였고, 민심은 일본에 대한 분노로 들끓었다.

이 와중에 고종은 일본의 영향력에서 벗어나기 위해 새로운 외교적 선택을 내렸다. 바로 러시아 공사관으로 거처를 옮기는 것이었다. 1896년 2월, 고종과 세자(훗날 순종)는 새벽녘에 은밀히 경복궁을 빠져나와 러시아 공사관으로 이동했다. 이는 '아관파천(俄館播遷)'이라 불린다.

왕이 자국 궁궐을 떠나 외국 공사관으로 피신한 사건은 조선 역사상 전례 없는 일이었다. 이는 곧 조선의 국가 주권이 극도로 약화했음을 세계에 알린 사건이기도 했다.

외세의 각축과 정치적 후퇴

아관파천은 표면적으로 고종의 안전을 보장했지만, 실제로는 조선의 내정을 러시아의 손아귀에 넘겨주는 결과를 낳았다.

첫째, 러시아의 내정 간섭이 노골화되었다. 러시아는 고종을 보호한다는 명분으로 조선의 재정과 군사, 외교 문제에 깊숙이 개입했다. 러시아 고문관들이 정부 요직을 장악했고, 경제적 이권도 러시아 자본에 넘어갔다.

둘째, 국내 정치의 혼란이 가중되었다. 러시아를 등에 업은 세력과 일본 및 보수 관료들이 대립하면서 정국은 극심한 불안정 상태에 빠졌다. 이는 조선이 개혁의 동력을 상실하고, 외세에 의존하는 구조를 더욱 고착화시켰다.

셋째, 개혁의 후퇴였다. 동학농민운동과 갑오개혁으로 불붙었던 개혁의 흐름은 아관파천 이후 주춤했다. 고종은 자주적 근대화를 추진하기보다 황제권 회복에 집중했고, 이는 제도 개혁의 지속성을 약화했다.

결국 아관파천은 조선이 일본의 압박에서 잠시 벗어났으나, 러시아의 영향력에 휘둘리게 한 '외세 의존의 악순환'이었다.

미래는 과거에서 온다

오늘의 교훈 - 자주 없는 외교는 굴종이다

아관파천은 우리 역사에 뼈아픈 교훈을 남겼다.

첫째, 외세 의존은 또 다른 종속을 부른다는 점이다. 고종은 일본의 압박을 피하고자 러시아를 택했지만, 이는 새로운 종속을 자초한 선택이었다. 국제 정치의 현실은 강대국이 약소국을 도와주기 위해 개입하는 것이 아니라, 자국의 이익을 위해 움직인다는 사실을 보여준다.

둘째, 개혁의 주체성 상실이다. 아관파천은 개혁의 흐름을 단절시키고, 외세의 이해관계 속에서 휘둘리게 했다. 이는 개혁이 외부 압력이 아니라 내부적 동력과 사회적 합의를 통해 추진되어야 함을 일깨운다.

셋째, 오늘의 교훈이다. 국가의 존립과 발전은 자주적 역량에서 비롯된다. 국제사회에서 약소국이 살아남는 길은 강대국의 보호를 구하는 것이 아니라, 내부 역량을 축적하고 주체적 개혁을 완수하는 것이다. 아관파천은 자주 없는 외교가 얼마나 위험한 결과를 낳는지를 극명하게 보여준 사례였다.

아관파천은 왕의 피신이라는 초유의 사건이었으나, 그 본질은 조선이 스스로 길을 찾지 못한 채 외세에 의존하다 자주권을 상실한 비극이었다. 역사는 경고한다. "자주 없는 외교는 곧 굴종이다."

대한제국 선포와 황제권 강화

국권 회복을 향한 상징적 선언

1897년, 고종은 러시아 공사관에서 환궁한 뒤 국정 주도권을 다시 쥐기 시작했다. 아관파천으로 국왕의 권위가 크게 흔들렸던 만큼, 그는 새로운 정치적 전환이 필요하다고 판단했다. 그 결과 등장한 것이 바로 대한제국 선포였다.

고종은 경운궁(덕수궁)에서 즉위식을 거행하며 스스로 황제임을 선포하고, 국호를 대한제국으로 바꿨다. 이는 명목상으로 조선이 청과의 종속적 관계에서 벗어나 완전한 자주국임을 천명한 사건이었다. 전통적 조공 질서의 굴레를 벗고, 독립적 근대 국가로 나아가겠다는 의지를 드러낸 것이다.

당시 동아시아 국제 질서는 격변 중이었다. 청일전쟁에서 청이 패배하고, 러일전쟁의 조짐이 보이는 상황에서 고종의 대한제국 선포는 자주독립의 상징적 선언이었다. 그러나 그것이 실질적 국권 강화로 이어질 수 있을지는 여전히 불투명했다.

미래는 과거에서 온다

황제권 강화와 근대적 개혁 시도

대한제국 출범과 함께 고종은 황제권 강화에 집중했다. 그는 전통적 왕권을 넘어 절대적 권위를 가진 황제로 자리매김하려 했다.

첫째, 광무개혁 추진이다. 1897년부터 본격적으로 시행된 광무개혁은 군사, 재정, 행정, 산업 등 여러 방면에서 근대적 개혁을 지향했다. 근대식 군대 편성, 근대 학교 설립, 철도·전차 등 사회 인프라 구축, 금본위 화폐제 도입 등이 대표적 성과였다.

둘째, 중앙집권 체제 강화다. 황제가 직접 행정과 군사를 장악하며 근대적 관료제 강화를 시도했다. 이는 제도적 개혁이라기보다 황제권을 공고히 하기 위한 조치였다.

셋째, 외교적 자주성 확보다. 고종은 열강 사이의 세력 균형을 이용해 대한제국의 외교적 공간을 넓히려 했다. 러시아, 미국, 독일 등과 접촉하며 일본의 독주를 견제하고자 했다.

그러나 이러한 시도들은 근대적 개혁의 성과를 가져오기도 했지만, 동시에 권력 집중이라는 모순을 낳았다. 광무개혁은 황제권 강화와 맞물리며 민중의 참여와 사회적 합의를 얻지 못했다. 그 결과 개혁은 지속성과 뿌리를 잃고, 피상적 성과에 그치게 되었다.

오늘의 교훈- 상징과 실질의 괴리

대한제국 선포와 황제권 강화는 상징과 실질 사이의 간극을 보여준다.

첫째, 자주독립의 선언은 필요했으나 실질적 역량이 부족했다는 점이다. 대한제국은 국제적으로 독립국임을 천명했지만, 외세의 압박 속에서 실질적 주권을 행사하지 못했다. 외세 간섭이 계속되는 한, 국호 변경과 황제 칭호는 껍데기에 불과했다.

둘째, 권력 집중은 개혁의 동력이 되지 못한다는 사실이다. 고종은 황제권을 강화했지만, 그 권력이 민중과 사회를 포섭하지 못했다. 개혁은 민본과 참여 속에서 지속될 수 있는데, 대한제국의 개혁은 위로부터의 권력 강화에 머물렀다.

셋째, 오늘의 교훈은 자명하다. 국가 개혁과 자주성 확보는 상징적 선언만으로 이루어지지 않는다. 제도적 기반, 국민적 동의, 실질적 역량이 뒷받침되어야 한다. 대한제국의 경험은 이를 간과한 결과가 얼마나 허망한지를 잘 보여준다.

대한제국 선포는 조선이 스스로 자주국임을 천명한 역사적 사건이었으나, 동시에 국권 상실의 길목에 놓여 있음을 드러낸 역설적 선언이었다. 역사는 말한다. "상징은 실질을 대신할 수 없다."

미래는 과거에서 온다

독립협회와 만민공동회

독립의 열망과 협회의 탄생

1896년, 조선은 아관파천의 충격에서 아직 벗어나지 못하고 있었다. 고종이 러시아 공사관에 피신했다가 환궁했지만, 조선의 국권은 여전히 열강의 각축 속에 놓여 있었다. 일본, 러시아, 청, 서구 열강이 한반도에서 이권을 다투는 상황에서, 민중과 지식인들 사이에서는 자주독립에 대한 열망이 커졌다.

이러한 시대적 요구 속에서 1896년 7월, 서재필·윤치호·이상재 등 개화 지식인들이 중심이 되어 독립협회가 창립되었다. 이들은 독립신문을 발행하며 계몽 활동을 전개했고, 국민 의식 고양과 개혁 여론 형성에 힘썼다. 독립협회는 당시로서는 드물게 자발적 시민단체의 성격을 지니며, 근대적 공론장의 출현을 알렸다.

독립협회는 정치와 사회, 경제의 전반에서 근대적 개혁을 추구했다. 외세의 간섭에서 벗어나 자주독립을 수호하고, 국민의 권리와 참여를 확대하려는 것이 그들의 목표였다. 이는 대한제국 체제와 보수적 지배 세력에게 큰 도전이었다.

만민공동회, 근대적 공론장의 실험

독립협회의 활동 중 가장 주목할 만한 것은 만민공동회였다. 이는 특정 계층에 한정되지 않고, 신분과 직업을 불문한 시민들이 모여 나라의 앞날을 논의하는 집회였다.

첫째, 자주 독립의 주장이다. 만민공동회는 열강의 내정 간섭을 비판하고, 외교의 자주성을 강조했다. 특히 러시아의 이권 침탈에 반대하며, 국권 수호를 외쳤다.

둘째, 정치 개혁의 요구다. 의회 설립, 언론·집회·결사의 자유 보장, 관료 부패 척결 등은 근대 민주주의적 가치와 맞닿아 있었다. 이는 당시로서는 혁명적 발상이었으며, 군주 중심의 정치 체제와 충돌했다.

셋째, 국민 참여의 확대다. 만민공동회는 일반 백성, 심지어 여성들까지도 참여할 수 있었던 열린 장이었다. 이는 한국 역사상 최초의 근대적 공적 토론 공간이었고, 민중이 정치의 주체로 나서는 계기가 되었다.

만민공동회의 열기는 사회 전반에 큰 파급력을 주었다. 그러나 고종과 보수 세력은 이를 왕권을 위협하는 움직임으로 보았다. 결국 독립협회와 만민공동회는 탄압받았고, 1898년 강제로 해산되었다.

오늘의 교훈- 공론장의 힘과 한계

독립협회와 만민공동회는 조선 근대사의 새로운 장을 열었다.

첫째, 근대적 공론장의 등장이다. 독립협회는 민중이 정치 주체로 나설 수 있음을 보여주었고, 이는 민주주의의 토양을 마련하는 중요한 경험이었다.

둘째, 자주적 개혁의 가능성과 좌절이다. 외세 의존을 극복하고 국민적 역량으로 개혁을 추진하려 한 점은 높이 평가되지만, 왕권 강화에 집착한 고종과 보수 관료들의 반발로 좌절되었다. 이는 개혁이 권력 구조의 변화를 동반하지 않으면 쉽게 무너질 수 있음을 보여준다.

셋째, 오늘의 교훈이다. 민주주의와 자주독립은 국민의 참여와 공론장의 힘에서 비롯된다. 그러나 그 힘이 제도적으로 보장되지 못하면, 언제든 권력에 의해 억압될 수 있다. 독립협회의 경험은 참여 없는 개혁은 성공할 수 없으며, 국민적 동의 없는 권력은 지속될 수 없다는 사실을 일깨운다.

비록 강제로 해산되었지만, 독립협회와 만민공동회는 한국 민주주의의 맹아로서 역사적 의미를 지닌다. 민중이 자신의 목소리를 내고 권리를 주장한 최초의 근대적 시민운동이었기 때문이다. 역사는 이를 실패가 아닌 미래를 준비한 씨앗으로 기억한다.

러일전쟁과 한반도의 운명

동북아 패권 전쟁의 서막

20세기 초, 동아시아는 새로운 격랑에 휩싸였다. 청일전쟁(1894~1895) 이후 청이 몰락하자, 한반도를 둘러싼 일본과 러시아의 경쟁이 본격화되었다. 일본은 조선을 자국의 영향권에 두려 했고, 러시아는 부동항 확보와 대륙 진출의 교두보로 한반도를 주목했다.

대한제국은 1897년 자주 독립을 선언했지만, 실질적 국권은 여전히 취약했다. 고종과 조정은 러시아와 일본 사이에서 줄타기 외교를 시도했으나, 두 강대국은 조선을 '하나의 독립 국가'로 인정하기보다는 전략적 자산으로 바라보았다.

1904년, 결국 일본과 러시아는 만주와 한반도 지배권을 두고 충돌했다. 이 전쟁이 바로 러일전쟁이었다. 조선은 스스로 선택할 권리를 상실한 채, 열강의 각축장 한가운데 놓이게 되었다.

미래는 과거에서 온다

러일전쟁과 조선의 종속화

러일전쟁이 발발하자, 일본은 곧바로 조선을 군사적 거점으로 삼았다.

첫째, 한일 의정서(1904) 체결이다. 일본은 전쟁 수행을 명분으로 군사적·정치적 권리를 강탈했다. 이 조약으로 일본은 조선 전역에서 군대를 주둔시키고, 전략 거점을 자유롭게 활용할 수 있게 되었다.

둘째, 외교권 침탈이다. 일본은 전쟁 중 조선의 외교를 사실상 장악했다. 고종과 대한제국 정부는 국제사회에 중립을 호소했지만, 열강은 일본의 손을 들어주었다. 미국과 영국은 일본의 동맹국으로서, 러시아 견제를 위해 일본의 조선 지배를 묵인했다.

셋째, 을사늑약의 전조다. 일본은 러일전쟁에서 승리하며 조선 지배의 국제적 정당성을 확보했다. 1905년 포츠머스 조약에서 미국은 필리핀 지배를 인정받는 대신 조선을 일본의 세력권으로 인정했고, 러시아도 조선에 대한 일본의 우위를 수용했다. 국제 사회의 외면 속에서 대한제국은 완전히 고립되었다.

러일전쟁은 한반도에 근대적 국가 질서를 가져온 것이 아니라, 오히려 조선을 일본 제국주의의 식민지화 길목에 세웠다.

오늘의 교훈- 강대국 정치 속 약소국의 운명

러일전쟁은 단순한 군사 충돌이 아니었다. 그것은 약소국 조선이 국제 정치에서 어떻게 소외되고 희생되는가를 보여준 사건이었다.

첫째, 자주적 역량의 부재다. 대한제국은 독립을 선언했지만, 군사·경제·정치적 역량이 취약해 외세의 각축을 막지 못했다. 스스로 힘을 기르지 못한 국가는 국제 사회에서 존립하기 어렵다는 사실을 여실히 드러냈다.

둘째, 강대국 이익의 논리다. 열강은 한반도의 민중 의사나 대한제국의 독립을 고려하지 않았다. 미국, 영국, 러시아 등은 자국의 이익에 따라 일본의 조선 지배를 사실상 승인했다. 국제 정치에서 정의나 도덕보다 힘의 논리가 앞선다는 냉혹한 현실을 보여준다.

셋째, 오늘의 교훈이다. 외교에서 가장 중요한 것은 스스로 지킬 힘과 자주적 전략이다. 동맹과 국제 협력이 필요하더라도, 그것이 자주적 역량 위에서 이루어져야 한다. 러일전쟁의 경험은 오늘날 한국이 국제 정치 속에서 왜 자주적 안보와 외교 역량을 강화해야 하는지를 명확히 설명해 준다.

러일전쟁은 일본의 승리로 끝났지만, 조선에게는 패배 이상의 상처를 남겼다. 그것은 국권 상실의 서곡이자, 민족의 운명이 외세의 협상 테이블 위에서 거래될 수 있음을 보여준 비극적 사건이었다. 역사는 묻는다. "약소국은 어떻게 살아남을 것인가?" 조선의 답은 미약했지만, 오늘 우리는 그 물음을 외면할 수 없다.

을사늑약과 민족의 수난

강제 외교와 국권 박탈의 순간

1905년, 러일전쟁에서 승리한 일본은 한반도 지배권을 국제적으로 인정받았다. 포츠머스 조약에서 러시아는 조선에 대한 일본의 우위를 수용했고, 미국 역시 가쓰라-태프트 밀약을 통해 조선 문제에 불간섭을 약속했다. 국제 정세는 일본이 조선을 집어삼키는 데 유리하게 돌아가고 있었다.

이러한 상황에서 일본은 본격적으로 대한제국의 외교권을 빼앗으려 했다. 1905년 11월 17일, 일본은 강압적으로 고종과 대신들을 경복궁 중명전으로 불러 모았다. 무장한 일본군이 궁궐을 에워싼 가운데, 일본 특명 전권공사 이토 히로부미는 외교권을 일본에 이양하는 협정을 강요했다.

이날 체결된 것이 바로 을사늑약(乙巳勒約, 제2차 한일협약)이다. '늑약(勒約)'이란 강제로 맺어진 불법 조약이라는 뜻이다. 고종은 도장을 찍지 않았지만, 다섯 명의 대신이 협박과 회유 끝에 서명했다. 그 순간 대한제국은 자주국으로서의 외교권을 완전히 상실했고, 일본의 보호

제4부 대한제국과 근대의 길

국으로 전락했다.

민족적 분노와 저항의 불꽃

을사늑약 소식이 전해지자, 전국은 분노와 절망으로 들끓었다. 지식인, 언론, 종교계, 민중은 일제히 조약의 무효를 주장하며 저항에 나섰다.

첫째, 의병 항쟁의 격화다. 애국계몽운동과 연결된 의병들은 '을사오적'을 처단하고 일본 세력을 몰아내기 위해 봉기했다. 농민, 유생, 무장 세력까지 합세하며 전국적으로 저항이 확산했다.

둘째, 지식인의 항거다. 황현은 절명시를 남기며 자결했고, 민영환, 조병세 등은 자결을 통해 민족의 절개를 지켰다. 이는 '죽음으로써 조약의 불법성을 고발한다'라는 비극적 저항이었다.

셋째, 국제 사회에 알린 외교 투쟁이다. 고종은 헤이그 만국평화회의에 특사를 파견해 을사늑약의 부당성을 호소했다. 그러나 열강은 이미 일본의 지배를 묵인한 상태였다. 국제 사회는 외면했고, 대한제국의 호소는 힘을 발휘하지 못했다.

을사늑약은 조선 사회에 깊은 상처를 남겼다. 이는 단순한 조약 체결이 아니라, 민족의 자존과 국가 정체성을 짓밟은 사건이었다.

오늘의 교훈- 자주 없는 나라는 존립할 수 없다

을사늑약이 남긴 교훈은 분명하다.

첫째, 자주적 역량의 부재는 국권 상실로 이어진다는 점이다. 대한제국은 군사·경제·정치적으로 일본을 막을 힘이 없었고, 외교적으로도 고립되어 있었다. 힘을 갖추지 못한 독립은 허상임을 여실히 보여준다.

둘째, 지도자의 책임이다. 고종은 도장을 찍지 않았으나, 강력히 끝까지 저항하지도 못했다. 대신 중 상당수는 자신의 안위와 권력을 지키기 위해 민족의 운명을 팔아넘겼다. 국가 위기에서 지도자의 결단과 용기는 무엇보다 중요하다는 사실을 드러낸다.

셋째, 오늘의 교훈이다. 국제 정치에서 약소국이 살아남으려면 자주적 힘을 길러야 한다. 동맹과 협력도 중요하지만, 그것이 자주적 역량 위에서 이루어져야만 국가 존립을 지킬 수 있다. 또한 국민의 단결된 의지가 없으면 외세의 압박을 버틸 수 없다.

을사늑약은 조선이 스스로 미래를 결정할 수 없게 된 민족적 수난의 시작이었다. 이 사건은 국권 회복 운동, 의병 항쟁, 독립운동의 불씨를 지폈지만, 동시에 한 세대 이상에 걸친 식민지의 길로 들어서는 비극적 문을 열었다.

역사는 묻는다. "자주 없는 독립은 가능한가?" 을사늑약은 그 대답을 가혹하게 보여준다.

제4부 대한제국과 근대의 길

안중근 의사의 의거와
동양 평화론

하얼빈의 총성- 민족의 분노를 쏘다

1909년 10월 26일, 러시아의 하얼빈역 플랫폼에 묵직한 총성이 울려 퍼졌다. 그 주인공은 스물아홉 살의 청년 안중근이었다. 그의 총탄은 대한제국을 집어삼킨 장본인이자 일제 침략의 원흉 이토 히로부미를 쓰러뜨렸다.

이토는 을사늑약 체결을 강요하고, 대한제국의 외교권을 박탈했으며, 고종을 강제 퇴위시킨 인물이었다. 한국 민중의 눈에는 국권 상실의 상징 그 자체였다. 안중근은 의거 직후 현장에서 체포되었지만, 그는 의연했다. 자신을 "대한의군 참모중장"이라 소개하며 "하늘의 뜻과 민족의 의지로 이토를 처단했다"라고 밝혔다.

그의 총탄은 단순한 개인적 분노의 발로가 아니었다. 이는 을사늑약 이후 4년간 쌓여온 민족적 울분이 폭발한 것이었고, 침탈의 시대를 향한 경고였다. 하얼빈의 총성은 조선 민중에게 희망의 불씨였고, 일본 제국주의에 맞선 저항의 상징이었다.

미래는 과거에서 온다

법정에서 울린 정의 - 동양 평화론의 씨앗

안중근은 재판 과정에서도 기개를 잃지 않았다. 그는 법정에서 자신의 행동을 "정의로운 전쟁 행위"라고 주장했다. 당시 일본은 그를 단순한 범죄자로 몰아가려 했지만, 그는 일관되게 '전쟁 포로'로서의 법적 지위를 요구했다. 이는 국제법에 근거한 주장이었다.

더 나아가 그는 옥중에서 『동양 평화론』 집필을 시작했다. 안중근이 꿈꾼 동양의 미래는 단순히 일본 타도의 구호가 아니었다. 그는 한국·중국·일본 3국이 협력해 제국주의 열강의 침략을 막고, 평화로운 공동 번영의 길을 모색해야 한다고 역설했다.

이 사상은 현실 정치의 무게 속에서 실현되기 어려웠지만, 그 시대를 뛰어넘은 이상이었다. 한 청년 의사가 조국의 독립을 넘어, 동양 전체의 평화와 협력을 내다봤다는 사실은 놀랍다. 그의 사상은 훗날 아시아 평화론의 선구적 맥락으로 재평가된다.

오늘의 교훈 - 의거를 넘어선 평화의 메시지

안중근은 1910년 3월 26일, 뤼순 감옥에서 형장의 이슬로 사라졌다. 그러나 그의 죽음은 끝이 아니라 새로운 시작이었다. 그의 이름은 곧 민족 저항의 상징이 되었고, 수많은 독립운동가에게 정신적 지주가 되었다.

그가 남긴 메시지는 세 가지로 요약할 수 있다.

첫째, 정의로운 저항의 힘이다. 총칼 앞에서도 굴복하지 않고, 민족의 존엄을 지키려 한 그의 용기는 오늘날에도 깊은 울림을 준다.

둘째, 사상의 지평 확대다. 단순한 복수가 아니라 동양 평화를 논한 그의 이상은, 독립운동을 민족적 차원을 넘어 국제적 비전으로 확장했다.

셋째, 미래 세대를 향한 유산이다. 안중근은 "청년이여, 학문에 힘쓰고 나라의 주인이 돼라"라는 메시지를 남겼다. 이는 단순한 구호가 아니라, 미래 세대의 책임을 일깨운 당부였다.

오늘 우리가 안중근을 기억하는 까닭은, 그가 총탄으로만 역사를 쓴 인물이 아니기 때문이다. 그는 죽음의 순간에도 민족과 동양의 미래를 말한 사상가였다. 그의 외침은 지금도 묻고 있다. "정의와 평화를 위해 너희는 무엇을 하고 있는가?"

미래는 과거에서 온다

헤이그 특사와 국제 외교전

국권을 되찾기 위한 마지막 몸부림

1907년, 대한제국은 이미 을사늑약으로 외교권을 빼앗기고, 일본의 통감부 통치 아래 놓여 있었다. 그러나 고종 황제는 국권 회복을 위한 외교적 돌파구를 포기하지 않았다. 그는 네덜란드 헤이그에서 열리는 만국평화회의를 기회로 삼았다. 열강이 모인 국제 무대에서 을사늑약의 불법성과 일본의 침략 실상을 알리고, 국제 사회의 지원을 얻고자 했다.

고종은 이준, 이상설, 이위종 세 인물을 특사로 임명하여 비밀리에 파견했다. 이들은 머나먼 유럽 땅에서 대한제국의 억울한 처지를 호소하려 했다. 그들의 임무는 단순한 외교 사절이 아니라, 사라져가는 국가의 존립을 세계에 알리는 최후의 몸부림이었다.

그러나 그 길은 이미 가로막혀 있었다. 일본은 특사의 활동을 방해했고, 국제 사회 역시 대한제국의 사정을 적극적으로 받아들이려 하지 않았다. 열강은 이미 일본의 한국 지배를 묵인하고 있었고, 한국 문제는 국제적 이익 질서에서 뒷전으로 밀려 있었다.

국제 무대에서의 외침과 좌절

헤이그에 도착한 세 특사는 만국평화회의 공식 연단에 설 수 없었다. 일본의 강력한 반대와 국제 사회의 무관심 때문이었다. 그러나 그들은 포기하지 않았다. 언론을 통해 일본의 침략 행위를 폭로하고, 각국 대표단과의 비공식 접촉을 시도했다.

특히 이준은 과도한 스트레스와 분노 속에서 결국 현지에서 순국하고 말았다. 그의 죽음은 대한제국의 비극을 상징하는 사건으로 남았다. 이상설과 이위종은 끝까지 한국의 상황을 알리려 했으나, 세계의 반응은 냉담했다. 강대국들은 자국의 이해관계 앞에서 약소국의 절규를 들을 여유가 없었다.

헤이그 특사 사건은 외교적 성과를 거두지 못한 실패로 기록되었다. 하지만 그들의 투쟁은 '조선이 끝까지 저항했다'라는 사실을 세계에 각인시켰고, 국내외 동포들에게 큰 울림을 주었다. 이는 훗날 독립운동가들에게 "외교의 길도 결코 포기할 수 없다"는 교훈을 남겼다.

오늘의 교훈- 약소국 외교의 현실과 교훈

헤이그 특사 사건은 몇 가지 중요한 교훈을 전한다.

첫째, 국제 외교의 냉혹한 현실이다. 당시 열강은 자국의 이익만을 기준으로 행동했으며, 정의와 인권은 부차적이었다. 국제 무대에서 힘

없는 나라의 호소는 쉽게 외면당할 수 있다는 사실을 적나라하게 드러냈다.

둘째, 외교와 무장의 병행 필요성이다. 외교적 노력은 필요하지만, 그것만으로는 국권을 지킬 수 없다. 자주적 군사력과 경제력이 뒷받침되지 않는 외교는 공허하다. 이는 오늘날에도 여전히 유효한 교훈이다.

셋째, 역사적 상징성이다. 비록 실패로 끝났으나, 헤이그 특사는 대한제국이 끝까지 주권 회복을 위해 몸부림쳤다는 증거다. 이준의 순국은 민족적 분노를 일깨웠고, 국외 교포 사회와 독립운동가들에게 큰 자극제가 되었다.

오늘의 우리에게 헤이그 특사 사건은 이렇게 묻는다. "국제 사회가 정의를 저절로 지켜주리라 믿을 수 있는가? 아니면 우리가 스스로 힘을 길러내야 하는가?" 그 답은 분명하다. 국제 정치의 냉혹한 현실 앞에서 자주적 역량을 기르는 것만이 나라를 지키는 유일한 길이다.

제4부 대한제국과 근대의 길

일제 강점기, 민족의 생존 투쟁

민족의 완전한 억압 속에서도 한국인은 독립의 불씨를 꺼뜨리지 않았다. 3·1운동과 임시정부, 의열단과 광복군의 무장 투쟁, 신간회와 농촌 계몽 운동은 각자의 방식으로 민족의 생존을 지켜냈다. 일제의 경제 수탈·언어 말살 정책 속에서도 문화운동·민족교육은 공동체 정체성을 유지하는 데 결정적 역할을 했다. 이 시대는 '국가가 사라져도 민족은 무너지지 않는다'라는 역사적 진실을 증명했다.

3·1운동과 민족자결의 외침

독립을 향한 거대한 물결

1910년 한일병합조약으로 국권을 상실한 뒤, 조선 민중의 삶은 철저히 짓밟혔다. 정치적 자유는 박탈되었고, 경제는 수탈당했으며, 문화는 억압되었다. 그러나 민족의 독립 의지는 꺾이지 않았다. 독립운동의 맥은 국내외에서 끊임없이 이어졌다.

그 불씨를 거대한 불길로 키운 계기는 제1차 세계대전의 종전과 미국 대통령 우드로 윌슨이 내세운 민족자결주의 원칙이었다. 1919년 파리강화회의를 계기로, 억눌린 식민지 민족들은 자결권을 외쳤다. 한국 지식인들과 학생들은 이 흐름을 민족 독립의 기회로 여겼다.

1919년 2월 고종 황제의 서거는 민족적 분노를 폭발시키는 또 하나의 계기가 되었다. '일제가 고종을 독살했다'라는 소문이 퍼지면서 민심은 더욱 들끓었다. 결국 3월 1일, 민족 대표 33인은 서울 태화관에서 독립선언서를 낭독했다. 같은 시각 탑골공원에 모인 학생들과 시민들이 대한독립 만세를 외치며 거리를 행진했다. 이 순간부터 전국은 거대한 독립 만세 물결로 뒤덮였다.

전국을 뒤흔든 만세 시위와 세계의 울림

3·1운동은 단순한 시위가 아니었다. 전국 2,000여 개 지역에서 약 200만 명이 참여한 전 민족적 항쟁이었다. 남녀노소, 신분과 지역을 가리지 않고 모두가 태극기를 들고 거리로 나섰다. 학생, 농민, 상인, 종교인까지 한목소리로 대한독립 만세를 외쳤다.

일제는 무자비하게 진압했다. 총칼과 불로 시위대를 공격했고, 제암리 교회 학살 사건처럼 민간인을 집단 살해하는 만행도 저질렀다. 그럼에도 항쟁은 꺾이지 않았다. 해외에서도 독립운동의 열기가 고조되었다. 상하이에서는 임시정부 수립의 토대가 마련되었고, 미주와 연해주 등지의 교포 사회에서도 지원이 이어졌다.

무엇보다 3·1운동은 세계 여론을 자극했다. 일본의 잔혹한 탄압 소식은 국제 언론에 보도되었고, 이는 일본 제국주의의 민낯을 드러냈다. 비록 파리강화회의에서 한국의 독립은 논의되지 않았으나, 한국인의 의지와 투쟁은 전 세계에 알려졌다. 이 사건은 국제 사회에서 한국 문제를 다시금 인식하게 만든 계기가 되었다.

오늘의 교훈- 민족의 힘, 민주주의의 씨앗

3·1운동은 비록 무장 독립으로 이어지지 못했으나, 그 역사적 의미는 거대하다.

제5부 일제 강점기, 민족의 생존 투쟁

첫째, 민족의 단결을 확인했다. 다양한 계층과 세대가 함께한 3·1운동은 우리 민족이 하나로 뭉칠 수 있음을 보여주었다. 이는 이후 독립운동의 정신적 자산이 되었다.

둘째, 임시정부 수립의 기폭제가 되었다. 3·1운동 직후 상하이에서 대한민국 임시정부가 수립되었다. 이는 '민주공화국'이라는 새로운 국가 비전을 제시한 사건이었다. 대한제국의 전제군주 체제를 넘어, 국민이 주인 되는 민주주의 국가로의 도약을 예고했다.

셋째, 비폭력 저항의 전범을 남겼다. 3·1운동은 비폭력 만세 시위라는 형태를 취했다. 이는 간디의 인도 독립운동에도 영향을 주었고, 훗날 세계 시민 운동의 모범으로 평가받는다.

오늘 우리가 3·1운동을 기리는 까닭은 단순히 독립 만세의 함성 때문이 아니다. 그것은 민족의 자존을 지키고, 민주주의의 씨앗을 뿌린 위대한 도전이었기 때문이다. 3월 1일의 함성은 지금도 우리에게 묻는다. "민족의 자유와 민주주의를 위해, 너희는 무엇을 하고 있는가?"

미래는 과거에서 온다

대한민국 임시정부의 수립

3·1운동의 불씨가 만든 새로운 길

1919년 3·1운동은 조선 민족이 독립 의지를 집단으로 드러낸 역사적 사건이었다. 비록 일본의 무자비한 탄압으로 무장 독립에 이르지는 못했으나, 민족의 단결과 저항 의지를 세계에 알리는 계기가 되었다. 무엇보다 중요한 점은 3·1운동이 독립운동의 방향을 자주적 정부 수립으로 전환했다는 사실이다.

해외 각지의 독립운동가들은 3·1운동 직후 분산되어 있던 세력을 하나로 모으고자 했다. 블라디보스토크에서는 대한국민의회가, 한성에서는 한성정부가, 상하이에서는 신한청년당을 중심으로 한 임시정부 수립 논의가 진행되었다. 그러나 분열된 독립운동 세력은 단일한 조직이 필요했다. 민족의 염원을 한데 모으고, 국제 사회에 '대한민국은 여전히 존재한다'라는 사실을 천명하기 위해서였다.

그 결과, 1919년 4월 중국 상하이에서 대한민국 임시정부가 공식적으로 수립되었다. 이는 국권피탈 이후 처음으로 등장한 합법적 정부 조직이었다. 조선이 일본의 식민지가 아니라, 독립국으로 존속하고 있

제5부 일제 강점기, 민족의 생존 투쟁

음을 세계에 알리는 역사적 전환점이었다.

민주공화국의 기틀, 임시정부의 헌법과 활동

대한민국 임시정부가 가진 가장 혁신적인 가치는 '민주공화국'이라는 국가 비전이었다. 임시 헌장은 '대한민국은 민주공화국임'을 명시했고, 주권은 국민에게 있음을 천명했다. 이는 대한제국의 전제 군주제를 넘어선, 근대적 민주주의 국가의 선언이었다.

임시정부는 대통령제를 채택했으며, 초대 대통령에는 이승만이, 국무총리에는 이동휘가 선출되었다. 이들은 분열된 독립운동 세력을 통합하고 국제 사회에 한국의 독립을 알리려 했다. 외교 활동은 임시정부의 핵심 과제였다. 미국, 유럽, 중국 등지에 외교대표부를 두고 파리 강화회의에 대표를 파견했으나, 열강의 외면으로 큰 성과를 거두지는 못했다. 그러나 국제 여론에 한국 독립 문제가 지속적으로 회자하도록 하는 데 일정한 기여를 했다.

또한 임시정부는 독립군 편성에도 힘썼다. 만주와 연해주 지역의 독립군과 연계해 무장 항쟁을 지원하고, 독립전쟁을 위한 기반을 다졌다. 비록 재정 부족과 일본의 방해로 큰 군사력을 확보하지는 못했으나, 의열단과 같은 무장 단체 활동을 지원하며 항일 무장 투쟁의 정당성을 이어갔다.

임시정부의 존재는 식민지 현실 속에서도 한국인들이 스스로 국민

으로 자각하고, 독립국의 국민으로서 주권 의식을 키워가는 토대가
되었다.

오늘의 교훈- 망명 정부를 넘어 민족의 희망으로

임시정부의 활동은 한계도 분명했다. 재정난으로 운영이 어려웠고,
독립운동 세력 간의 갈등으로 분열을 겪기도 했다. 그러나 그럼에도
임시정부의 역사적 의의는 결코 폄하할 수 없다.

첫째, 민주공화국의 이상 제시다. 임시정부는 국권 회복을 넘어 국
민이 주인이 되는 새로운 국가상을 제시했다. 이는 훗날 대한민국 헌
법 제1조 "대한민국은 민주공화국이다"라는 선언으로 계승되었다.

둘째, 독립운동의 구심점 역할이다. 국내외의 다양한 독립운동 세력
을 하나의 정치적 틀 안에 모아냈고, 독립군과 의열단 활동을 연결하
며 항일 투쟁을 지속시켰다.

셋째, 민족적 자존과 희망의 상징이다. 임시정부의 존재는 일본의
식민 통치 속에서도 '대한민국은 사라지지 않았다'라는 자부심을 국민
에게 심어주었다. 이는 후일 광복의 순간, 대한민국 정부 수립의 정신
적 토대가 되었다.

대한민국 임시정부는 망명 정부였으나, 단순한 망명 집단이 아니었
다. 그것은 민족의 의지를 대표하는 합법적 정부였고, 독립운동의 심
장부였다. 1919년의 작은 시작은 결국 1945년 광복으로 이어졌다.

오늘 우리가 임시정부를 기억하는 이유는, 그것이 단순한 과거가 아니라 민주주의와 독립 정신을 오늘의 대한민국에 전해준 뿌리이기 때문이다.

미래는 과거에서 온다

무장 독립운동
- 의열단과 광복군

총칼로 맞선 의열단, 민족의 분노를 행동으로

3·1운동 이후 민족의 독립 의지는 오히려 더 뜨거워졌다. 비폭력 만세 시위가 일본의 무자비한 진압으로 좌절되자, 일부 청년들은 평화적 방법으로는 독립을 이룰 수 없다고 판단했다. 그들은 직접 무기를 들고, 일제의 요인과 기관을 공격하는 과격한 무장 투쟁을 택했다.

그 중심에 선 조직이 바로 의열단(義烈團)이다. 1919년 중국 지린에서 김원봉을 비롯한 13명의 청년이 결성한 이 단체는 "일제를 공포로 떨게 하고 민중에게 희망을 심어주자"라는 목표를 내걸었다. 의열단원들은 목숨을 담보로 한 거사에 나섰다.

그들의 활동은 일본 고위 관리 암살, 경찰서와 군수품 공장 폭파, 친일 단체 습격 등으로 이어졌다. 대표적인 사례로 1920년대 박재혁의 부산 경찰서 폭탄 의거, 나석주의 동양척식주식회사 습격 등이 있다. 의열단의 활동은 비록 대규모 전투로 이어지지는 못했으나, 일제의 간담을 서늘하게 했고 조선 민중에게 강력한 독립 의지를 각인시켰다.

의열단의 정신은 '하루하루가 곧 전쟁터'였다. 이들의 투쟁은 무력으로 독립을 쟁취하려는 청년들의 결연한 각오를 보여주었고, 훗날 광복군과 같은 조직적 무장 세력의 전신이 되었다.

광복군의 탄생, 조직화한 독립전쟁

1930년대 이후, 일본의 만주 침략과 중일전쟁 발발은 한국 독립운동 세력에게 새로운 기회와 도전을 동시에 가져왔다. 일제의 세력은 동아시아 전역으로 확대되었지만, 중국 국민당과 공산당, 그리고 국제 반파시즘 전선이 형성되면서 한국 독립군도 국제 연대 속에서 움직일 수 있게 되었다.

1940년, 충칭에 자리 잡은 대한민국 임시정부는 무장 투쟁을 본격화하기 위해 한국광복군을 창설했다. 이는 임시정부의 직할 군대로, 지청천, 김원봉, 이범석 등 쟁쟁한 인사들이 지휘에 참여했다. 광복군은 단순한 무장 집단이 아니라, 대한민국 임시정부의 정규 군대로서 국제적 정당성을 확보했다는 점에서 의미가 컸다.

광복군은 중국 전선에서 연합군과 함께 일본군을 타격하고, 한반도 내 진공 작전을 준비했다. 특히 미·영 연합군과 협력하여 특수공작 훈련을 받고, OSS(미군 전략사무국)와 연계한 국내 진입 작전을 계획하기도 했다. 비록 일본의 항복으로 본격적인 국내 작전은 실행되지 못했으나, 광복군의 존재는 독립운동의 정당성을 세계적으로 공인받는 계기가 되었다.

　무엇보다 광복군은 독립운동의 분열을 극복하려 노력했다. 사회주의 계열과 민족주의 계열을 아우르려는 시도가 이루어졌고, 이는 '하나 된 독립군'의 상징성을 남겼다. 광복군은 무장 독립운동의 정점이자, 광복 직전까지 이어진 조직적 항일 무력 투쟁의 대표적 성과였다.

오늘의 교훈- 무장투쟁의 가치와 한계

　의열단과 광복군의 투쟁은 한국 독립운동사의 두 축을 상징한다. 하나는 목숨을 건 개별 의거와 테러 중심의 저항, 다른 하나는 조직적 군대로서의 체계적 독립전쟁 준비였다.

　첫째, 의열단은 무장 저항의 불씨를 지핀 선구자였다. 그들의 투쟁은 일제에 대한 공포를 조성하고, 민중에게 '우리는 아직 싸우고 있다'는 희망을 주었다. 이는 독립 정신을 지켜낸 심리적, 상징적 힘이었다.

　둘째, 광복군은 독립운동의 국제적 지위를 확립한 성과였다. 임시정부와 연계된 정규 군대로서, 연합군과 협력해 독립을 준비한 경험은 해방 이후 한국 군대 형성의 토대가 되었다.

　셋째, 무장 투쟁의 한계도 분명했다. 의열단의 개별 의거는 일제의 철저한 탄압 속에서 지속되기 어려웠고, 광복군은 국제 정세와 한정된 자원 속에서 대규모 작전을 펼치지 못했다. 그러나 이러한 한계에도 불구하고, 무장 독립운동은 민족이 끝까지 총칼로 맞서 싸웠다는 사실을 역사의 한 페이지에 새겼다.

　오늘 우리가 의열단과 광복군을 기리는 이유는, 그들의 투쟁이 단순한 무력 충돌이 아니라 민족의 존엄을 지키기 위한 최후의 보루였기 때문이다. 역사는 다시 묻는다. "국가의 존립을 위협받을 때, 우리는 무엇을 준비하고 있는가?"

미래는 과거에서 온다

농촌 계몽 운동과 실력양성론

식민지 현실 속 민족 생존의 모색

일제 강점기 조선 민중의 삶은 가혹했다. 일본은 토지조사사업과 산미증식계획을 통해 농민의 토지를 빼앗고, 생산물을 수탈했다. 그 결과 농민들은 만성적 빈곤에 시달렸고, 수많은 이들이 만주와 연해주로 이주해야 했다. 도시로 떠난 이들은 저임금 노동자가 되어 고통을 이어갔다.

이런 현실 속에서 독립운동은 단순히 정치적 독립을 외치는 것에 그칠 수 없었다. 민족의 생존 기반을 지키기 위해 경제력, 교육, 생활 수준을 끌어올리는 노력이 필요했다. 여기서 등장한 것이 농촌 계몽 운동과 실력양성론이었다. 이는 "먼저 민족의 기초 체력을 키우자"라는 전략이었다.

실력양성론은 단기적 독립 달성이 어렵다는 현실 인식에서 출발했다. 군사적 투쟁이나 외교적 독립 청원만으로는 일본의 강고한 식민 통치를 돌파하기 어려웠다. 그렇다면 민족 내부의 힘을 키워야 했다. 교육과 산업, 문화에서 자립 기반을 다지자는 생각이 농촌 계몽 운동으로 이어졌다.

교육과 생활 개선을 통한 계몽 실천

농촌 계몽 운동은 주로 청년 지식인과 사회단체들이 주도했다. 대표적으로 1920년대 조만식이 이끈 물산장려운동은 "조선 사람이 만든 물건을 쓰자"라는 구호로 민족 자본 육성을 독려했다. 이는 단순한 소비 운동을 넘어 민족 경제를 살리려는 실천적 시도였다.

또한 농촌진흥 운동과 야학 활동이 활발히 전개되었다. 지식인들은 농촌에 들어가 글을 가르치고, 위생과 생활 개선법을 전파했다. "무지에서 벗어나야 독립할 수 있다"라는 신념이 그 바탕에 있었다. 농민들은 소규모 협동조합을 조직해 자립을 시도했고, 청년들은 독서회와 학습 모임을 결성했다.

이 운동은 기독교, 천도교, 불교 등 종교계와도 연결되었다. 각 종교 단체는 학교를 세우고, 출판물을 보급하며 농촌 사회를 계몽하는 데 앞장섰다. 여성 계몽운동 또한 중요한 축이었다. 근우회 등 여성 단체들은 문맹 퇴치와 여성의 권리 향상을 통해 민족의 힘을 절반 더 키우려 했다.

물론 일제는 이런 활동을 철저히 감시했다. 지나친 정치성을 띤 운동은 금지되었고, 계몽 활동가들은 종종 체포되거나 탄압받았다. 그럼에도 농촌 계몽운동은 민족의 뿌리를 살리고 독립 역량을 키우는 기초 작업으로 자리매김했다.

오늘의 교훈- 독립의 토양을 기른 힘

농촌 계몽 운동과 실력양성론은 무장 독립운동처럼 즉각적인 성과를 내지는 못했다. 그러나 장기적으로 민족 독립을 준비하는 정신적·사회적 토양이 되었다는 점에서 의미가 깊다.

첫째, 민족의 자강 의식 고양이다. 비록 총칼은 들지 못했지만, 농촌 계몽 운동은 "우리가 자신을 일으켜 세워야 한다"라는 의식을 확산시켰다. 이는 해방 이후 국가 재건 과정에서도 중요한 기반이 되었다.

둘째, 교육과 사회 개혁의 성과다. 농촌 야학과 문맹 퇴치, 생활 개선 운동은 민중의 지적·문화적 수준을 끌어올렸고, 이는 장차 민주 시민으로 성장하는 밑거름이 되었다.

셋째, 독립운동의 다층적 전략을 보여주었다. 무장 투쟁과 외교 독립운동이 '직접적인 투쟁'이라면, 농촌 계몽운동은 '간접적 독립운동'이었다. 이는 독립운동의 외연을 넓히고 민족 전체를 포괄하는 힘을 길렀다.

오늘 우리가 이 운동을 기억해야 하는 이유는 분명하다. 총칼만이 독립운동이 아니었다. 삶을 개선하고, 민족의 힘을 기르는 일상적 실천 또한 독립을 향한 길이었다. 농촌 계몽 운동과 실력양성론은 이렇게 우리에게 말한다. "독립은 하루아침의 결실이 아니라, 민족이 스스로 가꾼 긴 노력의 열매였다."

신간회와 민족 협동전선

민족 분열을 넘어 연대를 모색하다

1920년대 중반, 일제의 식민 통치는 더욱 공고해졌다. 무단통치에서 문화통치로 전환되었지만, 이는 겉치레에 불과했다. 언론과 집회는 여전히 제한되었고, 경제 수탈은 강화되었다. 독립운동 세력은 이 시기를 맞아 새로운 전략을 고민해야 했다.

한편, 민족 내부는 분열되어 있었다. 민족주의 계열은 실력양성론을 중심으로 문화·교육 운동을 전개했고, 사회주의 계열은 노동·농민 운동을 통해 대중 기반을 넓혔다. 그러나 분열된 독립운동은 일본의 강고한 통치에 맞서 힘을 발휘하기 어려웠다. 이때 등장한 것이 바로 신간회(新幹會)였다.

1927년 창립된 신간회는 "좌우 합작"을 기치로 내걸었다. 민족주의자와 사회주의자가 손을 잡고, 민족 협동전선을 구축한 것이다. 이는 독립운동사에서 보기 드문 연대 실험이었다. 신간회의 등장은 "분열로는 독립할 수 없다"라는 절박한 자각의 산물이었다.

전국적 조직과 대중운동의 전개

신간회는 결성 직후부터 빠르게 세력을 확장했다. 본부는 경성에 두었지만, 지회는 전국 각지에 퍼졌다. 농촌과 도시, 학생과 노동자까지 포괄하는 대중조직으로 성장했다. 불과 몇 년 만에 회원 수가 수만 명에 달했다.

신간회의 활동은 크게 세 가지로 나눌 수 있다.

첫째, 민족운동의 대중화다. 강연회, 토론회, 학술 발표회를 열어 민중에게 독립 의식을 고취했다.

둘째, 사회 개혁 운동이다. 농민·노동자의 권익을 옹호하고, 여성과 청소년의 권리 향상에도 힘썼다. 1929년 원산 노동자 총파업을 지원한 것이 대표적 사례다.

셋째, 항일 학생 운동 지원이다. 특히 1929년 광주학생항일운동이 전국으로 확산하는 데 신간회의 역할이 컸다. 학생들의 저항을 전국적 항일 운동으로 발전시키는 구심점이 된 것이다.

신간회는 단순한 정치 결사체가 아니라, 민족 전체가 참여할 수 있는 대중운동의 장이었다. 이는 독립운동이 소수 지식인의 담론에서 벗어나 민중 전체의 참여로 확산하는 계기가 되었다.

그러나 신간회의 길은 길지 않았다. 내부적으로는 민족주의와 사회주의 간의 이념 차이가 갈등을 불러일으켰고, 외부적으로는 일제의 탄압이 심화했다. 결국 1931년, 신간회는 스스로 해산을 선언했다.

짧은 역사에도 불구하고, 신간회가 남긴 유산은 크다.

첫째, 민족 협동전선의 가능성을 입증했다. 비록 오래 지속되지는 못했으나, 좌우 세력이 하나로 뭉쳤을 때 항일 투쟁의 힘이 배가될 수 있음을 보여주었다.

둘째, 대중운동의 전형을 제시했다. 신간회는 민중 속으로 들어가 그들과 함께 호흡하며 독립운동을 펼쳤다. 이는 이후 항일 운동이 대중적 기반을 확대하는 데 중요한 모델이 되었다.

셋째, 통합의 교훈이다. 이념적 차이를 극복하지 못한 채 해산한 경험은, 독립운동이 지속해서 좌우 분열로 약화하는 문제를 드러냈다. 그러나 동시에 '민족 앞에서는 하나가 되어야 한다'라는 원칙을 각인시켰다.

오늘 우리가 신간회를 기억하는 이유는, 그것이 단순한 과거의 조직이 아니라, 분열을 넘어 연대해야 한다는 시대적 교훈을 주기 때문이다. 독립운동이 성공할 수 있었던 힘은 단결에서 나왔고, 이는 오늘의 민주 사회에도 여전히 유효한 진리다.

문화운동과 민족교육

무단통치에서 문화통치로, 억압 속의 균열

1910년 강제 병합 이후 일본은 조선을 군사적 무단통치로 억압했다. 헌병경찰 체제 아래 집회·결사의 자유는 철저히 봉쇄되었고, 민족의 숨통은 막혔다. 그러나 3·1운동은 상황을 뒤흔들었다. 전국을 뒤흔든 거대한 만세 시위는 일본에 충격을 주었고, 국제 여론 역시 일본의 폭압을 비판했다. 이에 일본은 강경한 무단통치 대신 겉치레식으로 '문화통치'를 내세웠다.

문화통치는 언론·출판·집회 활동을 제한적으로 허용하는 듯 보였지만, 여전히 철저한 검열과 통제가 뒤따랐다. 그러나 이 작은 틈새는 조선 지식인과 민중에게 새로운 기회를 주었다. 독립운동의 또 다른 형태인 문화운동과 민족교육 운동이 본격적으로 전개될 수 있었다.

문화운동은 단순한 문화 활동이 아니었다. 일제의 동화 정책과 일본어 강요에 맞서 민족의 정체성을 지키고, 지식과 언론을 무기로 저항하는 운동이었다. 그것은 무장 투쟁과 달리 펜과 강단에서 이루어진 항일 독립운동이었다.

잡지·학술·예술, 민족혼을 살린 문화의 힘

문화운동의 핵심은 언론과 출판이었다. 대표적으로 1920년 창간된 〈동아일보〉와 〈조선일보〉는 민족 언론의 중심이 되었다. 두 신문은 식민지 현실을 고발하고, 민중의 계몽을 이끌었다. 비록 일본의 검열로 자주 정간과 삭제를 당했지만, 신문은 여전히 민족의 눈과 귀, 그리고 입이었다.

또한 잡지 〈개벽〉, 〈동광〉, 〈조선 문단〉 등이 출간되며 문학과 사상이 민족의식을 고양하는 통로가 되었다. 문학인들은 단순한 서정에 머물지 않고, 현실 참여와 민족 정체성의 회복을 주제로 삼았다. 나운규의 영화 〈아리랑〉(1926)은 대중 예술 속에 항일 메시지를 담아내며 민중의 공감을 이끌었다.

한편, 민족교육 운동도 중요한 축이었다. 일제는 조선인에게 기초 교육만 제공하며 고등 교육을 제한했다. 이에 맞서 조선의 지식인들은 사립학교를 세우고, 민족 교육을 이어갔다. 오산학교, 보성학교, 휘문학교 같은 사립 중등학교는 민족 지도자를 길러내는 산실이었다.

또한 학생 운동은 항일 운동의 중요한 기반이 되었다. 1929년 광주학생항일운동은 민족교육의 결실이자, 학생들이 독립운동의 주체로 성장했음을 보여준 사건이었다.

문화운동과 교육 운동은 칼과 총 대신 펜과 책으로 싸운 항일투쟁이었다. 이는 민족혼을 보존하고, 독립운동의 사상적 토대를 길러내는 힘이었다.

오늘의 교훈- 정체성 수호와 독립의 정신적 토대

문화운동과 민족교육은 당장 일본을 몰아내는 직접적 성과를 내지는 못했다. 그러나 그 역사적 의의는 깊고 넓다.

첫째, 민족 정체성의 수호다. 일제의 동화 정책 속에서도 한국인들은 언론·문학·예술을 통해 스스로 역사와 언어, 문화를 지켰다. 이는 해방 이후 민족 문화 부흥으로 이어졌다.

둘째, 민족 지도자의 양성이다. 민족교육을 통해 배출된 학생들은 이후 독립운동의 핵심 세력이 되었고, 해방 후 국가 재건의 주역이 되었다. 교육은 단순한 지식 전달이 아니라, 민족을 일으키는 힘이었다.

셋째, 투쟁 방식의 다원화다. 무장 투쟁이 독립운동의 한 길이라면, 문화운동은 또 다른 길이었다. 총칼만이 아닌 펜과 언론, 교육으로도 민족을 지킬 수 있음을 보여주었다.

오늘 우리가 문화운동과 민족교육을 기리는 이유는, 그것이 독립운동을 넘어 한국 사회의 정신적 토대를 이룬 사건이기 때문이다. 총칼은 민족을 지킬 수 있지만, 문화와 교육은 민족을 존속하게 한다. 역사는 우리에게 이렇게 묻는다. "정체성을 지키기 위한 오늘의 문화와 교육은 과연 어떤가?"

여성 독립운동가들의 활약

억압된 현실 속에서 꺼내든 독립의 깃발

일제 강점기는 여성에게 이중의 억압을 강요했다. 민족적으로는 식민지 지배의 굴레에, 사회적으로는 가부장적 질서에 묶여 있었다. 그러나 역설적으로 그 속에서 여성들은 자신의 운명을 개척하며 독립운동의 전면에 나섰다. 그들의 투쟁은 단순히 민족 해방을 향한 것이 아니라, 여성 자신이 인간으로서의 존엄을 되찾는 길이기도 했다.

대표적인 인물이 유관순이다. 그는 1919년 3·1운동 당시 아우내 장터 만세 시위를 주도하다 체포되었고, 서대문형무소에서 모진 고문을 당한 끝에 열여덟의 꽃다운 나이에 순국했다. 그의 희생은 3·1운동 정신을 상징하는 불멸의 불꽃이 되었다.

또 다른 인물로 남자현을 들 수 있다. 그는 만주에서 무장 독립운동에 참여하며, 독립군을 지원하고 일본 관리 암살을 시도하는 등 강렬한 투쟁을 이어갔다. 1933년에는 만주에서 일제 밀정을 처단하다 체포되어 순국했는데, 그의 삶은 여성도 총칼을 들 수 있음을 증명한 사례였다.

이처럼 여성 독립운동가들은 가정의 테두리를 넘어 민족의 전선을 누볐다. 그들의 이름은 종종 남성 중심의 역사 속에 가려졌지만, 실제로는 수많은 여성이 만세운동, 비밀결사, 의열 투쟁, 군자금 모금 등 다양한 방식으로 독립운동에 헌신했다.

만세운동, 무장 투쟁, 교육 운동- 다채로운 참여의 현장

여성 독립운동가들의 활동은 특정한 영역에 국한되지 않았다.

첫째, 만세운동의 주역이었다. 3·1운동과 그 이후 전국 각지에서 벌어진 만세 시위에는 수많은 여성이 참여했다. 학생, 주부, 상인 등 다양한 여성들이 거리로 나서 목숨을 걸고 "대한독립 만세"를 외쳤다.

둘째, 무장 투쟁의 현장이었다. 남자현뿐 아니라, 권기옥은 비행기 조종사가 되어 공군 투쟁을 꿈꿨고, 지복영과 같은 여성들은 폭탄을 들고 일본 관청을 습격하기도 했다. 여성의 투쟁은 단순한 보조가 아니라, 직접적인 전투와 의열 활동으로 확장되었다.

셋째, 교육과 계몽 운동이었다. 근우회 같은 여성 단체는 문맹 퇴치와 여성 계몽에 힘썼다. 여성의 지적 성장을 통해 민족 전체의 힘을 기르자는 취지였다. 또한 이들은 독립군 자금을 모으고, 비밀리에 연락망을 유지하는 등 조직적 활동을 이어갔다.

이처럼 여성 독립운동은 '뒤에서 돕는 역할'이 아니라, 민족운동의 전방에서 활약한 실질적 투쟁이었다.

오늘의 교훈 - 독립과 해방, 그리고 여성의 주체성

여성 독립운동가들의 활약은 단순히 '남성 운동을 보조한 기록'이 아니다. 그것은 한국 근현대사의 지평을 확장한 주체적 실천이었다.

첫째, 민족운동의 외연을 넓혔다. 여성들의 참여는 독립운동이 소수 지식인이나 남성 엘리트에 국한되지 않고, 민족 전체의 운동으로 확장되었음을 보여주었다.

둘째, 여성 해방의 가능성을 열었다. 여성들은 독립운동을 통해 사회적 주체로 자리매김했고, 해방 이후 여성 교육과 권리 향상의 토대를 마련했다. 유관순, 남자현, 권기옥, 박차정 등의 이름은 단순한 영웅담이 아니라, 한국 여성사 자체의 중요한 전환점이다.

셋째, 현재적 울림이다. 여성 독립운동가들의 삶은 오늘날 우리에게 '자유와 평등은 스스로 쟁취해야 한다'는 교훈을 전한다. 그들은 단순히 과거의 인물이 아니라, 여전히 민주주의와 인권의 길에서 우리가 따라야 할 길잡이다.

오늘 우리가 여성 독립운동가들을 기리는 이유는 분명하다. 그들의 투쟁은 총칼 앞에서도 꺾이지 않았고, 민족 해방과 여성 해방을 동시에 꿈꾸었다. 역사는 그들에게 묻는다. "그대들의 용기와 희생이 오늘의 우리 사회에 어떻게 살아 있는가?"

일제 경제 수탈과 식민지 근대화 논쟁

근대화의 가면을 쓴 경제 수탈

1910년 국권피탈 이후, 일제는 조선을 철저히 경제적 식민지로 전락시켰다. 토지조사사업을 통해 조선 농민들의 토지를 빼앗아 일본인 지주와 대지주에게 넘겼다. 농민들은 소작농으로 전락했고, 생산된 쌀의 상당 부분은 일본으로 수출되었다. 특히 1920년대 산미증식계획은 겉으로는 조선의 농업 생산성을 높이기 위한 정책처럼 포장되었으나, 실제로는 일본 본토의 식량 문제를 해결하기 위한 것이었다. 그 결과 조선 농민들의 삶은 더욱 피폐해졌고, 만주나 도시로 떠나는 이들이 급증했다.

산업 분야에서도 상황은 크게 다르지 않았다. 조선에 세워진 공장과 기업은 대부분 일본 자본에 의해 운영되었고, 이익은 일본으로 송출되었다. 조선인 노동자들은 값싼 임금에 혹사당했다. 1930년대 이후 만주 침략과 전시 동원 체제가 강화되면서, 조선의 산업은 더욱 전쟁 물자 생산을 위한 도구로 전락했다.

이처럼 일제의 경제 정책은 근대화라는 이름을 달았지만, 본질은 수

제5부 일제 강점기, 민족의 생존 투쟁

탈과 종속이었다. 조선은 발전의 주체가 아닌, 일본 제국주의의 하청 경제로 편입되었을 뿐이었다.

식민지 근대화 논쟁, 왜곡된 역사 해석

해방 이후 한국 사회에서는 일제 강점기를 두고 '식민지 근대화론' 논쟁이 이어졌다. 일부 학자들은 일제가 철도·항만·학교·산업시설을 건설한 것을 들어, "결과적으로 한국 사회의 근대화를 촉진했다"라고 주장했다.

그러나 이러한 주장은 식민지 현실의 본질을 왜곡한다. 첫째, 주체성의 부재다. 근대화란 민족 자신의 힘으로 경제와 사회를 발전시키는 것을 의미한다. 그러나 식민지 조선의 발전은 일본 제국의 이익을 위한 것이었고, 조선인은 그 과정에서 철저히 배제되었다.

둘째, 불평등 구조의 고착화다. 일제가 건설한 철도와 항만은 조선인의 생활 편의를 위한 것이 아니라, 곡물과 자원을 일본으로 실어 나르기 위한 수단이었다. 산업화 또한 일본인 자본가와 조선 내 친일 세력에게만 이익을 주었을 뿐, 대다수 조선인은 빈곤에 허덕였다.

셋째, 민족 말살 정책과 병행되었다는 점이다. 경제 발전의 껍질 속에서, 조선인의 언어·문화·정체성은 철저히 말살되었다. 근대화의 외형만 보고 실질적 수탈과 억압을 간과한다면, 이는 역사를 편향되게 해석하는 것이다.

미래는 과거에서 온다

식민지 근대화론은 단순한 학문 논쟁이 아니라, 민족의 고통을 기억하느냐 잊느냐의 문제다. 이는 우리가 역사를 대하는 태도의 문제이기도 하다.

오늘의 교훈- 자립 없는 근대화는 허상

일제의 경제 정책은 한국 사회에 복합적인 유산을 남겼다. 철도, 공장, 일부 산업 기반은 해방 이후에도 활용되었다. 그러나 그것은 조선인의 피와 눈물로 세워진 강제적 구조물이었다. 민족 주체가 배제된 '근대화'는 결코 진정한 발전이라 할 수 없다.

이 사건이 주는 교훈은 분명하다.

첫째, 경제 주권의 중요성이다. 아무리 외형상 화려한 발전이 이루어져도, 그것이 민족 자신의 힘과 선택에서 비롯되지 않는다면 결국 종속일 뿐이다.

둘째, 역사 해석의 책임이다. 과거를 미화하거나 왜곡하는 순간, 우리는 다시 같은 오류를 반복할 수 있다. 식민 지배의 본질은 근대화가 아니라 수탈이었다는 사실을 잊어서는 안 된다.

셋째, 오늘의 과제다. 글로벌 경제 속에서 한국은 여전히 강대국 경제에 의존하고 있다. 자립 없는 성장은 언제든 종속으로 전락할 수 있음을, 식민지 경험은 경고하고 있다.

오늘 우리가 일제 경제 수탈을 돌아보는 이유는, 과거의 상처를 곱

제5부 일제 강점기, 민족의 생존 투쟁

씹기 위함이 아니다. 그것은 주체적 근대화와 경제 주권의 소중함을 일깨우기 위함이다. 역사는 묻는다. "우리의 발전은 과연 우리의 것인가, 아니면 또 다른 종속의 길인가?"

미래는 과거에서 온다

민족말살정책과 언어투쟁

민족의 뿌리를 꺾으려 한 동화 정책

1930년대 이후, 일본은 조선을 단순한 식민지가 아니라 일본 제국의 일부로 완전히 편입하려는 내선일체(內鮮一體) 정책을 본격화했다. 이 정책의 목표는 단순한 지배가 아니라, 조선 민족의 정체성을 말살하고 일본인으로 동화시키는 데 있었다.

이를 위해 가장 강력하게 추진된 것이 언어와 문화에 대한 탄압이었다. 일본어를 공용어로 강제하고, 조선어 사용을 점차 금지했다. 1938년 조선교육령 개정 이후 학교에서 조선어 과목은 사실상 폐지되었고, 교사와 학생은 일본어만 사용해야 했다. 이름도 바꾸게 했다. 1939년 일본식 성명 강요 정책이 시행되면서 조선인은 본래의 성과 이름을 버리고 일본식 이름을 강제로 받아들여야 했다. 이는 민족의 뿌리를 끊어내려는 전형적인 동화 정책이었다.

그뿐만 아니라 신사참배 강요, 일본식 의례 강제, 황국신민 서사 암송 등이 이어졌다. 일본은 조선인을 '황국의 신민'으로 만들고자 했으나, 이는 민족의 자존심과 정체성에 대한 치명적 공격이었다.

제5부 일제 강점기, 민족의 생존 투쟁

언어와 문화로 버틴 민족의 저항

그러나 조선 민중은 민족 정체성을 완전히 내어주지 않았다. 억압 속에서도 언어와 문화를 지키기 위한 언어투쟁이 곳곳에서 전개되었다.

첫째, 조선어학회 활동이다. 1921년 조선어연구회를 모태로 한 조선어학회는 한글 보급과 국어사전 편찬에 힘썼다. 일제의 탄압 속에서도 이들은 우리말을 연구하고 체계화하여 민족의 언어를 보존하려 했다. 1942년에는 조선어학회 사건으로 다수의 학자가 투옥되었지만, 그들의 노력은 결국 『조선말 큰사전』 편찬으로 이어졌다.

둘째, 학교 밖 교육 운동이다. 일제가 조선어 교육을 금지하자, 지식인과 종교계는 야학과 비밀 강습소를 통해 우리 말과 글을 가르쳤다. 이는 단순한 교육 활동이 아니라, 민족의 언어를 지켜내는 저항이었다.

셋째, 문학과 예술 속의 저항이다. 일제 검열이 심했지만, 문학인들은 은유와 상징을 통해 민족의 슬픔과 저항 의지를 표현했다. 한용운의 시 「님의 침묵」은 민족과 자유를 잃은 현실을 은유했으며, 이상화의 「빼앗긴 들에도 봄은 오는가」는 잃어버린 조국에 대한 울부짖음이었다.

언어와 문화는 총칼보다 더 강력한 민족의 정신 무기였다. 억압 속에서도 언어를 지키려는 노력은 곧 민족 정체성을 끝내 포기하지 않겠다는 선언이었다.

오늘의 교훈- 정체성 수호의 최후 보루

민족말살정책과 언어투쟁은 우리에게 깊은 교훈을 남긴다.

첫째, 언어는 곧 민족의 혼이라는 사실이다. 일본은 총칼로 나라를 빼앗았지만, 언어를 없애지 못하는 한 민족을 완전히 지배할 수 없음을 두려워했다. 그래서 언어를 탄압했고, 우리는 언어로 저항했다.

둘째, 저항의 방식은 다양할 수 있다는 점이다. 무장 독립운동이 전면전이라면, 언어투쟁은 일상에서 펼쳐진 '문화적 전쟁'이었다. 이는 독립운동의 저변을 넓히고, 민중 모두를 참여자로 만들었다.

셋째, 현재적 의미다. 세계화와 디지털 시대를 맞아, 우리의 언어와 문화는 또 다른 위기에 직면해 있다. 외래어의 범람, 정체성의 혼란 속에서 우리는 다시금 묻게 된다. "우리는 우리의 언어를 얼마나 지키고 있는가?"

민족말살정책은 실패했다. 조선 민중은 끝내 언어와 문화를 지켜냈고, 이는 해방 이후 한국 사회 재건의 정신적 토대가 되었다. 역사는 말한다. "언어를 잃는 것은 곧 민족을 잃는 것이다." 언어를 지키는 것은 곧 미래를 지키는 일이다.

제6부

해방과 분단 그리고 전쟁

해방은 기쁨이었지만 곧 분단과 내전의 현실로 이어졌다. 미 군정기의 혼란, 좌우 갈등, 건국의 긴박한 선택들 속에서 한국의 정치틀이 형성되었다. 한국전쟁은 민족적 비극이었지만, 동시에 전후 복구와 국가 체제 재편의 출발점이 되었다. 분단 구조는 이후 한국 정치·경제·외교의 모든 조건을 규정하는 결정적 요인이 되었다.

해방의 기쁨과 분단의 그늘

36년의 식민 통치에서 벗어난 해방의 순간

1945년 8월 15일, 조선 민중은 마침내 해방을 맞았다. 36년간 지속된 일제의 식민 지배가 끝나고, "대한독립 만세"의 함성이 전국 방방곡곡에 울려 퍼졌다. 억눌렸던 언어와 문화, 빼앗겼던 자존을 되찾는 순간이었다. 거리에는 태극기가 나부꼈고, 수많은 사람이 눈물을 흘리며 서로를 껴안았다.

그러나 해방은 우리가 주도한 성취라기보다는 국제 정세의 변화 속에서 주어진 결과였다. 태평양 전쟁의 패전으로 일본이 무조건 항복을 선언하면서, 조선은 독립을 맞이하게 되었다. 오랜 독립운동의 피와 땀이 쌓여 있었지만, 실질적으로 조선인 스스로 해방의 주역으로 자리매김하지 못한 아쉬움이 있었다.

이 점에서 해방의 기쁨은 곧 주체적 독립의 미완성이라는 아픔을 안고 있었다. 해방은 분명 기적과 같은 순간이었지만, 그 기쁨 속에는 불안과 혼란의 그림자가 함께 드리우고 있었다.

미·소 분할 점령과 분단의 씨앗

해방의 기쁨은 곧바로 냉혹한 현실과 맞닥뜨렸다. 일본의 항복 직전, 미국과 소련은 38도선을 경계로 한반도를 분할 점령하기로 합의했다. 이는 조선 민중과는 무관하게 강대국의 이해관계에 따라 내려진 결정이었다.

북쪽은 소련군이, 남쪽은 미군이 점령하면서 한반도는 사실상 두 개의 정치적 체제로 갈라지기 시작했다. 소련은 북쪽에서 공산주의 세력을 지원하며 토지 개혁과 친소 정권 수립을 준비했다. 반면 미국은 남쪽에서 군정을 실시하며, 친미적 성향의 정치 세력과 행정 조직을 육성했다.

이 과정에서 좌우 이념 대립은 격화되었다. 독립운동 세력은 임시정부 계승을 주장했지만, 미군정은 이를 인정하지 않고 새로운 정치 질서를 주도했다. 북쪽에서는 김일성을 중심으로 한 공산 정권 기반이 마련되었고, 남쪽에서는 이승만을 비롯한 지도자들이 부상했다.

결국 해방의 환희 속에서 분단의 씨앗이 뿌려졌다. 이는 이후 한국 현대사의 가장 큰 비극이자 도전으로 이어졌다.

오늘의 교훈- 미완의 독립과 통일의 과제

해방과 분단의 동시적 경험은 우리에게 중요한 교훈을 남긴다.

첫째, 자주적 독립의 과제다. 해방은 분명 값진 순간이었지만, 외세의 힘으로 주어진 독립이었다. 이는 주권을 스스로 지키지 못한 민족의 현실을 드러냈다. 주체적 역량을 갖추지 못한 독립은 불완전할 수밖에 없다는 사실을 보여준다.

둘째, 분단의 비극이다. 해방은 민족 공동체의 기쁨이었지만, 동시에 분단의 출발점이었다. 같은 민족이 서로 다른 체제와 이념으로 나뉘며 갈등하는 현실은 이후 전쟁으로 비화했고, 오늘날까지 이어지고 있다.

셋째, 통일의 역사적 사명이다. 해방의 의미를 온전히 완성하려면, 분단을 극복하고 통일을 이뤄야 한다. 통일은 단순한 영토적 합일이 아니라, 민족 정체성과 역사의 완성을 위한 과제다.

1945년 8월 15일의 해방은 우리에게 희망과 좌절을 동시에 안겼다. 기쁨의 눈물과 함께 분단의 그림자가 드리워졌던 그날의 역사는 지금도 묻는다. "해방은 이뤘으나, 진정한 독립과 통일은 이루었는가?"

미군정과 좌우 대립

미군정의 시작과 통치 구조

1945년 9월 8일, 미군이 인천에 상륙하면서 남한은 미군정의 통치를 받게 되었다. '조선 주둔 미군사령부 군정청(USAMGIK)'은 패전국 일본의 한반도 통치 권한을 인계받아 남쪽의 정치·경제·사회 전반을 장악했다. 미군정은 민주적 제도와 질서 수립을 표방했으나, 실제로는 군사적 점령 체제였다.

미군정은 가장 먼저 치안과 행정의 공백을 메우기 위해 일제의 관료와 경찰을 그대로 활용했다. 이는 민중에게 큰 반발을 불러일으켰다. 식민 지배에 협력했던 인물들이 해방 후에도 권력을 유지하는 모순이 발생했기 때문이다. 또한 미군정은 한국어와 풍습을 잘 알지 못했기에, 현지의 사정을 제대로 이해하지 못한 채 정책을 시행했다.

경제적으로도 혼란은 심각했다. 해방 직후 물자 부족과 인플레이션, 귀환 동포와 실업 문제로 사회는 불안정했다. 미군정은 원조 물자를 공급하고, 행정 제도를 재편하려 했지만, 민중의 생활 안정에는 역부족이었다. 결국 미군정은 해방된 조선을 자율적 국가로 준비시키기보

제6부 해방과 분단 그리고 전쟁

다는, 냉전 구도 속에서 반공 전초기지로 세우려는 의도가 강했다.

좌우 세력의 대립과 격화

해방 직후 남한의 정치 지형은 좌익과 우익의 대립으로 요약된다. 좌익은 주로 조선공산당을 중심으로 조직되었으며, 노동 운동과 농민운동을 주도했다. 그들은 토지 개혁과 친일 청산, 민중 중심의 사회 건설을 주장했다. 반면 우익은 이승만, 김구, 한민당 세력을 중심으로 결집했고, 자유민주주의와 사유재산제 수호, 반공 노선을 강조했다.

미군정은 좌익에 대해 강경한 태도를 보였다. 특히 1946년 9월 총파업과 같은 대규모 노동 운동은 무력으로 진압했다. 경찰과 군이 동원되어 수많은 희생자가 발생했으며, 이는 좌익의 불만을 더 키웠다. 반면 우익 세력은 미군정의 지원을 받아 정치적 입지를 강화해 나갔다.

이념 갈등은 점점 폭력화되었다. 남조선노동당과 우익 청년단체들은 서로 테러와 보복을 일삼았고, 곳곳에서 무력 충돌이 발생했다. 미군정은 이러한 대립을 조정하기보다, 반공을 앞세워 우익을 지원하는 쪽으로 기울었다. 그 결과 남한 사회는 화해와 협력보다는 분열과 갈등이 심화하는 길을 걷게 되었다.

오늘의 교훈- 분단의 구조화

미 군정기의 좌우 대립은 단순한 정치적 갈등을 넘어, 한반도 분단을 구조화하는 결정적 요인으로 작용했다.

첫째, 친일 청산의 좌절이다. 미군정은 행정 효율을 이유로 친일 관료와 경찰을 대거 기용했다. 이는 민중의 정의감을 훼손했고, 새로운 국가 건설의 도덕적 기반을 약화했다. 결국 친일 문제는 해방 직후 제대로 해결되지 못한 채 한국 현대사의 긴 그림자를 드리우게 되었다.

둘째, 이념 대립의 심화다. 좌익은 사회 개혁과 민족 자주를 내세웠으나, 미군정과 우익은 이를 '공산주의 세력 확산'으로 규정했다. 냉전 구도가 본격화하는 가운데 남한 사회는 '좌=적대, 우=정통'이라는 이분법적 인식 속에 갇히게 되었다.

셋째, 분단국가의 토대 형성이다. 미군정은 좌익을 배제하고 우익 중심의 정치 질서를 세우는 과정에서, 사실상 남한 단독 정부 수립의 길을 닦았다. 이는 이후 1948년 대한민국 정부 수립으로 이어졌고, 동시에 북한의 별도 정권 수립을 촉발했다.

결국 미군정과 좌우 대립의 시기는 해방의 환희가 분단의 현실로 바뀌는 과도기였다. 주체적이고 통합적인 민족 국가 건설의 기회를 놓친 그 시기의 교훈은 지금도 묻는다. "외세에 의존한 독립은 과연 온전한 자유일 수 있는가?"

건국과 제헌국회의 의미

대한민국 정부 수립의 배경

1948년은 한반도 역사에서 중대한 전환점이었다. 해방 직후부터 이어진 미·소의 대립과 좌우 갈등은 결국 단일 정부 수립을 좌절시켰다. 1947년 유엔은 한반도 문제를 국제적 의제로 상정하고, 총선을 통한 민주적 정부 수립을 권고했다. 그러나 소련은 이를 거부하고 북쪽에서의 선거를 막았다.

이에 따라 유엔 한국 임시위원단은 남한에서만 총선을 실시하기로 했다. 1948년 5월 10일, 남한 전역에서 첫 총선거가 치러졌다. 투표율은 약 95%에 달했으며, 이를 통해 제헌국회가 구성되었다. 이 선거는 한국 역사상 최초의 보통·평등·직접·비밀 선거라는 점에서 큰 의미가 있었다.

이어 제헌국회는 7월 17일 대한민국 헌법을 제정·공포했고, 이승만이 초대 대통령으로 선출되었다. 8월 15일, 대한민국 정부 수립이 공식적으로 선포되었다. 이는 한반도 남쪽에 독립된 국가가 탄생했음을 세계에 알리는 사건이었지만, 동시에 북쪽에 별도의 정권 수립을 촉발하여 분단을 고착하는 계기가 되었다.

제헌국회의 역할과 성과

제헌국회는 단순히 정부 수립을 위한 절차적 기구가 아니라, 새로운 국가의 제도와 가치 체계를 세우는 역사적 사명을 지녔다. 헌법 제정 과정에서 가장 중요한 쟁점은 권력 구조, 국가 운영의 원칙, 국민의 권리와 의무였다.

헌법은 민주공화국을 선언하고, 삼권분립을 명문화했다. 또한 국민의 기본권 보장과 함께 토지 개혁 조항을 포함하여, 사회 정의 실현에 대한 의지를 담았다. 이는 식민지와 전쟁의 상처를 딛고 새로운 사회를 건설하려는 열망을 보여준다.

그러나 제헌국회의 활동은 순탄치 않았다. 친일파 청산 문제, 경제 재건, 사회 불평등 해소 같은 과제는 여전히 해결되지 못한 채 남았다. 또한 대통령 중심제 채택 과정에서 권력 집중의 소지가 내재했다. 그럼에도 제헌국회는 민주적 절차와 합의를 통해 새로운 헌정 질서를 세웠다는 점에서 큰 의의가 있다.

오늘의 교훈- 건국과 민주주의의 출발

대한민국 정부 수립과 제헌국회의 성과는 오늘날까지 이어지는 중요한 역사적 의미를 지닌다.

첫째, 주권 국가의 출발이다. 1948년 8월 15일은 단순한 정부 수립일이 아니라, 조선 민족이 국제 사회 속에서 독립된 국가로 자리매김한 날이었다. 해방 후의 혼란과 외세 의존 속에서도 자율적 정부를 수립한 것은 민족사적 쾌거였다.

둘째, 헌정 질서의 확립이다. 제헌국회가 제정한 헌법은 대한민국 민주주의의 초석이었다. 권력 분립, 국민 주권, 기본권 보장은 이후 민주주의 발전의 근간이 되었다. 물론 권위주의적 통치와 군사쿠데타로 헌법 정신이 훼손되기도 했지만, 제헌헌법은 민주주의를 향한 기준점으로 남았다.

셋째, 분단의 고착화다. 대한민국 정부 수립은 북쪽의 조선민주주의인민공화국 수립으로 이어졌고, 한반도는 두 개의 국가로 나뉘었다. 이는 전쟁과 냉전 대립의 전초가 되었으며, 오늘날까지 남북 관계의 근본적 과제로 남아 있다.

결국 1948년의 건국과 제헌국회는 희망과 한계가 교차하는 순간이었다. 주권 국가의 탄생이라는 성취와 분단이라는 비극이 동시에 자리했던 이 시기는, 오늘날 한국 민주주의와 통일 담론의 출발점으로 기억된다.

한국전쟁과 민족 비극

전쟁의 발발과 한반도의 격동

1950년 6월 25일 새벽, 북한군의 기습 남침으로 한국전쟁이 발발했다. 이는 단순한 내전이 아니라, 냉전 체제 속에서 한반도가 강대국 대리전의 무대로 전락한 사건이었다. 개전 초기 북한군은 소련제 탱크와 병력의 우세를 앞세워 불과 사흘 만에 서울을 점령했고, 한 달여 만에 낙동강 방어선까지 밀고 내려왔다. 남한은 국가 존망의 위기를 맞았다.

그러나 유엔 안전보장이사회는 긴급회의를 열고, 북한의 침략을 규탄하며 군사 개입을 결의했다. 미국을 중심으로 한 유엔군이 참전하면서 전세는 반전되었다. 9월 15일 인천상륙작전의 성공은 전쟁의 흐름을 단숨에 바꿨다. 국군과 유엔군은 북진하여 평양을 점령하고 압록강 부근까지 진격했다.

하지만 전세는 다시 뒤집혔다. 10월 말, 중공군이 개입하면서 전쟁은 교착 상태로 빠져들었다. 전선은 남북을 오가며 수많은 희생을 남겼고, 결국 1951년 이후에는 38선 부근에서 소모전이 이어졌다. 3년간

제6부 해방과 분단 그리고 전쟁

의 참혹한 전쟁 끝에 1953년 7월 27일 정전협정이 체결되었으나, 평화협정은 아니었기에 전쟁은 '종결되지 않은 전쟁'으로 남았다.

민족 비극과 사회적 상흔

한국전쟁은 정치적·군사적 충돌을 넘어 민족 공동체에 지울 수 없는 상처를 남겼다. 전쟁 기간 사망자는 군인과 민간인을 합쳐 수백만 명에 달했으며, 수많은 가족이 생이별했다. 피난길에 오른 사람들은 고향을 떠나 낯선 땅에서 삶을 이어가야 했고, 이산가족의 아픔은 세대를 넘어 오늘날까지 이어지고 있다.

전쟁은 남북 모두에게 폐허를 안겼다. 도시와 농촌은 불타고, 산업 기반은 거의 파괴되었다. 남한의 경우 전쟁 전에도 빈곤이 심각했지만, 전쟁 이후는 생존 자체가 문제가 되는 상황이었다. 기아, 전염병, 고아와 미망인의 증가는 사회적 절망감을 더욱 깊게 했다.

이념 갈등의 비극도 크다. 전쟁 초기 남과 북은 서로 다른 체제를 정당화하기 위해 민간인을 대상으로 대규모 학살을 자행했다. 보도연맹 사건, 민간인 학살, 북한의 보복 처형 등은 민족 공동체 내부의 불신과 증오를 키웠다. 이는 단순히 군사적 충돌이 아니라, 한민족이 서로에게 상처를 입히는 형제살의(兄弟殺意)의 비극이었다.

미래는 과거에서 온다

오늘의 교훈- 냉전의 전쟁과 민족의 과제

한국전쟁은 여러 차원에서 중요한 역사적 의미가 있다.

첫째, 냉전 체제의 산물이다. 한국전쟁은 남북 내부의 갈등만으로 설명될 수 없다. 미국과 소련, 중국이 개입한 전쟁은 곧 냉전 체제의 격돌이었다. 따라서 한반도 문제는 단순한 민족 문제를 넘어 국제 정치 질서와 밀접하게 얽히게 되었다.

둘째, 분단의 고착화다. 전쟁 전까지만 해도 통일의 가능성은 열려 있었다. 그러나 전쟁 이후 남북은 서로 다른 체제와 정권을 확고히 하게 되었고, 군사적 대치가 고착되었다. 비무장지대(DMZ)는 단순한 군사적 경계선을 넘어, 분단의 상징으로 자리 잡았다.

셋째, 재건과 근대화의 과제다. 전쟁의 폐허 속에서 한국 사회는 '다시는 이런 비극을 반복하지 않겠다'라는 결의를 다졌다. 이는 이후 경제 재건과 산업화, 근대화 정책으로 이어졌다. 비록 권위주의적 방식이 동반되었지만, 전쟁의 참화는 국민에게 자립과 발전에 대한 강력한 동기를 제공했다.

결국 한국전쟁은 민족의 비극이자 교훈이었다. 그것은 한반도가 강대국의 힘에 휘둘릴 때 어떤 결과를 맞는지를 보여주었고, 동시에 자주적이고 평화적인 통일의 필요성을 절감하게 했다. 오늘날에도 정전협정 상태가 이어지고 있는 현실은 전쟁의 교훈이 아직 끝나지 않았음을 말해준다.

제6부 해방과 분단 그리고 전쟁

전쟁 속 리더십
– 이승만과 맥아더

국가 존망의 위기와 이승만의 결단

1950년 6월 25일, 한국전쟁이 발발하자 대한민국은 순식간에 존망의 기로에 섰다. 개전 초 북한군의 남진 속도는 예상을 훨씬 뛰어넘었고, 수도 서울은 불과 사흘 만에 함락되었다. 행정과 군사 지휘 체계는 무너졌고, 수많은 국민이 피난길에 올라야 했다. 이런 상황에서 당시 대통령 이승만은 극도로 위태로운 선택을 해야 했다.

이승만은 강력한 반공주의자였고, 한국을 서방 진영에 굳건히 묶어두려는 의지가 확고했다. 전쟁 초기 그는 후퇴 과정에서 한강 다리 폭파를 승인하여 수많은 민간인 희생을 불러왔고, '국민을 버렸다'라는 비판을 받았다. 그러나 동시에 그는 미국과 국제 사회에 대한 외교전을 전개하며 한국의 생존을 도모했다.

특히 이승만은 전쟁이 장기화하는 가운데, 전시 동맹을 강화하기 위해 미국과의 관계에 전력했다. 휴전 반대, 북진통일 주장 등 강경한 태도로 일관했지만, 궁극적으로는 한국을 국제 체제 속에서 독립된 주체

미래는 과거에서 온다

로 자리매김하려는 계산이 깔려 있었다. 그의 리더십은 종종 독선적이고 무리수로 평가되지만, 국가 존망의 위기 속에서 그는 외교적 집요함으로 한국을 끝까지 지탱해 낸 지도자였다.

맥아더의 전략과 전쟁의 반전

한국전쟁의 판도를 바꾼 인물 중 하나는 미군 극동 사령관 더글러스 맥아더 장군이었다. 개전 초기 북한군의 기세에 밀려 낙동강 방어선까지 후퇴한 상황에서, 맥아더는 기발한 역전 전략을 구상했다. 바로 인천상륙작전이었다.

인천은 조수 간만의 차가 크고 해안이 협소해 군사적으로 상륙이 어렵다고 평가된 지역이었다. 그러나 맥아더는 바로 그 점을 노려 기습 효과를 극대화하고자 했다. 1950년 9월 15일, 인천상륙작전은 성공적으로 전개되었고, 불과 며칠 만에 서울을 수복하는 성과를 거뒀다. 이는 전쟁의 흐름을 단숨에 뒤집은 결정적 전환점이었다.

하지만 맥아더의 리더십은 빛과 그림자를 동시에 가졌다. 그는 북진을 강력히 주장하며 압록강까지 진격했으나, 중국군의 개입을 초래해 전세가 다시 교착에 빠졌다. 또한 휴전을 반대하고 전면전을 확대하려 했으나, 이는 미국 정부의 신중한 전략과 충돌했다. 결국 그는 트루먼 대통령에 의해 해임되었고, 한국전쟁의 군사적 주도권은 다른 지휘관에게 넘어갔다.

그럼에도 맥아더의 과감한 결단과 작전 능력은 한국을 멸망 직전에서 구해낸 역사적 사실로 평가된다. 그의 리더십은 군사적 창의성과 과감성의 전형으로 남았다.

오늘의 교훈- 두 리더십의 교차와 교훈

이승만과 맥아더, 두 인물의 리더십은 한국전쟁이라는 극한 상황 속에서 서로 교차하며 한국 현대사에 큰 영향을 미쳤다.

첫째, 국가 생존을 위한 외교와 군사 전략의 결합이다. 이승만은 외교적 끈기로 한국의 독립을 지키려 했고, 맥아더는 군사적 역량으로 전세를 반전시켰다. 두 사람의 리더십이 교차하면서 한국은 멸망의 위기에서 살아남을 수 있었다.

둘째, 과감함과 집요함의 양날이다. 이승만의 집요함은 한국의 국제적 지위를 지키는 데 기여했지만, 동시에 독단과 국민 희생을 초래했다. 맥아더의 과감함은 전세를 반전시켰지만, 무리한 북진으로 새로운 위기를 불렀다. 두 리더십 모두 성과와 한계를 동시에 보여주었다.

셋째, 지도자의 선택이 역사를 바꾼다는 교훈이다. 전쟁과 같은 비상 상황에서 지도자의 결단은 국가와 민족의 운명을 좌우한다. 이승만과 맥아더의 리더십은 성격과 배경은 달랐으나, 위기 속에서 나라를 지탱한 힘이었다는 점에서 평가받을 필요가 있다.

결국 한국전쟁은 단순히 군사 충돌이 아니라, 리더십의 시험대였다. 이승만과 맥아더의 선택과 전략은 그 자체로 한국 현대사의 전환점이 되었고, 오늘날에도 위기 상황에서 지도자가 어떤 자세와 결단을 해야 하는지를 묻고 있다.

제6부 해방과 분단 그리고 전쟁

전후 복구와 미군 주둔

폐허 위에 선 대한민국

1953년 7월 27일 정전협정이 체결되면서 한국전쟁의 포성이 멎었다. 그러나 전쟁이 남긴 상흔은 참혹했다. 국토 대부분은 잿더미로 변했고, 산업 기반은 사실상 전무했다. 도로, 철도, 발전소 등 사회 인프라는 파괴되었고, 농토의 상당 부분은 황폐해졌다. 수백만 명의 사상자와 이산가족, 고아와 미망인이 넘쳐났으며, 국민 다수는 하루 한 끼조차 제대로 해결하기 어려운 절망적 상황에 놓였다.

이처럼 전쟁 직후 한국은 세계 최빈국으로 불릴 정도로 궁핍했다. 국제사회는 한국을 '원조 없이는 생존 불가능한 나라'로 평가했다. 당시 정부는 생존과 재건을 동시에 추진해야 했으나, 경제적 자원과 정치적 역량은 턱없이 부족했다.

그럼에도 국민은 전쟁의 참화를 딛고 재기의 길을 모색했다. 피난지에서부터 학교와 시장을 다시 세우고, 황폐한 농지를 일구며 삶을 회복해 나갔다. 절망 속에서도 교육에 대한 열의와 근면한 생활 태도는 한국 사회의 재건 동력이 되었다.

미군 주둔과 안보 체제

정전협정 이후에도 한반도는 여전히 불안정했다. 남북 간의 군사적 충돌 가능성은 언제든지 존재했고, 북한과 중국, 소련의 위협은 현실적이었다. 이러한 상황에서 대한민국은 미국과의 동맹을 기반으로 안보 체제를 구축했다.

1953년 10월 한미상호방위조약이 체결되면서 미군은 정전 후에도 한국에 계속 주둔하게 되었다. 이는 한국이 독자적으로 안보를 감당하기 어렵다는 현실을 반영한 것이었다. 미군 주둔은 단순히 군사적 억지력 이상의 의미를 가졌다. 그것은 냉전 체제 속에서 한국을 서방 진영의 전초기지로 편입시키는 역할을 했다.

미군의 주둔은 긍정적 효과와 부정적 효과를 동시에 낳았다. 긍정적으로는 북한의 재침을 억제하고, 한국 사회의 안정에 기여했다. 그러나 동시에 군사적 자주권의 제약과 주권 침해 논란을 불러왔다. 미군의 범죄, 주둔 비용 문제, 기지 주변 주민의 피해 등은 꾸준히 사회적 갈등을 야기했다.

오늘의 교훈- 재건과 의존의 이중성

전후 복구와 미군 주둔은 한국 현대사의 향방을 결정지은 중요한 분기점이었다.

첫째, 재건의 출발점이다. 절망적인 상황에서도 국민은 교육, 산업, 생활의 터전을 다시 세우며 새로운 출발을 준비했다. 이 시기의 의지와 끈기는 이후 경제 개발과 산업화의 토대가 되었다.

둘째, 안보 의존의 고착화다. 미군 주둔과 한미동맹은 한국 안보의 핵심이 되었지만, 동시에 자주적 국방 역량의 부족을 고착했다. 한국은 안보의 상당 부분을 미국에 의존하게 되었고, 이는 훗날 정치·경제·사회 전반에 걸쳐 미국의 영향력을 강화하는 배경이 되었다.

셋째, 냉전 질서 속 한국의 위치 확정이다. 미군의 주둔은 한국을 확실히 서방 진영에 묶어두었고, 이는 남북 분단의 장기화를 의미했다. 한반도는 국제 정치의 냉전 구도 속에서 대립의 최전선이 되었고, 통일은 더 먼 과제로 밀려났다.

결국 전후 복구와 미군 주둔은 생존과 의존, 발전과 제약이 교차하는 역사적 장면이었다. 폐허 속에서 일어선 한국은 재건의 기틀을 마련했지만, 동시에 외세 의존과 분단의 구조적 한계를 떠안게 되었다. 이 시기의 경험은 오늘날에도 안보와 자주, 동맹과 자립이라는 문제를 계속해서 묻고 있다.

미래는 과거에서 온다

제7부

현대사,
민주주의와
경제 발전

불과 반세기 만에 산업화와 민주화를 동시에 이루어낸 한국 현대사는 세계사에서도 드문 경험이다. 혁명과 쿠데타, 독재와 민주화, 고도성장과 사회 갈등이 교차하며 오늘의 한국을 만들었다. 외환위기 극복, 남북 관계 변화, 정치적 분열과 통합의 시도까지 굵직한 사건들이 국가의 방향을 흔들었다. 현대사는 한국이 앞으로 맞닥뜨릴 미래의 조건과 한계를 가장 생생하게 보여주는 시대다.

4·19 혁명과 학생들의 힘

부정 선거와 국민의 분노

1960년 3월 15일, 제4대 대통령 선거가 실시되었다. 자유당 정권은 장기 집권을 위해 부정과 조작을 서슴지 않았다. 선거 과정에서 야당 참관인에 대한 폭행, 투표함 바꿔치기, 1인 2표 강요 등이 자행되었고, 개표 결과는 이승만 대통령의 압도적 승리로 발표되었다. 그러나 누구도 그 결과를 신뢰하지 않았다. 국민은 "민주주의가 죽었다"라는 절망감 속에서 분노했다.

선거 다음 날, 마산에서 학생과 시민들이 항의 시위를 벌였다. 경찰은 시위를 무력으로 진압했고, 최루탄과 총격이 난무했다. 수십 명이 체포되고 부상자가 속출했지만, 민심은 오히려 더 들끓었다. 그해 4월 11일, 마산 앞바다에서 발견된 김주열 군의 시신은 전국을 충격에 빠뜨렸다. 그의 눈에는 최루탄이 박혀 있었다. 이 사건은 자유당 정권의 폭력성과 부정 선거의 실상을 적나라하게 드러내며 국민적 저항의 불씨가 되었다.

미래는 과거에서 온다

학생들의 봉기와 국민의 동참

1960년 4월 18일, 고려대학교 학생들이 거리로 나서 "민주주의 수호"를 외쳤다. 이들은 국회의사당 앞에서 시위를 벌인 뒤 학교로 돌아가던 길에 정치 깡패들의 습격을 받았다. 이 사건은 학생들의 분노를 폭발시켰고, 다음 날 전국적으로 항거의 물결이 일어났다.

4월 19일, 서울에서만 10만 명이 넘는 학생과 시민이 거리로 쏟아져 나왔다. "이승만은 물러가라!", "부정 선거 다시 하라!"라는 구호가 도심을 메웠다. 경찰은 시위대를 향해 발포했고, 수많은 사상자가 발생했다. 그러나 피로 얼룩진 거리 위에서 민주주의를 향한 열망은 더욱 강렬해졌다.

결국 전국 각지에서 동맹 휴업과 시위가 이어졌고, 교수와 지식인, 종교계까지 참여하며 민주화 운동은 거대한 민중 항쟁으로 발전했다. 압도적인 국민의 저항 앞에서 자유당 정권은 붕괴하기 시작했다. 4월 26일, 이승만 대통령은 하야를 선언하고 하와이로 망명했다. 12년간 이어진 장기 독재는 국민의 힘 앞에 무너졌다.

오늘의 교훈- 민주주의의 불씨

4·19 혁명은 한국 현대사에서 최초로 국민의 힘으로 독재 정권을 무너뜨린 사건이었다.

첫째, 학생들의 주도적 역할이다. 당시 고등학생과 대학생들은 민주주의의 가치를 지키기 위해 가장 앞장섰다. 그들의 순수한 열정과 희생은 국민적 동참을 끌어냈고, 민주화 운동의 원동력이 되었다.

둘째, 민중 항쟁의 승리다. 4·19 혁명은 단순한 학생 시위를 넘어 국민 전체가 참여한 항쟁이었다. 농민, 노동자, 지식인, 종교인 모두가 거리로 나와 독재 권력에 맞섰다. 이는 "주권은 국민에게 있다"라는 헌법 정신을 현실로 구현한 사건이었다.

셋째, 민주주의의 불씨와 한계다. 혁명은 독재 정권을 무너뜨렸으나, 곧바로 민주주의를 정착시키지는 못했다. 이후 들어선 장면 내각은 정치적 혼란을 수습하지 못했고, 결국 1961년 5·16 군사쿠데타로 또다시 민주주의는 후퇴했다. 그러나 4·19의 정신은 이후 1970~80년대 민주화 운동, 그리고 1987년 6월 항쟁으로 이어지는 민주주의의 불씨가 되었다.

결국 4·19 혁명은 한국 민주주의의 역사에서 "자유는 스스로 쟁취하는 것"임을 증명한 사건이었다. 그날의 외침은 오늘날에도 민주주의를 지키는 길이 무엇인지 우리에게 묻고 있다.

5·16 군사쿠데타와 권력 장악

혁명인가 쿠데타인가 - 1961년 5월의 새벽

1960년 4·19 혁명으로 이승만 정권은 무너졌지만, 민주주의가 곧바로 뿌리내리지는 못했다. 장면 내각이 이끄는 제2공화국은 내각 책임제를 표방하며 민주적 이상을 실현하려 했으나, 사회는 혼란스러웠다. 잦은 정치 갈등, 경제 불안, 북한의 위협 등이 겹치면서 국민의 불신은 커졌다. 바로 이 틈을 노려 군부가 움직였다.

1961년 5월 16일 새벽, 박정희 소장을 중심으로 한 군사 세력은 쿠데타를 감행했다. 수도 서울의 주요 거점을 장악하고, 방송을 통해 자신들을 "혁명군"이라 칭하며 정권을 접수했다고 선포했다. 군사 정변은 단 하루 만에 성공했고, 민주적 절차로 세워진 제2공화국은 무너졌다.

당시 군사 세력은 "부정부패 척결, 반공 체제 확립, 국가 재건"을 명분으로 내세웠다. 혼란스러운 정국을 정리하고 국민을 안정시키겠다는 약속은 일정 부분 대중의 지지를 얻었다. 그러나 본질은 무력에 의한 정권 찬탈이었다. 이는 대한민국 민주주의 역사에서 다시금 군사 권력이 정치 전면에 등장하는 계기가 되었다.

군사 정권의 권력 장악 과정

쿠데타 직후, 군사 세력은 국가재건최고회의를 설치하여 입법·행정·사법 권력을 장악했다. 정치 활동은 금지되었고, 언론은 검열받았다. 반대 세력은 강제 해산되거나 투옥되었다. 민주주의의 싹은 또다시 짓밟혔다.

박정희는 처음에는 배후의 2인자로 남는 듯했으나, 곧 지도자로 부상했다. 그는 군 내부의 세력 균형을 장악하며 권력 기반을 강화했다. 이후 1963년 민정 이양을 명분으로 대통령 선거에 출마해 정식으로 권력을 합법화했다. 쿠데타로 시작된 군사 정권은 결국 장기 집권 체제로 발전했고, 한국 현대사의 궤적을 크게 바꾸었다.

군사 정권은 반공을 절대적 국시로 삼았다. 북한의 위협을 빌미로 강력한 안보 체제를 구축하고, 정치적 반대 세력을 탄압하는 도구로 활용했다. 동시에 경제 재건과 근대화를 추진하며 '개발 독재'의 기틀을 마련했다. 권력 장악은 폭력적이었지만, 국민 생활 향상이라는 성과와 함께 이중적 평가를 낳았다.

오늘의 교훈 - 민주주의의 후퇴와 개발 독재의 길

5·16 군사쿠데타는 한국 현대사에서 혁명과 반혁명의 논란을 동시에 안고 있다.

첫째, 민주주의의 좌절이다. 4·19 혁명으로 어렵게 세워진 제2공화국은 불과 1년 만에 무너졌다. 이는 국민이 피로써 세운 민주주의가 군사력 앞에서 얼마나 취약했는지를 보여준다. 이후 한국 정치는 장기간 군사 권력의 틀에 갇히게 되었다.

둘째, 권위주의 체제의 확립이다. 쿠데타 세력은 국가 재건이라는 명분 아래 민주주의적 절차를 무시하고 권력을 독점했다. 이는 이후 유신체제로 이어지는 권위주의적 정치 문화의 토대를 닦았다.

셋째, 경제 개발의 출발점이다. 군사 정권은 권력 장악 이후 강력한 국가 주도의 경제 정책을 추진했다. 외자 도입, 수출 지향 전략, 인프라 구축 등은 한국 경제의 근대화를 이끄는 계기가 되었다. 아이러니하게도 쿠데타는 민주주의를 후퇴시켰으나, 경제 성장의 동력은 마련한 셈이었다.

결국 5·16은 군사력에 의한 정권 찬탈이자, 한국 사회의 구조를 뒤흔든 사건이었다. 민주주의와 경제 발전이라는 상반된 평가가 교차하는 이 사건은, 오늘날에도 "목적이 수단을 정당화할 수 있는가?"라는 질문을 남긴다.

박정희 시대, 경제 개발과 독재

경제 개발 계획과 산업화의 추진

1960년대 초반 한국은 전쟁의 상흔과 가난 속에서 미래가 불투명한 나라였다. 국민 소득은 100달러에도 못 미쳤고, 실업률은 높았으며, 자원도 빈약했다. 그러나 박정희 정권은 이러한 현실을 돌파하기 위해 경제 개발 5개년 계획을 수립했다. 1962년부터 시작된 제1차 5개년 계획은 산업 기반 확충과 인프라 건설을 목표로 했다.

정부는 해외 원조와 차관을 도입해 발전소·도로·항만·제철소 건설에 집중했다. 특히 1970년대 들어 중화학 공업 육성 정책이 본격화하면서 조선·철강·자동차·전자 산업이 성장하기 시작했다. 포항제철(현 포스코), 경부고속도로, 울산 조선소는 박정희 시대 산업화의 상징이었다.

또한 정부는 수출을 국가 생존 전략으로 삼았다. "수출은 애국"이라는 구호 아래, 기업은 세계 시장 개척에 뛰어들었고, 한국 제품은 점차 국제 경쟁력을 갖추기 시작했다. 농촌에서도 새마을운동이 전개되어 도로, 지붕, 전기가 보급되며 생활 수준이 개선되었다. 이 시기 한국은 경제 성장률이 연 10%를 웃도는 고도 성장기를 맞았다.

권위주의적 통치와 민주주의 억압

경제 성장은 눈부셨으나, 정치적 자유와 민주주의는 철저히 억눌렸다. 박정희는 1963년 민정으로 복귀하며 대통령에 당선되었지만, 선거 과정과 정권 운영은 권위주의적 성격이 짙었다.

1972년에는 유신헌법을 제정해 종신 집권 체제를 마련했다. 대통령은 간선제로 선출되었고, 국회 해산권과 긴급조치권을 행사할 수 있는 막강한 권한을 가졌다. 이는 사실상 민주주의의 껍데기만 남긴 독재 체제였다. 반대 세력은 철저히 탄압되었다. 학생 운동, 노동 운동, 언론은 검열과 체포, 고문에 시달렸다. 긴급조치 위반으로 수많은 사람이 투옥되었고, 민주주의는 질식 상태에 빠졌다.

박정희의 권위주의는 국가 안보를 명분으로 정당화되었다. 북한의 위협이 상존하는 상황에서 강력한 통치는 불가피하다고 주장했다. 그러나 실상은 권력의 영속을 위한 장치였다. 국민의 정치적 권리는 제약되었고, 지도자 개인에 대한 우상화가 강요되었다.

오늘의 교훈- 발전과 억압의 이중성

박정희 시대는 오늘날까지도 한국 현대사에서 가장 논쟁적인 시기로 남아 있다.

첫째, 경제 기적의 토대다. 박정희 정권이 추진한 산업화와 수출 지

제7부 현대사, 민주주의와 경제 발전

향 정책은 한국을 세계에서 가장 가난한 나라에서 불과 수십 년 만에 중건 공업국으로 도약하게 했다. 이는 '한강의 기적'이라 불리며, 한국 경제 발전의 기초가 되었다.

둘째, 민주주의의 후퇴다. 경제적 성취에도 불구하고, 정치적 자유와 인권은 철저히 희생되었다. 유신체제와 긴급조치는 한국 사회를 억압했고, 민주화의 흐름을 수십 년 늦추었다.

셋째, 역사의 아이러니다. 박정희 시대는 경제와 안보를 명분으로 권위주의를 강화했지만, 아이러니하게도 그 경제적 성취가 나중에는 민주주의 요구를 더 키우는 토양이 되었다. 교육과 생활 수준이 높아진 국민은 더 이상 독재를 용인하지 않았고, 이는 1980년대 민주화 운동으로 이어졌다.

결국 박정희 시대는 경제 발전과 정치 억압의 병존이라는 이중적 유산을 남겼다. 그의 리더십은 한편으로는 위기 속 국가 생존 전략의 상징이었지만, 다른 한편으로는 권력 독점과 민주주의 훼손의 사례였다. 오늘날 우리는 그 시대를 평가하며, "발전과 자유는 어떻게 균형을 이뤄야 하는가?"라는 질문을 다시금 맞닥뜨리게 된다.

미래는 과거에서 온다

새마을운동과 농촌 근대화

농촌의 낙후와 새마을운동의 출발

1970년대 초반, 대한민국 농촌은 여전히 전쟁의 상흔과 빈곤 속에서 낙후되어 있었다. 도시 산업화가 빠르게 진행되는 동안, 농촌은 인구 유출과 소득 격차로 피폐해졌다. 집은 초가가 많았고, 도로는 진흙 길이었으며, 전기와 상수도 같은 기본 생활 기반도 부족했다. "잘 살아보세"라는 구호가 울려 퍼졌지만, 농민들의 현실은 여전히 고단했다.

이러한 상황에서 박정희 정부는 농촌 문제 해결을 국가 과제로 삼고 새마을운동을 추진했다. 1970년 대통령 특별 연두교서에서 공식적으로 출범한 새마을운동은 '근면, 자조, 협동'을 핵심 가치로 내세웠다. 정부는 초기 단계에서 전국 농촌 마을에 시멘트와 철근 같은 자재를 지원하고, 마을 주민 스스로 집과 도로, 다리를 개량하도록 독려했다.

새마을운동은 단순한 생활 개선 사업을 넘어, 국가 차원에서 농촌 근대화를 추진한 대규모 사회 운동이었다. 이는 농민들에게 "우리도 할 수 있다"라는 자신감을 심어주었고, 도시와 농촌 간의 격차를 줄이는 첫걸음이 되었다.

제7부 현대사, 민주주의와 경제 발전

생활 개선과 의식 변화

새마을운동의 가장 구체적인 성과는 생활 환경의 개선이었다. 초가집은 슬레이트 지붕으로 바뀌었고, 마을 길이 포장되었으며, 다리와 우물이 정비되었다. 전기가 보급되면서 농촌의 생활 양식은 크게 달라졌다. 밤에도 공부할 수 있고, 라디오와 전등이 들어오면서 생활의 질이 향상되었다.

더 중요한 변화는 의식의 혁신이었다. 농민들은 "못 산다"라는 체념에서 벗어나 "하면 된다"라는 자신감을 가지게 되었다. 마을 단위로 협동 작업이 활성화되었고, 공동 창고, 협동조합, 소득 증대 사업이 확산했다. 이 과정에서 농민들은 근면과 절약, 협력의 가치를 체득했고, 이는 공동체 의식을 강화하는 계기가 되었다.

정부는 새마을운동을 전국적으로 확대하며 공장, 학교, 어촌, 도시 빈민촌까지 적용했다. 이는 단순한 농촌 운동을 넘어 국가적 근대화 운동으로 자리 잡았다. 1970년대 후반에는 농촌 소득이 많이 늘어나고, 도·농 격차가 줄어드는 성과를 거두었다.

오늘의 교훈- 성과와 한계의 교차

새마을운동은 한국 현대사에서 긍정과 부정의 평가가 교차하는 사건이다.

첫째, 농촌 근대화의 성과다. 새마을운동은 낙후된 농촌을 변화시키고, 국가 경제 성장 과정에서 소외될 뻔한 농민들에게 자긍심을 심어주었다. 또한 "국민적 협동과 자조"라는 가치가 한국 사회의 발전 동력으로 작용했다.

둘째, 국가 주도의 한계다. 새마을운동은 위로부터의 강력한 동원 방식으로 진행되었다. 자율적 참여라기보다는 정부 지시에 따른 동원이 많았고, 정권의 정치적 선전 수단으로 활용되기도 했다. 1970년대 말 이후 경제 환경이 바뀌자, 운동의 동력은 급격히 약화했다.

셋째, 역사적 유산이다. 새마을운동은 단순한 농촌 개발 사업이 아니라, 국민적 의식을 변화시킨 사회 운동으로 평가된다. 근면, 자조, 협동의 정신은 오늘날에도 공동체 발전과 협력의 가치로 계승할 수 있다. 그러나 동시에 '성과 지상주의와 국가 통제의 그림자'를 함께 성찰해야 한다.

결국 새마을운동은 농촌 근대화의 상징이자, 권위주의 시대 국가 동원의 전형이었다. 그것은 한국이 산업화와 근대화의 길을 걷는 과정에서 빛과 그림자를 동시에 남긴 역사적 사건이었다.

유신체제와 민주화 운동

유신헌법과 종신집권 체제의 출범

1970년대 초반, 박정희 정권은 경제 성장을 업적으로 내세우며 권위주의 통치를 강화해 갔다. 그러나 1971년 대선에서 야당 후보 김대중에게 예상보다 큰 도전을 받은 것은 정권 내부에 위기의식을 불러일으켰다. 박정희는 장기 집권을 보장할 새로운 정치 질서를 모색했고, 그 결과 1972년 10월 17일 '10월 유신'을 선포했다.

유신헌법은 대통령에게 막강한 권한을 부여했다. 대통령은 통일주체국민회의라는 간선제를 통해 선출되었고, 국회 해산권과 긴급조치권을 행사할 수 있었다. 대통령의 임기는 6년이었으나, 연임 제한이 없어 사실상 종신집권 체제를 마련했다. 국회의 권한은 매우 축소되었고, 사법부도 행정부에 종속되었다.

유신체제는 국가 안보와 경제 개발을 명분으로 정당화되었다. 특히 1972년 남북공동성명 이후 고조된 안보 불안, 북한의 위협은 정권이 장기 통치의 필요성을 설득하는 논리로 활용되었다. 그러나 실상은 국민의 자유와 권리를 철저히 억압하고, 권력을 독점하려는 정치적 기획이었다.

미래는 과거에서 온다

민주화 운동의 전개와 저항

유신체제는 국민의 자유와 민주주의를 억압했지만, 동시에 저항의 불씨를 키웠다. 대학생들은 가장 먼저 거리로 나섰다. "민주 헌정 수호"를 외치며 시위와 농성을 이어갔다. 언론인과 지식인들도 유신체제의 부당성을 고발하며 저항했다.

정부는 긴급조치권을 앞세워 반대 세력을 가혹하게 탄압했다. 긴급조치 위반자는 재판 절차 없이 구금되거나 고문을 당했다. 수많은 민주 인사와 학생들이 투옥되었고, 언론은 철저히 검열당했다. 그러나 억압이 거세질수록 저항의 목소리는 더 넓게 확산했다.

재야 운동 세력은 민주주의 회복을 위한 조직적 투쟁을 전개했다. 명동성당을 비롯한 종교계는 민주화 운동의 거점이 되었고, 재야인사들은 선언문과 성명을 발표하며 국민적 지지를 호소했다. 노동 현장에서도 인권과 노동 조건 개선을 요구하는 움직임이 나타났다.

1979년 부마항쟁은 유신체제에 결정적 타격을 가한 사건이었다. 부산과 마산의 시민과 학생들이 대규모 시위에 나섰고, 군과 경찰의 강경 진압에도 불구하고 저항은 멈추지 않았다. 이 사건은 정권 내부의 동요를 불러왔고, 결국 같은 해 10월 26일, 박정희 대통령은 중앙정보부장 김재규의 총탄에 생을 마감했다. 유신체제는 지도자의 돌발적 죽음과 함께 붕괴했다.

오늘의 교훈- 권위주의의 극점과 민주주의의 불씨

유신체제와 그에 맞선 민주화 운동은 한국 현대사에서 중요한 교차점을 이룬다.

첫째, 권위주의 통치의 극점이다. 유신헌법은 헌정사상 유례없는 독재적 장치를 제도화했다. 대통령의 권력은 무소불위였고, 국민의 자유는 철저히 억압되었다. 이는 권위주의 정치의 절정을 보여주는 사례였다.

둘째, 민주화 운동의 확산이다. 유신체제는 민주주의를 압살하려 했지만, 오히려 민주주의를 향한 열망을 사회 전반으로 퍼뜨리는 역설적 결과를 낳았다. 학생, 종교인, 지식인, 노동자까지 저항의 대열에 합류하며 민주화 운동은 한층 성숙해졌다.

셋째, 역사적 전환의 교훈이다. 유신체제는 폭력적 억압으로는 국민의 자유와 민주주의 요구를 영원히 막을 수 없다는 사실을 보여주었다. 박정희의 죽음 이후 이어진 정치적 격동은 결국 1980년대 민주화 운동으로 이어졌다.

결국 유신체제는 권위주의의 정점이자 민주주의의 씨앗을 키운 시기였다. 억압과 저항이 공존했던 이 시대는 오늘날에도 민주주의의 가치를 지키는 길이 무엇인지 묻고 있다.

전두환 정권과
5·18 광주민주화운동

군사 권력의 재등장과 신군부의 집권

1979년 10월 26일 박정희 대통령이 피살되면서, 한국 사회는 정치적 공백과 혼란에 빠졌다. 국민은 민주주의 회복을 염원했으나, 군 내부의 신군부 세력은 이를 권력 장악의 기회로 삼았다. 전두환을 중심으로 한 보안사 세력은 12월 12일 군사 반란을 일으켜 군 지휘권을 장악했고, 1980년 봄에는 사실상 정치 권력까지 장악했다.

국민은 '서울의 봄'이라 불린 짧은 민주화의 가능성을 경험했다. 학생과 시민은 거리에서 정치적 자유를 요구하며 시위를 벌였고, 민주적 개혁에 대한 기대가 확산했다. 그러나 신군부는 이를 용납하지 않았다. 계엄령 확대, 언론 통제, 야당 지도자 탄압이 이어졌고, 결국 신군부는 대통령 권한을 장악하며 정권을 손에 넣었다.

이 과정은 국민의 민주화 요구를 무력으로 억누른 사건이었다. 4·19 이후 민주주의의 꿈은 다시 한번 군사력 앞에 좌절되었다.

광주의 저항과 국가 폭력

1980년 5월, 광주에서 민주화 시위가 본격적으로 일어났다. 전남대 학생들의 항의 시위로 시작된 저항은 곧 시민 전반으로 확산하였다. 그러나 신군부는 광주를 '폭도들의 난동'으로 규정하고 계엄군을 투입했다.

계엄군은 곤봉과 총칼로 시위대를 진압했고, 무차별 발포가 이어졌다. 수많은 시민이 거리에서 목숨을 잃었고, 부상자가 속출했다. 시민들은 더 이상 물러서지 않았다. 스스로 무기를 들고 '시민군'을 조직해 항거했다. 광주 시민들은 '우리가 곧 민주주의'라는 신념으로 시청과 금남로를 지켜냈다.

10일 가까이 이어진 항쟁은 처절한 희생 속에 막을 내렸지만, 그 정신은 꺼지지 않았다. 희생자들의 피는 한국 민주주의의 밑거름이 되었고, 광주는 이후 민주화 운동의 성지로 자리 잡았다.

오늘의 교훈- 민주주의의 상처와 유산

전두환 정권과 5·18 광주민주화운동은 한국 현대사에서 가장 큰 상처이자 교훈을 남겼다.

첫째, 국가 폭력의 극단이다. 정권 유지를 위해 국민을 적으로 규정하고 무력을 사용한 사건은 국가의 본질적 임무인 국민 보호를 정면

미래는 과거에서 온다

으로 배반한 것이었다.

둘째, 민주화 운동의 상징이다. 광주의 저항은 비록 무력으로 진압되었으나, 민주주의를 향한 국민 의지를 온몸으로 증명했다. 1987년 6월 항쟁으로 이어진 민주화의 길은 광주의 희생이 있었기에 가능했다.

셋째, 역사 정의의 과제다. 5·18의 진실은 오랫동안 왜곡되고 은폐되었다. 그러나 끊임없는 진상 규명과 기념 활동을 통해 광주의 정신은 점차 사회적 합의로 자리 잡았다. 이는 과거의 상처를 치유하고 민주주의를 지키기 위한 지속적 과제이기도 하다.

결국 5·18 광주민주화운동은 민주주의를 향한 국민의 항쟁이자 국가 폭력의 비극이었다. 전두환 정권은 권력을 쥐었지만, 광주는 역사를 움직였다. 오늘날 우리가 누리는 민주주의는 그 희생 위에 세워져 있음을 잊지 말아야 한다.

6월 민주항쟁과 직선제 개헌

호헌 조치와 국민적 분노

1980년대 중반 전두환 정권은 경제 성장의 성과를 앞세워 정권 유지에 안간힘을 썼다. 그러나 권위주의 체제에 대한 국민의 불만은 점점 커졌다. 특히 1987년, 전두환은 대통령 직선제를 거부하고 간선제를 유지하겠다는 호헌 조치를 발표했다. 이는 국민이 바라는 민주 개혁 요구를 정면으로 거부한 것이었고, 사회 전반의 분노를 폭발시켰다.

정권은 '안정과 안보'를 내세웠으나, 국민은 더 이상 군사 독재를 용인하지 않았다. 대학가와 노동 현장, 종교계와 시민 사회는 동시에 들끓었다. 호헌 조치는 오히려 민주화를 향한 국민적 연대를 강화하는 촉매제가 되었다.

1987년 1월, 경찰 고문 끝에 숨진 대학생 박종철의 사건은 국민적 분노를 극대화했다. 이어 6월 초 연세대 앞에서 시위 도중 경찰 최루탄에 맞아 사망한 이한열 열사의 죽음은 민주화의 불길에 기름을 부었다. '독재 타도, 호헌 철폐'의 외침은 전국으로 번져갔다.

6월 민주항쟁의 전개

1987년 6월, 전국은 민주화를 요구하는 함성으로 뒤덮였다. 서울뿐 아니라 부산, 대구, 광주, 전주 등 전국 주요 도시에서 수십만 명이 거리로 나왔다. 직선제 개헌과 민주적 선거를 요구하는 구호가 하늘을 메웠고, 시민들은 최루탄과 군홧발을 두려워하지 않았다.

시위의 중심에는 학생과 노동자가 있었지만, 이번에는 중산층과 종교계, 지식인, 심지어 직장인과 상인까지 합류했다. 이는 단순한 정치 세력의 저항이 아니라 전 국민적 민주화 운동으로 발전한 것이었다. 거대한 행렬과 촛불은 독재 정권을 압박했고, 마침내 정권은 물러서야 했다.

6월 29일, 당시 여당 대통령 후보였던 노태우는 대국민 특별 선언을 발표했다. 그는 대통령 직선제 개헌과 민주적 개혁을 약속했다. 비록 정권의 위기 탈출용 선언이었지만, 이는 국민적 저항이 쟁취한 역사적 성과였다.

오늘의 교훈- 민주주의의 도약

6월 민주항쟁과 직선제 개헌은 한국 민주주의의 분수령이었다.

첫째, 국민 주권의 실현이다. 4·19 혁명 이후 좌절되었던 민주화의 꿈은 6월 항쟁을 통해 다시 현실이 되었다. 국민은 거리에서 자신의 권리를 직접 주장하며 민주주의를 쟁취했다.

둘째, 제도적 민주주의의 출발이다. 직선제 개헌은 대통령을 국민의 손으로 직접 뽑는 길을 열었다. 이후 1987년 12월 대선에서 비록 야권 분열로 노태우가 당선되었지만, 선거를 통한 정권 교체 가능성이 제도적으로 보장되었다.

셋째, 시민 사회의 성숙이다. 6월 항쟁은 학생과 노동자뿐 아니라, 교사·변호사·종교인·주부·상인까지 사회 전 계층이 참여한 국민적 운동이었다. 이는 한국 시민 사회가 성숙했음을 보여주었고, 이후 민주주의 발전의 기반이 되었다.

결국 6월 민주항쟁은 군사 독재를 종식한 국민의 힘이었으며, 한국 민주주의가 제도적 틀을 갖춘 역사적 도약이었다. 그것은 "민주주의는 결코 주어지는 것이 아니라, 국민이 스스로 쟁취하는 것"이라는 진리를 증명한 사건이었다.

노태우 정부와 북방정책

민주화 이후 첫 정부, 새로운 과제

1987년 6월 민주항쟁 이후 한국 사회는 새로운 국면을 맞이했다. 직선제 개헌으로 치러진 대통령 선거에서 집권 여당 후보였던 노태우가 당선되었다. 야권의 김영삼과 김대중, 김종필 세 지도자가 분열해 표가 갈린 탓에 노태우는 전체 득표의 36% 정도로 대통령이 되었지만, 민주적 절차에 따라 선출된 첫 대통령이라는 상징적 의미를 지녔다.

그러나 출발은 순탄치 않았다. 국민의 상당수는 군사 정권의 후계자라는 불신을 거두지 않았다. 정치적 정통성의 약점을 극복하기 위해 노태우 정부는 '보통 사람의 시대'를 내세우며 국민과의 소통을 강조했다. 무엇보다 외교·안보 환경의 급격한 변화에 대응하는 것이 큰 과제였다. 1980년대 후반은 냉전 구조가 흔들리고, 소련과 중국이 개혁·개방 정책을 추진하면서 국제 질서가 급변하는 시기였다.

국내적으로는 민주화 요구와 지역 갈등, 노동 문제 해결이 발등의 불이었고, 대외적으로는 북방 사회주의 국가들과의 관계 개선이 절실했다. 이때 등장한 전략이 바로 북방정책이었다.

293

북방정책의 추진과 성과

북방정책은 동구권과의 교류 확대를 통해 북한을 우회적으로 압박하고, 동시에 한국의 외교 공간을 넓히려는 전략이었다. 기존의 한·미·일 중심 외교에서 벗어나 소련, 중국, 동구권과 수교를 추진한 것이다.

첫걸음은 헝가리와의 외교 관계 수립이었다. 1989년 헝가리가 한국과 정식 외교 관계를 맺으면서 동구권 국가들과의 수교가 줄을 이었다. 이어 체코슬로바키아, 폴란드, 불가리아, 유고슬라비아 등 사회주의 국가들과도 빠르게 관계가 열렸다.

정점은 한·소 수교(1990)와 한·중 수교(1992)였다. 소련과의 수교는 군사적 긴장을 완화하고 경제·문화 교류의 길을 열었다. 중국과의 수교는 한반도 정세에 지각변동을 일으켰다. 북한의 가장 큰 후원국이던 중국이 한국과 손을 잡으면서, 남북 관계는 새로운 국면으로 진입했다.

북방정책은 단순한 외교의 다변화를 넘어 한국 경제에도 활력을 불어넣었다. 동구권과의 교역, 소련·중국과의 시장 교류 확대는 수출의 새로운 활로가 되었고, 기업들의 글로벌 진출을 촉진했다.

오늘의 교훈- 냉전의 틀을 넘어

노태우 정부의 북방정책은 한국 외교사에서 커다란 전환점이었다.

첫째, 외교의 지평 확대다. 그전까지 한국 외교는 미국과 일본 중심의 협력에 머물렀으나, 북방정책은 소련·중국·동구권까지 외교 네트워크를 확장했다. 이는 한국의 국제적 위상을 높이고 외교적 자율성을 확대했다.

둘째, 남북 관계의 새로운 환경 조성이다. 북한은 고립을 심화시켰고, 한국은 북방국가들과의 수교를 통해 국제 사회에서 주도권을 쥘 수 있었다. 이는 남북 고위급 회담과 남북기본합의서 체결(1991)로 이어졌다.

셋째, 냉전 체제 극복의 발판이다. 북방정책은 동서 진영 간의 대결 구도를 허물고, 협력과 상생의 가능성을 보여주었다. 이는 훗날 동북아 다자 협력과 한반도 평화 구상의 기반이 되었다.

물론 한계도 있었다. 북한과의 관계 개선은 여전히 불안정했고, 국내적으로는 정치 개혁과 사회 갈등 해결이 미진했다. 그러나 북방정책은 한국 외교가 냉전의 틀을 넘어 새로운 국제 질서에 적응한 성공적 전략으로 평가된다.

김영삼 정부와 금융실명제

문민정부의 출범과 개혁의 과제

1993년 출범한 김영삼 정부는 한국 최초의 문민정부라는 점에서 큰 의미가 있다. 1961년 군사쿠데타 이후 30여 년 동안 이어진 군부 권위주의 체제를 마감하고, 민간인 출신 대통령이 등장한 것이다. 김영삼은 "역사의 물줄기를 바꾸겠다"라는 각오로 군사문화 청산, 부정부패 척결, 경제 구조 개혁을 주요 과제로 내걸었다.

그의 개혁 의지는 초반부터 강하게 드러났다. 군 장성들의 정치 개입을 차단하고, 하나회 해체를 단행해 군부 정치 세력의 뿌리를 뽑았다. 또한 지방자치제 전면 실시, 공직자 재산 공개 제도 도입 등은 국민의 신뢰를 얻었다. 하지만 무엇보다 한국 경제와 사회를 뒤흔든 개혁은 금융실명제의 전격 도입이었다.

금융실명제는 30년 넘게 미뤄온 과제였다. 한국의 금융 거래는 그동안 차명 계좌와 가명 거래가 횡행해 검은돈과 정치자금의 온상이 되어 왔다. 정경유착, 권력형 비리, 투기 자금이 바로 이런 불투명한 금융 관행 속에서 자라났다. 김영삼 정부는 이 고리를 끊어내기 위해 과감하게 칼을 뺐다.

금융실명제의 단행과 파급력

1993년 8월 12일, 김영삼 대통령은 전격적으로 금융실명제 실시를 발표했다. 국민은 물론 정부 관료들조차 사전에 알지 못한 극비 추진이었다. 이는 정책 발표 직후부터 엄청난 사회적 반향을 불러일으켰다.

금융실명제의 핵심은 개인과 기업의 금융 거래를 반드시 실명으로만 가능하게 한 것이다. 기존의 차명 계좌는 사용할 수 없게 되었고, 거래의 투명성이 확보되었다. 검은돈의 흐름이 차단되고, 정치권과 재계의 비자금 은닉 통로가 막히면서 사회 전반에 큰 충격이 일었다.

발표 직후 주식시장은 일시적으로 혼란에 빠졌지만, 곧 투기 자금이 위축되며 안정세를 되찾았다. 부동산 시장 역시 마찬가지였다. 부동산 투기의 큰 축이던 차명거래가 불가능해지자 시장 질서가 빠르게 재편되었다. 무엇보다 국민은 "이제 시대가 달라졌다"라는 변화를 체감했다.

정치적으로는 김영삼의 결단력이 빛을 발했다. 그동안 누구도 건드리지 못한 기득권의 심장을 겨냥했기 때문이다. 부패 척결 의지를 구체적 제도로 증명해 보임으로써 문민정부는 강력한 개혁 정부로 자리매김할 수 있었다.

오늘의 교훈- 금융실명제의 성과와 한계

금융실명제는 한국 현대사에서 부패 구조를 끊어낸 획기적 제도 개혁으로 평가된다.

첫째, 경제의 투명성 제고다. 실명거래 의무화는 금융 시스템의 신뢰도를 높였고, 국제 금융 질서에 발맞추는 계기가 되었다. 이는 훗날 외환위기 때 국제사회와의 협력에도 중요한 기반이 되었다.

둘째, 정치와 돈의 고리 차단이다. 그동안 권력층이 비자금과 차명거래를 통해 권력을 연장하고 재계를 장악하던 관행이 근본적으로 제약을 받았다. 이는 민주주의의 질적 성숙을 가능하게 한 제도적 토대였다.

셋째, 개혁 리더십의 상징이다. 김영삼 대통령은 'DJ, YS, JP'로 대표되던 민주화 운동의 지도자 중 처음으로 집권한 인물이었다. 그의 금융실명제 단행은 오랫동안 '말뿐인 공약'에 머물던 제도를 현실로 만들어낸 결단의 사례였다.

물론 한계도 있었다. 이후 정치권과 재계는 다시 편법과 우회로를 찾았고, 1997년 외환위기 앞에서는 금융개혁의 성과가 충분히 발휘되지 못했다. 그러나 금융실명제가 한국 사회에 남긴 교훈은 여전히 유효하다. "투명한 시스템 없이는 민주주의도, 시장경제도 뿌리내릴 수 없다"는 진리다.

김대중 정부와 IMF 극복

외환위기와 국민의 절망

1997년 겨울, 한국 사회는 혹독한 시련에 직면했다. 아시아 금융위기의 여파 속에서 한국 경제는 급격히 무너졌다. 국제통화기금(IMF)에 구제금융을 신청해야 했고, 이는 곧 '국가부도의 위기'라는 낙인과도 같았다. 기업들은 줄줄이 부도가 나고, 은행은 도산 위기에 몰렸으며, 수많은 노동자가 거리로 내몰렸다. 국민은 "대한민국이 망하는 것 아니냐"라는 절망 속에 하루하루를 버텨야 했다.

바로 그때 치러진 대선에서 당선된 인물이 김대중이었다. 오랜 민주화 투쟁의 상징, 수차례 투옥과 납치, 사형 선고까지 받았던 야당 지도자 김대중은 1998년 대통령으로 취임하면서 "국민과 함께 위기를 이겨내겠다"라고 선언했다. 그가 맞닥뜨린 현실은 정치적 영광이 아니라, 국가적 파국을 수습해야 하는 냉혹한 책무였다.

김대중 정부의 최우선 과제는 단연 IMF 관리 체제를 벗어나는 것이었다. 그러나 위기의 규모와 파장은 엄청났다. 외화 보유액은 바닥나 있었고, 국제 금융시장에서 한국에 대한 신뢰는 곤두박질쳤다. '경제

주권의 상실'이라는 치욕적 상황에서, 국민이 모두 고통을 분담하지 않으면 버틸 수 없었다.

구조조정과 국민 참여형 위기 극복

김대중 정부는 취임 직후부터 대대적인 구조조정을 추진했다. 은행과 금융기관을 통폐합하고, 부실기업을 정리했다. 재벌 기업에는 투명경영, 지배구조 개선, 계열사 부채 보증 금지 등을 요구했다. 이는 한국 경제의 뿌리를 뒤흔드는 아픈 수술이었지만, 장기적으로는 체질 개선을 불가피하게 만들었다.

동시에 정부는 노동시장 유연화를 추진했다. 정리해고제와 파견근로제가 도입되면서 노동자들의 반발이 거셌다. 그러나 위기를 벗어나기 위해서는 기업이 살아남아야 했고, 이를 위한 고통 분담이 불가피했다. 대신 김대중 정부는 사회안전망을 확충하고, 실업자 재교육과 복지 정책을 강화하며 균형을 꾀했다.

무엇보다 기억할 장면은 국민이 자발적으로 금을 모아 정부에 헌납한 '금 모으기 운동'이다. 결혼반지, 금목걸이, 돌 반지까지 국민은 소중한 귀금속을 내놓으며 나라 살리기에 동참했다. 이는 세계를 놀라게 한 시민 참여형 위기 극복의 상징이었다. "국민이 곧 IMF 극복의 주체"라는 사실이 증명된 것이다.

결과는 놀라웠다. 불과 3년 만에 한국은 IMF 구제금융을 조기 상환

했다. 세계가 경이롭게 바라본 회복 속도였다. 이는 정부의 개혁 정책, 기업과 노동자의 희생, 그리고 국민의 참여가 함께 이룬 기적이었다.

오늘의 교훈- 위기에서 배운 회복력

김대중 정부의 IMF 극복은 한국 현대사에서 국가적 위기를 국민적 힘으로 돌파한 사례로 평가된다.

첫째, 민주주의와 경제 위기관리의 결합이다. 과거 권위주의 정권에서는 강압적 방식으로 위기를 돌파하려 했다. 그러나 김대중 정부는 민주적 합의를 바탕으로 개혁을 추진했다. 노사정위원회를 통한 사회적 대타협은 그 상징이었다.

둘째, 경제 체질 개선의 계기다. 고통스러운 구조조정은 수많은 상처를 남겼지만, 기업 지배구조 개선과 금융 개혁은 한국 경제가 선진화로 가는 기반을 마련했다. 이후 한국은 정보통신기술(ICT) 산업을 중심으로 새로운 성장 동력을 찾으며 다시 도약할 수 있었다.

셋째, 국민 참여의 힘이다. 금 모으기 운동은 단순한 상징이 아니라, 경제 위기 극복에 실질적 도움을 주었다. 더 나아가 국민이 국가 경제의 주체임을 확인시킨 역사적 사건이었다.

물론 한계도 분명했다. 구조조정 과정에서 양극화가 심화했고, 비정규직 문제는 한국 사회의 고질적 과제로 남았다. 하지만 IMF 극복 경험은 "위기는 곧 개혁의 기회"라는 교훈을 남겼다. 김대중 정부는 고난 속에서 한국 민주주의와 시장경제의 회복력을 입증했다.

남북정상회담과 햇볕정책

역사적 첫걸음, 분단의 벽을 넘다

2000년 6월, 분단 55년 만에 역사적인 사건이 일어났다. 바로 평양에서 열린 남북정상회담이다. 김대중 대통령과 김정일 국방위원장이 마주 앉아 한반도의 평화와 협력 방안을 논의했다. 이는 1945년 분단 이후 처음으로 남북 최고 지도자가 만난 자리였다.

정상회담의 성과는 컸다. 첫째, 남북은 서로의 체제를 인정하며 상호 존중의 원칙을 확인했다. 둘째, 이산가족 상봉이 성사되어 수십 년간 생이별했던 가족들이 눈물의 재회를 할 수 있었다. 셋째, 경제협력의 물꼬가 트였다. 이후 금강산 관광과 개성공단 사업으로 이어진 남북 경협의 초석이 마련된 것이다.

무엇보다 이번 회담은 한반도 냉전 구조에 균열을 낸 사건이었다. 냉전 해체 이후에도 굳게 닫혀 있던 남북 간의 문이 열리면서, 한반도 문제를 남북이 주체적으로 해결할 수 있다는 희망을 보여주었다.

햇볕정책의 철학과 추진

남북정상회담의 밑바탕에는 김대중 정부의 햇볕정책이 있었다. '햇볕정책'이라는 이름은 이솝우화의 '해와 바람'에서 따온 것이다. 바람이 아무리 세게 불어도 나그네의 외투를 벗길 수 없었지만, 햇볕이 따뜻하게 비추자 스스로 외투를 벗었다는 교훈을 차용한 것이다. 즉, 강압이 아니라 포용과 협력으로 북한을 변화시키자는 구상이었다.

햇볕정책의 기본 원칙은 세 가지였다. 첫째, 무력 도발은 용납하지 않는다. 둘째, 체제 전복을 시도하지 않는다. 셋째, 경제적·인도적 지원을 통해 교류와 협력을 확대한다. 이러한 접근은 과거 대결 일변도의 남북 정책과는 확연히 달랐다.

실제로 김대중 정부는 대북 식량 지원, 경제 협력 사업 추진, 이산가족 교류 확대 등을 통해 남북 관계의 물꼬를 텄다. 이는 국제사회에서도 주목받았다. 김대중 대통령은 남북 화해와 평화의 노력을 인정받아 2000년 노벨평화상을 수상했다.

물론 국내에서는 논란도 있었다. 북한에 대한 일방적 퍼주기라는 비판이 제기되었다. 북한이 핵 개발을 은밀히 추진하고 있었던 사실이 알려지면서, 햇볕정책의 실효성에 대한 의문도 커졌다. 그러나 당시 상황에서 대화를 통한 긴장 완화가 불가피했다는 점은 부정할 수 없었다.

오늘의 교훈- 햇볕정책의 의미와 남긴 과제

남북정상회담과 햇볕정책은 한국 현대사에서 분단 고착을 넘어 평화로 나아가는 첫 시도로 기록된다.

첫째, 남북 대화의 제도화다. 이전까지 남북 접촉은 일시적 이벤트에 불과했지만, 정상회담을 계기로 남북 당국 간 공식 대화 채널이 열렸다. 이는 이후 2007년 2차 정상회담, 2018년 판문점 회담으로 이어졌다.

둘째, 남북 경제협력의 시작이다. 금강산 관광과 개성공단은 남북 주민이 함께 생활하고 일할 수 있는 공간을 창출했다. 이는 단순한 경제 사업을 넘어, 한반도 평화의 상징적 실험장이었다.

셋째, 평화 프로세스의 국제적 인정이다. 김대중 대통령의 노벨평화상 수상은 남북 화해가 한반도를 넘어 세계 평화에 기여할 수 있다는 가능성을 보여주었다.

그러나 한계도 분명했다. 북한의 군사적 위협은 사라지지 않았고, 핵 개발은 계속되었다. 국내적으로도 보수·진보 간 대북 정책을 둘러싼 갈등은 깊어졌다. 햇볕정책은 남북 화해의 출발점이었지만, 동시에 한국 사회 내부의 분열을 확대하는 요인이 되기도 했다.

그럼에도 햇볕정책이 남긴 가장 큰 교훈은 분명하다. "적대와 대결만으로는 분단을 극복할 수 없다. 포용과 대화가 있어야 길이 열린다." 남북정상회담은 그 길의 첫 단추였다.

노무현 정부와 참여정부 실험

바닥에서 출발한 대통령, 새로운 정치의 실험

2003년, 대한민국은 또 한 번의 역사적 전환점을 맞았다. 부산 출신의 인권 변호사 출신, 학벌·지역·금력의 기존 정치 문법에서 벗어난 인물이 대통령에 당선된 것이다. 그는 바로 노무현 대통령이었다. '바보 노무현'이라는 별명으로 불리던 그는 정치적 불리함을 오히려 국민과의 진정성으로 극복했다. 기득권과 타협하지 않고, 민주주의의 원칙과 참여를 강조한 그의 등장은 기존 정치 질서를 흔드는 충격이었다.

노무현 정부는 자신을 '참여정부'라 명명했다. 이는 정치권력의 주체를 국민으로 돌려주겠다는 의지였다. 관료와 정치 엘리트 중심으로 운영되던 국가 운영 방식에서 벗어나, 국민과 함께 정책을 만들고 실행하겠다는 실험이었다.

출범 당시 참여정부는 분권과 자율, 그리고 국민 참여 확대를 국정의 3대 기조로 삼았다. 중앙집권적 의사결정 구조를 바꾸고, 권력이 아닌 원칙과 절차를 존중하는 새로운 민주주의를 정착시키려 했다. 그러나 이러한 이상주의적 실험은 정치 현실과 충돌하며 적지 않은 어려움에 직면했다.

제7부 현대사, 민주주의와 경제 발전

정책 실험과 도전- 분권, 개혁, 갈등

참여정부가 가장 중점적으로 추진한 것은 분권과 지방 균형 발전이었다. 수도권 집중을 완화하기 위해 세종시 건설을 추진했고, 공공기관 지방 이전을 단행했다. 이는 단순한 행정 개혁을 넘어 국가 균형 발전 전략의 시작이었다.

또한 행정·사법·교육 등 다양한 분야에서 개혁이 시도되었다. 검찰 개혁과 언론 개혁은 대표적 사례였다. 권력기관의 독점과 불투명성을 개선하고자 했으나, 기득권의 거센 반발에 부딪혔다. 부동산 정책은 집값 안정과 투기 억제를 목표로 했으나, 오히려 시장과의 충돌로 비판받았다.

대외적으로는 동북아 균형자론을 내세우며 자주적 외교를 강조했다. 한·미 관계에서는 이라크 파병 문제와 주한미군 재배치 논란이 있었지만, 동시에 남북 관계에서는 2007년 2차 정상회담을 성사하며 햇볕정책의 연속성을 보여주었다.

그러나 참여정부의 이상과 현실은 늘 간극이 컸다. 개혁은 더디게 진행되었고, 경제는 세계적 변화 속에서 체감 성과가 부족했다. 국정 운영은 '원칙주의'라는 평가를 받았지만, 때로는 '고집'으로 비쳤다. 정치권과 끊임없는 갈등은 참여정부를 흔들었다.

미래는 과거에서 온다

오늘의 교훈- 민주주의 확장과 개혁의 고난

노무현 정부의 참여정부 실험은 성공과 실패가 공존했다.

첫째, 민주주의의 확장이다. 국민 참여와 분권을 강조한 국정 철학은 제도적 뿌리를 내리는 데 한계가 있었지만, 이후 지방분권과 시민사회 성장의 기반을 마련했다. 이는 한국 민주주의가 단순히 선거 민주주의를 넘어 참여 민주주의로 나아가는 과정이었다.

둘째, 정치 문화의 변화다. 노무현 대통령은 '정치인은 국민 앞에서 당당해야 한다'는 원칙을 몸소 보여주었다. 권위주의를 거부하고, 서민적 언행으로 국민과 소통했다. 이는 정치 지도자의 새로운 상을 제시했다.

셋째, 개혁의 고난이다. 참여정부가 추진한 개혁은 당대에는 거센 반발에 직면했지만, 훗날 한국 사회가 다시 꺼내든 과제였다. 검찰 개혁, 언론 개혁, 지방분권은 여전히 현재진행형 과제다.

노무현 대통령은 임기를 마친 뒤에도 정치적 평가 논란의 중심에 섰다. 그러나 시간이 흐를수록 그의 실험은 단순한 이상주의가 아니라, 한국 민주주의를 한 단계 끌어올리려 했던 도전으로 재평가되고 있다. 그가 남긴 교훈은 명확하다. "민주주의는 완성된 제도가 아니라, 국민과 함께 계속 만들어가는 과정이다."

이명박 정부와 자원외교 논란

경제 대통령의 등장과 글로벌 구상

2008년 출범한 이명박 정부는 '경제 대통령'을 표방했다. 현대건설 CEO 출신이라는 상징성은 '실용과 성과 중심의 정부'를 기대하게 했다. 글로벌 금융위기의 파도가 닥쳤지만, 그는 위기를 기회로 만들겠다며 대규모 해외 자원 개발과 외교 네트워크 확대를 핵심 전략으로 제시했다.

특히 자원외교는 이명박 정부의 대표 브랜드였다. 해외 에너지 자원 확보를 통해 에너지 안보를 강화하고, 한국 경제의 성장 기반을 마련하겠다는 구상이었다. 당시 한국은 원유·가스의 95% 이상을 수입에 의존하고 있었기에, 자원 확보는 국가 전략 차원에서도 중요한 과제였다. 이명박 정부는 대통령이 직접 해외를 순방하며 자원개발 협정을 체결했고, 공기업들이 앞다투어 해외 자원 프로젝트에 투자하도록 이끌었다.

이러한 적극적 행보는 초기에는 'CEO 대통령의 결단력 있는 리더십'으로 비쳤다. 중동, 아프리카, 중남미 등지에서 대규모 계약 소식이 들

미래는 과거에서 온다

려오면서, 한국이 '자원 강국'으로 도약할 것이라는 기대가 높아졌다.

자원외교의 빛과 그림자

자원외교는 단기적으로는 성과를 내는 듯 보였다. 해외 자원권 확보 건수가 늘었고, 국영 기업들의 글로벌 위상도 높아졌다. 그러나 시간이 흐르면서 그 이면의 문제점들이 드러나기 시작했다.

첫째, 과도한 정치적 홍보와 과장이다. 실제로는 초기 단계의 투자나 탐사권 확보임에도 불구하고, 정부는 이를 대규모 성과로 포장했다. 구체적 수익으로 이어지지 않는 경우가 많았고, 일부 사업은 경제성이 불투명했다.

둘째, 공기업의 무리한 확장이다. 한국석유공사, 한국광물자원공사, 한국가스공사 등은 정부의 압박 속에 거대한 해외 프로젝트에 뛰어들었지만, 자금 조달과 경영 능력에 한계가 있었다. 그 결과 부채가 눈덩이처럼 불어났고, 이후 재정 건전성을 심각하게 해쳤다.

셋째, 정치적 논란이다. 자원외교는 대통령의 해외 순방과 직결되면서 성과 중심의 외교로 비쳤다. 그러나 실제 효과는 제한적이었고, 일부 사업은 실패로 끝나며 '퍼주기 외교'라는 비판을 받았다. 특히 캐나다 하베스트, 이라크 쿠르드 유전 개발 등은 수조 원의 손실을 남긴 대표적 사례로 꼽힌다.

결국 자원외교는 단기적 치적 쌓기와 과도한 투자로 인해 국가적 손

제7부 현대사, 민주주의와 경제 발전

실을 남겼다는 비판에 직면했다.

오늘의 교훈- 성과와 실패가 교차한 실험

이명박 정부의 자원외교는 한국 현대사에서 '성과와 실패가 교차한 실험'으로 평가된다.

긍정적으로 본다면, 자원 확보의 필요성을 국가 전략 차원으로 격상시켰다는 점은 의미가 있다. 에너지 안보를 외교의 핵심 의제로 부각한 것은 이후 정부들도 이어받은 과제였다. 또한 한국 기업들의 해외 네트워크 확대, 신흥국과의 외교 다변화에도 일정한 기여를 했다.

그러나 부정적 측면이 더 크다는 것이 일반적 평가다. 무엇보다 투명성과 지속 가능성 부족이 문제였다. 경제적 타당성 검토보다 정치적 성과 과시가 우선되었고, 공기업의 과도한 부채 부담은 오늘날까지 이어지고 있다. 결과적으로 자원외교는 '국부 창출'이 아니라 '국부 손실'의 상징으로 남았다.

역사적 교훈은 분명하다. 국가 전략 사업은 단기적 성과보다 장기적 안목과 투명한 절차가 중요하다. 에너지 안보는 여전히 한국 사회가 직면한 과제이지만, 이는 치밀한 경제성 분석, 국제 협력, 지속 가능한 투자 원칙 위에서만 실현될 수 있다.

자원외교의 논란은 한국 사회에 한 가지 중요한 질문을 던졌다. "정치적 치적과 국가 전략은 어떻게 구분되어야 하는가?" 이 질문은 오늘

미래는 과거에서 온다

날 대규모 해외 투자나 외교 프로젝트를 추진할 때 반드시 되새겨야
할 교훈이다.

제7부 현대사, 민주주의와 경제 발전

박근혜 정부와 탄핵 정국

첫 여성 대통령의 등장과 기대

2012년 대선에서 박근혜 후보가 당선되었다. 그는 대한민국 최초의 여성 대통령이자, 박정희 전 대통령의 딸이라는 상징성을 지녔다. 보수 진영은 '경제 성장의 기억'을 소환하며 강력한 지지층을 형성했고, 진보 진영은 세습 정치라는 비판을 쏟아냈다. 그럼에도 박근혜 당선은 한국 정치사에 큰 이정표였다.

박근혜 정부의 출범 초기에는 '국민행복 시대'를 내세우며 경제 활성화와 복지 확대, 그리고 '창조경제'를 주요 국정 목표로 내걸었다. 특히 여성 대통령으로서 사회적 약자, 청년, 여성에 대한 배려 정책을 강조했다. 남북 관계에서도 신뢰 프로세스를 통해 점진적 협력을 모색했다.

그러나 집권 과정에서의 기대와는 달리, 정책 추진 과정은 매끄럽지 못했다. 국정 운영은 점점 폐쇄적이고 독단적으로 변했고, 청와대와 내각의 소통 부족이 두드러졌다. 세월호 참사, 메르스 사태 등 국가적 위기 상황에서 정부의 무능이 드러나면서 국민적 불신은 커졌다.

국정농단과 탄핵의 소용돌이

박근혜 정부가 치명적 위기에 빠진 결정적 사건은 최순실 국정농단 사태였다. 2016년, 비선 실세 최순실이 대통령 연설문과 국정 현안에 개입하고, 미르·K스포츠재단을 통해 기업들로부터 거액의 자금을 모금했다는 사실이 드러났다. 이는 민주공화국의 기본 원칙을 무너뜨린 중대한 위헌적 행위로 받아들여졌다.

언론의 폭로와 특검 수사, 촛불 시민의 분노가 전국으로 번졌다. 2016년 가을부터 시작된 촛불집회는 매주 수백만 명이 광화문 광장에 모여 대통령 퇴진을 요구하는 대규모 시민운동으로 확산되었다. 이는 한국 민주주의 역사에서 전례 없는 시민 참여였다.

결국 국회는 대통령 탄핵 소추안을 가결했고, 2017년 헌법재판소는 만장일치로 박근혜 대통령의 파면을 결정했다. 헌정사상 최초로, 국민의 직접적 저항과 헌법 절차가 결합해 현직 대통령이 자리에서 물러나는 사건이었다.

탄핵은 단순한 권력 교체가 아니었다. 이는 권력의 사유화를 단호히 거부하고, 민주공화국의 원칙을 지키려는 국민 의지의 표출이었다.

오늘의 교훈- 시민 주권의 확인과 권력 사유화에 대한 경고

박근혜 정부와 탄핵 정국은 한국 현대사에서 민주주의의 진화 과정

을 보여주는 극적인 장면이었다.

첫째, 시민 주권의 확인이다. 촛불집회는 폭력적 충돌 없이 평화적 방식으로 대통령을 끌어내린 세계적 모범 사례로 기록되었다. 이는 민주주의가 제도뿐 아니라 시민의 자발적 참여와 책임 의식 속에서 살아 숨 쉰다는 사실을 증명했다.

둘째, 권력 사유화에 대한 경고다. 국정농단 사태는 권력이 사적 관계와 이해에 의해 좌우될 때 어떤 파국이 오는지를 보여주었다. 권력은 국민으로부터 위임받은 것이며, 국민을 배신하는 순간 언제든 회수될 수 있음을 역사가 증언했다.

셋째, 제도와 절차의 중요성이다. 헌법재판소의 탄핵 인용은 헌정 질서가 위기 상황에서도 합법적 절차를 통해 작동할 수 있음을 보여주었다. 이는 민주주의 제도의 성숙을 알리는 사건이었다.

그러나 동시에 탄핵은 한국 사회에 깊은 상처도 남겼다. 보수와 진보 간의 갈등은 격화되었고, 정치 불신은 더욱 깊어졌다. 박근혜 정부의 몰락은 단순히 한 정치인의 실패가 아니라, 한국 정치 구조의 취약성을 드러낸 사건이었다.

그럼에도 박근혜 탄핵은 역사가 우리에게 남긴 귀중한 교훈을 분명히 한다. "민주주의는 결코 완성된 제도가 아니다. 끊임없는 감시와 참여가 있어야만 유지된다." 탄핵 정국은 한국 민주주의가 한 단계 성숙해지는 고통스러운 과정이었다.

문재인 정부와 촛불혁명 이후

촛불의 힘으로 세워진 정부

2017년 봄, 대한민국은 새로운 정치의 장을 열었다. 박근혜 대통령 탄핵 정국 이후 치러진 조기 대선에서 당선된 인물이 바로 문재인 대통령이었다. 그는 '촛불혁명'으로 상징되는 국민적 저항과 민주주의 열망 위에서 출범한 정부였기에, 누구보다 높은 기대를 안고 있었다.

문재인 정부는 자신을 '촛불 정부', 혹은 '나라다운 나라'를 만들겠다고 선언했다. 국정의 최우선 과제는 적폐 청산과 민주주의 회복이었다. 국정농단 사태로 무너진 헌정 질서를 복원하고, 국민이 주인이라는 민주공화국의 원칙을 다시 세우는 것이었다.

출범 초기 문재인 대통령의 행보는 국민의 기대를 충족시켰다. 권위주의적 대통령 문화를 버리고, 청와대 앞마당을 개방했으며, 수시로 국민과의 대화를 강조했다. 이러한 변화는 정치 문화의 상징적 혁신으로 받아들여졌다. 그러나 '촛불혁명 이후'라는 무거운 과제를 안은 만큼, 문재인 정부의 국정 운영은 큰 도전의 연속이었다.

제7부 현대사, 민주주의와 경제 발전

개혁 과제와 국정 운영의 도전

문재인 정부는 출범과 동시에 적폐 청산을 본격화했다. 국정농단 관련자와 권력형 비리에 대한 수사가 이어졌고, 권력기관 개혁이 추진되었다. 검찰 개혁, 공수처 설치, 언론 개혁은 그 핵심 과제였다. 이는 국민적 지지를 얻었지만, 동시에 기득권 세력과 보수 야당의 강력한 저항을 불러왔다.

경제적으로는 소득주도성장을 내세웠다. 최저임금 인상, 근로 시간 단축, 비정규직의 정규직화 정책은 사회적 불평등을 완화하고자 한 시도였다. 그러나 속도와 방식에서 논란이 컸고, 기업과 노동계 모두의 불만이 겹치면서 성과는 제한적이었다. 부동산 문제는 가장 큰 아킬레스건이 되었다. 강력한 규제에도 집값은 잡히지 않았고, 청년층의 좌절은 커졌다.

외교적으로는 한반도 평화 프로세스가 주목받았다. 2018년 남북정상회담과 북미정상회담은 한반도의 냉전 구도를 허물 수 있다는 희망을 안겼다. 그러나 북미 협상이 결렬되면서 평화 프로세스는 교착 상태에 빠졌다. 초기의 기대와 달리 실질적 성과는 미흡했다.

코로나19 팬데믹 대응은 문재인 정부가 국제적으로 긍정적 평가를 받은 분야였다. 방역과 의료 시스템이 비교적 안정적으로 작동하며 세계의 주목을 받았다. 그러나 장기화한 위기는 경제와 사회 전반의 피로감을 누적시켰다.

오늘의 교훈- 시민 주권의 재확인과 개혁의 한계

문재인 정부는 한국 민주주의와 경제·사회 정책에서 중요한 흔적을 남겼다.

첫째, 시민 주권의 재확인이다. 촛불혁명의 결과로 출범한 문재인 정부는 민주주의가 국민의 직접적 참여와 열망에서 비롯된다는 사실을 보여주었다. 권력은 국민의 위임이며, 언제든 국민의 뜻에 따라 바뀔 수 있음을 다시금 각인시켰다.

둘째, 개혁의 한계다. 검찰 개혁과 권력기관 개혁은 부분적으로 성과를 냈지만, 사회적 갈등을 심화시키기도 했다. 부동산 정책 실패는 개혁 정부가 경제·민생 문제에서 얼마나 어려운 과제에 직면하는지를 잘 보여주었다.

셋째, 평화와 국제 협력의 실험이다. 남북·북미 정상회담은 비록 성과는 제한적이었으나, 한반도 평화의 가능성을 세계가 함께 논의하게 한 계기를 마련했다. 이는 향후 한반도 문제 해결의 중요한 유산으로 남았다.

문재인 정부는 기대와 실망이 교차한 정부였다. 촛불혁명으로 세워진 만큼 높은 기대가 있었고, 그만큼 실망도 컸다. 그러나 한국 민주주의 발전의 과정에서 문재인 정부가 던진 질문은 여전히 유효하다. "국민의 주권을 어떻게 제도로 뿌리내릴 것인가, 개혁은 어떻게 사회적 합의를 통해 지속 가능한 변화로 이어질 수 있는가?"

역사는 문재인 정부를 성공과 한계가 교차한, 그러나 민주주의 발전 과정의 필수적인 실험으로 기억할 것이다.

윤석열 정부의 계엄과 헌정 위기

민주주의의 경계에서 드러난 권력의 한계

윤석열 정부는 출범 초기부터 강한 정치적 실험의 성격을 띠었다. 검찰총장에서 대통령으로 직행한 이례적인 경력은 신선함과 위험성을 동시에 품고 있었다. 집권 1년 차에는 법치주의 강화와 공정 담론을 앞세웠지만, 정치 현실은 갈등과 충돌로 빠르게 변해갔다. 여소야대 국회와의 대립, 경제·안보 위기의 동시 진행, 사회적 양극화의 심화는 정권의 정책 추진력을 약화했고, 국정 운영은 방어적 형태로 후퇴하는 모습을 보였다.

그러나 대한민국 현대사에서 유례를 찾기 어려운 전환점은 2024년 12월 3일 밤 찾아왔다. 이날 오후 10시 27분, 윤석열 대통령은 대국민 특별담화를 통해 "비상계엄"을 전격 선포했다. 대통령의 발표는 국가적 위협에 대응하기 위한 불가피한 조치임을 강조했으며, 정치적 혼란과 반국가 세력의 준동을 거론하면서 자유민주주의 질서를 지키기 위해 군의 역할이 필요하다고 주장하였다. 하지만 실제 상황은 헌법상 계엄 요건과 거리가 멀었다.

미래는 과거에서 온다

계엄령이 발효된 지 수 시간 만에 국회는 비상소집이 되어 계엄 해제 결의를 추진했고, 다수 의원이 밤새 국회에 들어와 군의 통제를 뚫고 표결을 감행했다. 국회는 계엄 해제 결의를 통과시키며, 실질적 효력을 잃은 계엄령은 사실상 단 하루도 완전하게 작동하지 못한 채 종결되었다.

이 짧은 시간 동안 대한민국의 헌정 질서는 실제로 중단 상태에 놓였고, 군의 정치 개입 가능성은 다시 한번 한국 민주주의의 취약성을 드러냈다. 이는 단순한 정치적 소동이 아니라 국가 체제를 흔드는 중대 사건이었고, 이후 전개될 탄핵과 헌정 심판의 출발점이 되었다.

의회와 법의 심판- 탄핵 소추에서 파면까지

계엄 선포가 해제된 직후 정치권의 중심 관심은 헌법 위반 여부로 옮겨갔다. 야당뿐 아니라 일부 여당 의원들 역시 이번 사태가 정상적인 국가긴급권 행사라 보기 어렵다는 견해를 드러냈다. 헌법학자들 역시 대통령의 행위가 헌정 질서를 위협하는 명백한 위법이라고 지적하였다.

12월 7일 국회는 탄핵소추안 처리를 시도했으나 여당의 집단 불참으로 표결이 무산되었다. 그러나 사회적 비판 여론이 폭발적으로 증가하자 여당 내부에서도 기류가 변했고, 12월 14일 재상정된 탄핵소추안은 찬성(204표)으로 가결되었다. 이로써 윤석열 대통령은 탄핵소추와 함께 즉시 직무가 정지되었고, 국정은 국무총리 직무대행 체제로 전환되었다.

탄핵 심판은 헌법재판소로 넘어갔다. 2025년 4월 4일, 헌법재판소는 재판관 8명 전원 일치로 탄핵을 인용했다. 판결문은 대통령의 비상계엄 선포가 헌법이 요구하는 실질적 요건을 충족하지 못했고, 내각 심의 절차를 거치지 않은 채 단독으로 선포되었으며, 입법부와 언론의 기능을 정지시키는 위헌적 권력 남용이었다고 지적하였다. 헌재는 이를 "헌법 질서의 근간을 침해하는 행위"로 규정하면서 파면 결정을 내렸다.

이 판결로 윤석열은 즉시 대통령직에서 파면되었고, 국정은 조기 대선 체제로 넘어갔고, 2025년 6월 치러진 대선에서 정권 교체가 이루어지면서 헌정 질서는 다시 안정을 되찾아 갔다.

오늘의 교훈- 민주주의의 회복과 과제

2024년 계엄 사태와 2025년 탄핵·파면은 한국 민주주의가 가진 양면성을 동시에 보여주었다. 한편으로는 국가 최고 권력이 헌법적 한계를 벗어날 경우 체제가 얼마나 쉽게 흔들릴 수 있는지를 드러냈고, 다른 한편으로는 헌정 질서를 방어하기 위한 제도적 장치들이 제대로 작동할 수 있음을 확인시켰다.

12.3 계엄 선포는 대한민국 민주주의가 직면한 가장 직접적이고 현

미래는 과거에서 온다

실적인 위협이었다. 하지만 시민과 국회, 언론, 사법부가 일제히 대응함으로써 위헌적 권력 남용은 제도적 심판을 받았고, 대한민국의 헌정 체제는 무너지지 않았다. 이는 한편으로 뼈아픈 상처였으나, 동시에 민주주의 회복 탄력성을 확인한 사건이었다.

한국 민주주의는 지금도 성장 중이며, 이번 사태는 그 성장 과정에서 반드시 기록되고 성찰되어야 할 역사적 분기점이다. 국가 권력은 헌법 위에서만 정당성을 갖고, 민주는 위기의 순간에 더욱 강해진다는 사실을 다시 한번 증명해 보였다.

제7부 현대사, 민주주의와 경제 발전

제8부

역사에서
미래를 묻다

과거의 패턴은 미래를 위해 질문을 던진다. 리더십, 통합, 개혁·보수의 균형, 민주주의의 심화, 세계 질서 속 한국의 위치, 이 모든 질문이 미래의 방향을 결정한다. 역사 속 성공과 실패는 오늘의 선택을 평가하는 기준이 되고, 미래 세대에 남길 유산을 고민하게 한다. 결국 미래는 역사와 단절된 시간이 아니라, 우리가 어떤 선택을 하느냐에 따라 새롭게 이어지는 흐름이다.

위기 속 리더십의 조건

역사 속 위기와 지도자의 선택

역사의 중요한 순간은 대부분 위기 상황에서 찾아온다. 전쟁, 재난, 경제 파탄, 정치적 혼란 등 위기는 국가와 사회를 시험대에 올린다. 이때 지도자가 어떤 결정을 내리느냐에 따라 국가의 운명이 갈린다. 고구려의 광개토대왕은 북방 민족의 위협을 정면으로 돌파하며 국가의 영토를 확장했다. 반면 조선 인조는 외세와의 전쟁에서 무능과 분열을 드러내며 삼전도의 굴욕을 겪었다. 같은 위기 상황에서도 지도자의 리더십이 얼마나 달라질 수 있는지를 잘 보여주는 대목이다.

한국 현대사에서도 위기 리더십은 수없이 시험대에 올랐다. 1997년 IMF 외환위기 당시 김대중 대통령은 구조조정과 국민적 참여를 통해 국가 부도의 위기를 극복했다. 2016년 박근혜 정부는 국정농단과 탄핵 정국으로 국정 마비 상태에 빠져들며 실패한 리더십의 전형을 보여주었다. 역사는 언제나 위기 속에서 지도자의 진면목을 드러낸다.

위기 리더십의 핵심 요소

위기 속 리더십에는 몇 가지 공통된 조건이 있다.

첫째, 결단력이다. 위기는 시간과의 싸움이다. 정보가 불완전하고 상황이 불확실하더라도 신속하게 결정을 내려야 한다. 세종대왕이 한글 창제를 추진할 때 보수 사대부의 반발은 거셌으나, 그는 결단력 있게 밀어붙였다. 결국 한글은 조선의 문화적 자산을 넘어, 오늘날 세계적 문자가 되었다.

둘째, 소통과 공감이다. 위기일수록 국민의 불안은 커진다. 지도자가 국민과 눈높이를 맞추고, 고통을 함께 나눈다는 신뢰를 줄 때 사회는 위기를 버틸 힘을 얻는다. 김대중 대통령의 금 모으기 운동은 정부의 정책만으로는 해결할 수 없는 위기를 국민 참여로 승화시킨 대표적 사례다.

셋째, 통합과 포용이다. 위기 상황에서 내부 분열은 치명적이다. 외환이나 전쟁보다 무서운 것은 내부의 갈등이다. 링컨 대통령이 남북전쟁을 승리로 이끈 원동력은 단순히 군사적 역량이 아니라, 분열된 미국 사회를 '자유와 통합'이라는 가치로 하나로 묶으려는 리더십이었다.

넷째, 비전과 미래 지향성이다. 위기관리가 단순히 현재의 불을 끄는 데 그친다면, 또 다른 위기는 반복된다. 지도자는 위기를 미래 개혁의 계기로 전환해야 한다. 외환위기 직후 한국이 정보통신산업을 집중적으로 육성하며 새로운 성장 동력을 마련한 것은 비전 있는 리더십이 있었기에 가능했다.

미래를 향한 리더십의 교훈

오늘날 한국 사회는 저성장, 고령화, 양극화, 지정학적 불안정 등 복합적 위기에 직면해 있다. 이러한 상황에서 역사 속 위기 리더십의 교훈은 더욱 절실하다.

첫째, 위기 속 리더십은 개인의 영웅담이 아니라 집단적 협력의 산물임을 잊지 말아야 한다. 지도자는 방향을 제시하고 결단을 내리되, 국민과 함께 위기를 헤쳐 나가는 동반자가 되어야 한다.

둘째, 민주적 리더십의 중요성이다. 권위주의적 방식은 단기적 위기에는 효과가 있을지 몰라도 장기적으로 사회의 활력을 해친다. 투명성과 합의, 국민 참여를 기반으로 한 민주적 위기 리더십이야말로 21세기 한국 사회가 지향해야 할 길이다.

셋째, 위기를 기회로 전환하는 힘이다. 위기 상황은 언제나 고통스럽지만, 동시에 개혁과 혁신의 출발점이 될 수 있다. 한 사회가 위기를 어떻게 기억하고, 어떻게 교훈을 제도화하느냐에 따라 미래의 경쟁력이 달라진다.

역사는 우리에게 묻는다. "다음 위기가 왔을 때, 우리는 어떤 리더십으로 맞설 것인가?" 위기 속 리더십의 조건을 다시 성찰하는 것은 단순한 학문적 논의가 아니라, 미래 생존의 필수 과제다.

분열을 넘어 통합으로

역사 속 분열의 교훈

분열은 국가와 사회를 약화하는 가장 큰 독이다. 한국사는 분열로 인해 위기를 겪고 쇠퇴한 사례로 가득하다. 삼국시대 말기, 신라의 귀족 세력은 내부 갈등을 해결하지 못한 채 국력을 소모했고, 결국 후삼국으로 분열하며 국가가 무너졌다. 고려 말 역시 권문세족과 신진사대부 간의 갈등, 불교와 유교의 대립이 격화되며 정치적 혼란이 지속되었다. 이러한 내부 분열은 외세의 침략에 대한 저항력을 약화해 결국 원·명 등 강대국의 간섭을 불러왔다.

조선도 예외는 아니었다. 사림 내부의 붕당정치는 건전한 정치 경쟁을 넘어, 상대를 배제하고 탄압하는 사화와 환국으로 이어졌다. 예송 논쟁과 당쟁으로 국력이 소모되면서, 국방과 민생은 뒷전으로 밀려났다. 그 결과 조선은 임진왜란과 병자호란이라는 국난을 제대로 막아내지 못했고, 이후 근대의 문턱에서 세계 변화에 뒤처지고 말았다.

근현대사에서도 분열의 대가는 컸다. 해방 이후 좌우 대립은 통합된 정부 수립을 가로막았고, 결국 한반도 분단과 한국전쟁으로 이어졌다.

이념적 분열은 민족 전체의 비극을 초래한 것이다. 역사는 반복해서 말한다. "내부가 분열한 국가는 외부의 도전에 무너진다."

통합을 이룬 지도자의 리더십

분열을 넘어 통합을 이룬 순간들도 있었다. 이순신 장군은 임진왜란 당시 신분과 지역을 초월해 병사들과 함께 싸웠고, 그의 리더십은 백성들에게 희망을 주었다. 정조는 붕당정치를 완화하기 위해 탕평책을 펼쳤고, 규장각을 통해 학문과 정책을 아우르며 새로운 통합의 모델을 제시했다.

현대사에서도 김대중·김종필의 DJP 연합은 정치적 타협을 통해 정권 교체를 이뤄낸 사례였다. 이는 분열한 정치 세력이 협력할 때 새로운 길이 열릴 수 있음을 보여주었다. 2016~2017년의 촛불집회 역시 평화적 시민 참여를 통해 분열된 사회를 민주적 절차로 수습한 사례로 평가된다.

통합의 리더십에는 몇 가지 공통점이 있다. 첫째, 상대의 존재를 인정하는 포용성이다. 둘째, 갈등을 제도화하고 합의로 끌어내는 능력이다. 셋째, 공동의 미래 비전 제시다. 이러한 리더십은 단순히 갈등을 봉합하는 데 그치지 않고, 사회 구성원들이 함께 나아갈 방향을 공유하게 한다.

미래를 향한 통합의 과제

오늘날 한국 사회는 다시금 심각한 분열의 위기에 놓여 있다. 정치적 양극화, 세대 갈등, 지역 대립, 이념적 편 가르기는 사회를 병들게 하고 있다. 분열이 심화할수록 국정 운영은 마비되고, 국민의 피로감은 커진다. 지금 필요한 것은 갈등을 넘어 통합의 정치와 사회적 연대다.

첫째, 정치의 역할이 중요하다. 정치는 갈등을 증폭시키는 무대가 아니라, 갈등을 조정하고 합의를 끌어내는 장이어야 한다. 승자독식의 정치 문법에서 벗어나, 협치와 연정을 제도화할 필요가 있다.

둘째, 사회적 연대 강화가 필요하다. 경제적 양극화와 세대 간 불평등은 단순한 사회 문제가 아니라 분열의 뿌리다. 공정한 분배와 기회의 확대를 통해 사회 구성원 모두가 함께 살아간다는 신뢰를 회복해야 한다.

셋째, 미래 비전 제시다. 분열은 현재의 이익 다툼에 집착할 때 심화한다. 기후 위기, 기술 혁신, 인구 변화와 같은 시대적 과제는 어느 한 집단만의 힘으로는 해결할 수 없다. 공동의 미래를 향한 국가적 비전을 공유할 때, 사회는 비로소 분열을 넘어설 수 있다.

역사는 우리에게 묻는다. "우리는 분열의 과거를 반복할 것인가, 아니면 통합의 미래를 선택할 것인가?" 분열을 넘어 통합으로 나아가는 길은 험난하지만, 그것만이 위기를 극복하고 새로운 도약을 가능케 하는 길이다.

개혁과 보수, 시대의 균형점

역사 속 개혁과 보수의 충돌

역사의 흐름은 늘 개혁과 보수의 긴장 속에서 움직였다. 개혁은 낡은 질서를 바꾸고자 하는 힘이고, 보수는 기존 질서를 지키려는 힘이다. 이 두 흐름이 균형을 이루면 사회는 안정 속에서도 발전하지만, 극단적으로 충돌하면 혼란과 쇠퇴가 뒤따른다.

고려 말 신진사대부는 권문세족의 부패와 불합리를 개혁하려 했지만, 권력 구조와 기득권의 저항으로 개혁은 지연되었다. 결국 원의 간섭과 왜구의 침략에 효과적으로 대응하지 못하면서 고려는 몰락했다. 조선 초기의 정도전은 유교적 법치 국가를 설계하며 대대적 개혁을 추진했으나, 이방원 세력의 정치적 폭력에 희생되었다. 개혁의 급진성과 보수의 반발이 충돌한 대표적 장면이었다.

조선 중기 조광조의 개혁도 마찬가지였다. 그는 현량과를 통해 인재를 발탁하고, 도덕 정치를 실현하려 했지만, 훈구 세력의 강력한 반발로 기묘사화라는 비극을 맞았다. 개혁은 실패했지만, 그의 정신은 이후 사림의 정치적 기반을 형성했다. 역사는 개혁과 보수의 갈등이 단

미래는 과거에서 온다

순한 대립이 아니라, 새로운 균형점을 찾는 과정임을 보여준다.

균형의 리더십, 개혁과 보수의 접점

개혁과 보수의 힘은 서로를 부정하는 관계가 아니라, 서로를 견제하고 보완하는 관계여야 한다. 성공적인 지도자는 개혁의 필요성과 보수의 안정성을 동시에 고려하며, 균형점을 찾아내는 능력을 발휘했다.

조선의 영조는 탕평책을 통해 붕당 간의 대립을 완화하고 균형 정치를 시도했다. 이는 급진적 개혁은 아니었지만, 보수와 개혁의 갈등을 제도적으로 조정하려는 지혜였다. 정조 역시 규장각을 통해 새로운 인재를 등용하고, 상언·격쟁 제도로 민의를 반영하면서도 전통적 정치 질서를 존중했다. 그들의 정치가 안정과 개혁을 동시에 담보할 수 있었던 이유다.

근현대사에서도 균형의 리더십은 중요한 과제로 등장했다. 김대중 정부는 IMF 위기 극복 과정에서 구조조정이라는 개혁을 추진하면서도, 사회적 대타협을 통해 갈등을 최소화하려 했다. 노무현 정부는 분권과 참여를 강조했지만, 제도적 기반이 약해 좌절을 겪었다. 반면 문재인 정부는 적폐 청산이라는 개혁 기조를 강하게 밀어붙였으나, 사회적 분열을 심화시킨 측면도 있었다. 이는 개혁과 보수의 균형을 잡는 일이 얼마나 어려운지를 보여준다.

미래를 향한 균형의 과제

오늘날 한국 사회는 개혁과 보수의 갈등이 극단적 양극화로 표출되고 있다. 정치권은 상대를 인정하지 않고, 사회는 진영 논리로 갈라져 있다. 이런 상황에서 필요한 것은 단순한 타협이 아니라, 미래를 향한 균형의 정치다.

첫째, 개혁은 현실성과 합리성을 가져야 한다. 이상만을 앞세운 개혁은 사회적 저항을 불러와 좌절한다. 개혁은 구체적 실행 방안과 사회적 합의를 바탕으로 추진되어야 한다.

둘째, 보수는 단순한 기득권 수호가 아니라 안정적 기반 제공이어야 한다. 변화를 거부하는 보수는 사회를 정체시킨다. 그러나 안정과 지속성을 지켜내는 보수는 개혁이 뿌리내릴 토양을 제공한다.

셋째, 정치의 제도화와 사회적 합의 구조가 필요하다. 개혁과 보수의 충돌을 제도 속에서 조정할 수 있어야 하며, 시민사회의 참여가 이를 뒷받침해야 한다.

역사는 우리에게 분명히 말한다. "개혁과 보수의 균형 없이는 지속 가능한 발전도, 민주주의의 성숙도 없다." 앞으로 한국 사회가 나아갈 길은 극단적 대립을 넘어, 시대적 균형점을 찾아내는 것이다. 그것이 곧 미래를 여는 길이다.

민본주의와 민주주의의 접점

전통 속의 민본주의 사상

한국 전통 정치사상에서 중요한 뿌리는 민본주의(民本主義)였다. "백성이 근본이다"라는 생각은 이미 고대부터 강조되었다. 『삼국유사』와 『삼국사기』에는 백성을 편안히 하는 것이 군주의 책무임을 반복적으로 기록했다. 특히 조선 건국 이념은 유교적 민본사상에 깊이 기초하고 있었다.

조선의 태조 이성계는 즉위 교서에서 "하늘의 뜻은 백성에게 있다"고 선언했다. 세종대왕은 애민 정신을 바탕으로 훈민정음을 창제해 백성이 글을 알게 했고, 이는 민본주의의 실질적 구현이었다. 정조는 상언·격쟁 제도를 통해 백성의 목소리를 직접 듣는 제도를 마련했다. 이는 통치자가 백성을 다스리는 대상이 아니라, 국가의 기반이라는 인식을 반영한 것이었다.

그러나 조선의 민본주의는 어디까지나 군주가 은혜를 베푸는 성격을 벗어나지 못했다. 백성이 권리를 행사하는 주체로 자리매김하지 못했고, 제도적 민주주의로 발전하지 못한 한계가 있었다. 그럼에도 민

제8부 역사에서 미래를 묻다

본주의는 훗날 한국 민주주의 사상의 토양을 형성했다.

민주주의와의 만남

근대에 들어 서구 민주주의 사상이 유입되면서, 민본주의와 민주주의는 새로운 접점을 찾기 시작했다. 동학농민운동의 구호인 "사람이 곧 하늘이다(人乃天)"라는 민본주의의 전통을 계승하면서도, 인간 평등과 주권 의식을 담아낸 선언이었다. 이는 곧 민주주의적 가치와 연결되었다.

대한민국 임시정부는 "대한민국은 민주공화국"이라는 헌법 1조를 통해 민본주의를 제도적 민주주의로 승화시켰다. 해방 이후 제헌헌법 역시 국민이 주권의 주체임을 명확히 규정했다. 민본주의의 "백성 중심"은 민주주의의 "국민 주권"으로 확장된 것이다.

현대 민주주의가 선거, 의회, 정당을 통한 제도적 운영에 집중한다면, 민본주의는 정치 철학과 문화적 뿌리로서 국민 중심의 가치를 보완한다. 예컨대 촛불혁명은 제도적 절차(탄핵)와 시민 참여(촛불집회)가 결합한 사건이었다. 이는 민본주의의 전통과 민주주의의 제도가 접점을 이루며 발현된 현대적 사례였다.

미래를 향한 접점의 의미

민본주의와 민주주의의 접점은 한국 사회가 앞으로 나아가야 할 방향에 중요한 시사점을 준다.

첫째, 민주주의의 문화적 토대다. 민주주의 제도는 외래 수입품이지만, 민본주의 전통은 이를 한국 사회에 뿌리내리게 하는 토양이 된다. 국민이 정치의 주체라는 인식은 제도가 아니라 생활 속에서 체화될 때 강력한 힘을 발휘한다.

둘째, 국민 참여의 확대다. 민본주의가 군주의 도덕적 책무였다면, 민주주의는 국민의 권리와 책임이다. 오늘날의 민주주의는 단순히 선거에 참여하는 것을 넘어, 일상에서 정책 결정 과정에 참여하고, 사회적 합의에 기여하는 형태로 확장되어야 한다.

셋째, 정치 리더십의 기준이다. 민본주의 전통은 지도자가 국민을 위한다는 윤리적 기준을 강조한다. 민주주의 제도는 지도자가 국민의 심판을 받는 구조를 보장한다. 두 전통이 결합할 때, 한국 정치의 리더십은 도덕성과 제도적 책임성을 동시에 갖출 수 있다.

역사는 우리에게 말한다. "백성이 근본이다"라는 전통적 가치는 여전히 유효하다. 민주주의가 제도적 완성도를 높여 가는 과정에서, 민본주의의 문화적 뿌리와 결합한다면 한국적 민주주의의 독창적 모델을 만들어갈 수 있을 것이다.

역사 속 실패에서 배우는 교훈

실패를 직시하는 용기

역사는 승리의 기록만이 아니라, 실패와 좌절의 기록이기도 하다. 그러나 많은 경우 실패는 부끄럽고 지우고 싶은 과거로 취급된다. 조선 인조의 삼전도 굴욕, 병자호란의 참패, 대한제국의 외교적 무능으로 인한 국권 상실 등은 지금도 '흑역사'로 불린다. 하지만 진정한 교훈은 영광의 순간보다 실패의 순간에서 더 절실히 나온다.

삼전도의 굴욕은 외교적 고집과 현실 외면이 어떤 파국을 부르는지를 보여준다. 임진왜란 이후 학습하지 못한 군사적 대비와 분열된 정파 정치가 결국 국난을 불러왔다. 대한제국 역시 자주적 개혁의 기회를 외세 의존으로 날려버리며 국권을 상실했다. 실패를 외면한 채 과거의 잘못을 반복한다면, 그 대가는 언제나 가혹하다.

따라서 역사를 대하는 첫걸음은 실패를 부끄러워하지 않고 직시하는 용기다. 실패의 순간을 해부해야만 다시는 같은 함정에 빠지지 않는다. 역사 속 실패는 단순한 과거가 아니라, 미래를 위한 경고장이기 때문이다.

구조적 원인을 읽어내다

역사적 실패의 공통점은 우연보다는 구조적 원인에 있다. 첫째, 권력의 사유화다. 조선 후기 세도정치는 국가를 개인 가문이 지배하는 체제로 만들었다. 그 결과 백성은 도탄에 빠지고, 국가는 개혁 동력을 잃었다. 권력이 사유화될 때 국가는 내부에서부터 무너진다.

둘째, 외교 전략의 부재다. 고려 말은 원·명 교체기에 전략적 선택을 하지 못하고 권력 다툼에 매몰되었다. 조선 말은 열강 사이에서 줄타기 외교를 시도했으나 실질적 자주력을 키우지 못했다. 외세 의존은 언제나 종속의 길로 이어졌다.

셋째, 민심의 단절이다. 실패의 역사 속에는 언제나 백성과의 괴리가 존재한다. 동학농민군은 탐관오리의 폐단과 봉건적 질서를 무너뜨리려 했으나, 지배층은 이를 반란으로 규정해 진압했다. 민심과 권력이 따로 노는 순간, 국가는 스스로 생명력을 잃는다.

넷째, 시대 변화에 대한 둔감함이다. 명분과 전통만 붙들고 새로운 변화를 거부할 때, 국가는 도태된다. 조선 후기의 쇄국 정책은 외부의 충격에 대비하지 못하게 만들었고, 근대 문명의 파고 앞에서 속수무책이 되었다. 실패의 교훈은 늘 '시대의 흐름을 읽는 힘'을 요구한다.

미래를 위한 실패의 교훈

역사 속 실패가 주는 교훈은 미래를 위한 자산이 될 수 있다. 첫째, 민주적 제도의 중요성이다. 권력이 특정 세력에 독점될 때 국가는 실패했다. 따라서 현대 사회에서는 권력의 견제와 균형이 무엇보다 소중하다. 삼권분립, 언론의 자유, 시민 사회의 감시가 국가의 실패를 막는 장치가 된다.

둘째, 국민 참여의 힘이다. 역사의 전환점은 언제나 국민이 직접 나섰을 때 마련되었다. 3·1운동, 4·19 혁명, 촛불혁명은 모두 권력이 실패했을 때 국민이 나서 새로운 길을 열었다. 실패한 권력의 공백을 채운 것은 언제나 국민이었다.

셋째, 자주적 역량 강화다. 외세 의존의 실패는 반복적으로 확인되었다. 경제, 외교, 국방에서 자립적 역량을 키우지 못하면 국가는 언제든 외세의 압박에 무너진다. 이는 오늘날 글로벌 공급망 재편과 기술 패권 경쟁 시대에도 그대로 유효하다.

마지막으로, 실패의 공유와 학습이다. 실패는 감추는 것이 아니라 공유해야 한다. 조직과 사회가 실패를 분석하고 교훈을 제도화할 때, 실패는 더 이상 재앙이 아니라 성장의 자원이 된다. 역사 속 실패를 교과서에 담고, 시민의 토론 주제로 삼아야 하는 이유다.

역사는 우리에게 속삭인다. "실패를 두려워하지 말고, 배우지 못하는 것을 두려워하라." 실패는 쓰라리지만, 그것이야말로 더 나은 미래를 향한 가장 값진 자산이 된다.

세계사와 한국사의 교차점

세계사의 무대 위에 선 한반도

한반도는 지정학적 위치 때문에 일찍부터 세계사의 흐름 속에 휘말렸다. 중국과 일본 열도의 사이, 대륙과 해양 세력이 교차하는 지점이라는 특수성은 늘 기회와 위기를 동시에 불러왔다. 고구려와 수·당의 전쟁은 동아시아 국제 질서의 주도권을 놓고 벌어진 세계사적 대결이었다. 신라가 당과 손잡아 삼국을 통일한 것도, 국제 정세의 균형을 활용한 결과였다.

근대에 들어 그 교차점의 의미는 더욱 선명해졌다. 임진왜란은 단순히 조선과 일본의 전쟁이 아니라, 명·청 교체기 동아시아 전체의 국제전이었다. 19세기 말 조선은 러시아, 일본, 청, 미국 등 열강의 각축장이 되었다. 대한제국의 외교 실패는 곧바로 국권 상실로 이어졌고, 한반도는 제국주의 세계사 속에서 희생양이 되었다.

오늘날 한반도는 다시금 세계사의 주목을 받고 있다. 미·중 패권 경쟁, 북핵 문제, 글로벌 공급망 재편은 모두 한반도의 전략적 가치를 증명한다. 역사는 말한다. 한반도는 결코 고립된 섬이 아니며, 언제나 세계사의 거대한 무대 위에 서 있었다는 것을.

세계사적 경험에서 얻은 교훈

한국사는 세계사의 흐름 속에서 늘 시험대에 올랐다. 그리고 그 경험은 오늘날에도 중요한 교훈을 남긴다.

첫째, 국제 정세의 흐름을 읽는 힘이다. 고려가 거란과 송, 요와 금, 원과 명 사이에서 생존할 수 있었던 것은 외교적 균형 감각 덕분이었다. 반대로 조선 말은 외세의 변화에 둔감했고, 내부 권력 다툼에 몰두하다가 근대의 파고에 휩쓸렸다. 국제 정세를 오판하면, 국가는 생존을 위협받는다.

둘째, 자주적 역량의 중요성이다. 외세에 의존하는 순간, 국가는 종속될 수밖에 없다. 대한제국이 열강 사이에서 자신을 지킬 힘을 기르지 못했기에 국권을 잃었다. 반면, 한국전쟁 이후 자력으로 산업화를 이룬 경험은 국제사회에서 주체성을 강화하는 토대가 되었다.

셋째, 세계사 속의 연대다. 3·1운동은 윌슨의 민족자결주의와 국제 여론의 영향을 받았고, 동시에 세계 식민지 민족운동과 호흡을 같이했다. 한국 민주화 운동 역시 세계 민주화의 물결과 맞물렸다. 한국사는 늘 세계사의 맥락과 교차하며 전개되었음을 잊지 말아야 한다.

미래는 과거에서 온다

미래를 위한 교차점의 활용

세계사와 한국사의 교차점을 인식하는 것은 단순한 역사 이해를 넘어, 미래 전략을 세우는 데 필수적이다.

첫째, 글로벌 거버넌스 참여다. 한국은 더 이상 주변부 국가가 아니라, 세계사에 능동적으로 참여할 수 있는 중견국이다. 기후 위기, AI 거버넌스, 글로벌 안보 문제에서 한국의 역할은 점점 중요해지고 있다. 역사적 경험은 우리에게 "외세의 무대에 끌려다니는 객체가 아닌, 세계사 속 능동적 주체"로 서야 함을 일깨운다.

둘째, 균형 외교의 계승이다. 고대와 고려, 조선의 경험에서 보듯 균형을 유지하는 외교는 한반도의 생존 조건이었다. 오늘날 미·중 경쟁 속에서도 일방적 종속이 아닌 다층적 협력 구조를 설계하는 것이 필요하다. 과거의 교훈을 오늘에 맞게 재해석해야 한다.

셋째, 문화와 가치의 발신국이다. 한류와 K-콘텐츠는 단순한 문화 수출이 아니라, 세계사와 한국사가 다시 교차하는 새로운 지점이다. 과거에는 외세의 압력 속에서 수동적 위치에 머물렀지만, 오늘날에는 문화와 가치의 발신을 통해 세계사에 능동적으로 기여할 수 있다.

세계사와 한국사의 교차점은 운명의 덫이 아니라, 미래를 열 기회의 문이다. 역사의 교훈을 기억하며 능동적으로 대응한다면, 한반도는 다시 세계사의 중심 무대에서 주체적 목소리를 낼 수 있을 것이다.

미래 세대에 주는 역사적 유산

역사의 교훈을 계승한다는 의미

역사는 단순한 과거의 기록이 아니다. 그것은 현재를 비추는 거울이자 미래로 건네는 메시지다. 미래 세대에 역사의 유산을 전한다는 것은 단지 '사실'을 가르치는 것이 아니라, 그 속에 담긴 가치와 교훈을 공유하는 것이다.

삼국의 흥망성쇠, 고려의 대몽항쟁, 조선의 개혁과 좌절, 일제 강점기의 저항과 고난, 현대 민주화 운동의 투쟁은 모두 하나의 줄기로 이어진다. 이 경험은 우리에게 자주, 연대, 민주, 혁신이라는 키워드를 남겼다. 미래 세대는 이를 단순히 '옛이야기'로 기억할 것이 아니라, 자기 삶 속에서 되새기고 실천해야 한다.

유산의 본질은 물질이 아니라 정신이다. 궁궐, 사찰, 비석 같은 유산은 눈에 보이는 흔적이지만, 그 안에 담긴 정신을 읽어내는 것이 더 중요하다. 바로 그 정신이야말로 미래 세대가 이어가야 할 진짜 역사적 유산이다.

미래는 과거에서 온다

한국사가 남긴 긍정과 부정의 유산

한국사는 영광과 치욕, 성취와 좌절이 교차하는 드라마였다. 미래 세대가 받아들여야 할 유산은 그 양면을 모두 포괄한다.

긍정의 유산은 끈질긴 생존력과 창조적 적응력이다. 고구려의 강인한 기상, 고려의 외교적 균형 감각, 조선 세종대의 학문적 창조, 일제강점기의 민족 저항, 전후 산업화와 민주화의 성취는 세계사 속에서도 드문 생존의 서사다. 미래 세대는 이 긍정적 유산에서 자부심과 자신감을 얻을 수 있다.

그러나 부정의 유산도 직시해야 한다. 파벌 정치의 폐단, 권력 사유화, 외세 의존, 개혁의 지체, 불평등과 차별은 한국사를 반복적으로 흔들어온 고질적 문제였다. 이 유산은 '극복해야 할 과제'로서 미래 세대에 남겨졌다. 역사를 편향되게 기억하면 과오를 반복할 수밖에 없다. 긍정과 부정을 함께 계승하는 태도만이 역사의 진실을 온전히 받아들이는 자세다.

미래를 위한 역사적 유산의 활용

역사의 유산을 미래 세대가 어떻게 활용하느냐는 전적으로 우리의 선택에 달려 있다.

첫째, 교육의 혁신이다. 역사를 단순 암기 과목으로 가르치는 것을 넘어서, 사고력과 문제 해결력을 키우는 교훈의 원천으로 삼아야 한다. 실패의 사례를 분석하고, 성공의 요인을 토론하며, 그 속에서 오늘의 정책적 해법을 찾는 훈련이 필요하다.

둘째, 시민 정신의 함양이다. 역사의 유산은 제도에 앞서 의식 속에 살아야 한다. 촛불혁명이 보여준 시민의 힘은 한국 민주주의의 소중한 유산이다. 미래 세대가 이를 이어가려면 공동체적 책임감과 참여 의식을 갖추어야 한다.

셋째, 세계사적 기여다. 한국은 오랜 역사를 통해 독자적 문화를 형성했지만, 동시에 세계사와 끊임없이 교류하며 성장했다. 이제는 한국이 세계사에 기여하는 차례다. 민주화 경험, 산업화 성취, 분단과 평화 모색의 여정은 세계가 주목할 유산이다. 미래 세대는 이를 글로벌 차원에서 확장해야 한다.

역사적 유산은 무겁고 고리타분한 짐이 아니라, 새로운 길을 열어주는 나침반이다. 미래 세대가 이 유산을 올바르게 이해하고 활용할 때, 역사는 단절이 아닌 진보의 사다리로 이어질 것이다.

미래를 만드는 힘은 우리의 선택에 있다
-역사를 읽고, 현재를 이해하며, 미래를 설계하는 일

과거를 넘어, 현재의 길 위에 서다

책의 마지막 장을 덮는 지금, 우리는 다시 처음의 질문으로 되돌아온다. "미래는 어디에서 오는가." 이 책이 내린 결론은 단순하다. 미래는 과거의 연장선에서 오고, 오늘의 선택 속에서 만들어진다. 역사는 끝난 시간이 아니라 현재와 미래를 구성하는 토대이며, 그 위에서 우리는 새로운 방향을 설정하게 된다.

이 책에서 우리는 한 시대를 뒤흔든 사건과 인물들을 통해 역사의 흐름을 살펴보았다. 시대가 바뀔 때마다 국가가 어떤 선택을 하고 어떠한 결과를 맞이했는지를 추적하면서, 미래를 이해하는 데 필요한 통

345

찰을 찾아내려 했다. 고려의 개혁, 조선의 중흥과 쇠퇴, 삼국의 경쟁과 협력, 근대 한국의 선택과 분열, 현대산업화의 혁신과 그림자, 이 모든 역사는 오늘의 한국 사회를 움직이는 결정적 배경이다.

하지만 과거의 이야기만으로 이 책을 끝낼 수는 없다. 역사는 과거를 설명하는 데서 끝나지 않는다. 역사는 현재를 비추는 거울이며, 미래로 나아가는 길을 안내하는 나침반이다. 우리는 이 책을 통해 그 나침반을 꺼내 들었다. 그리고 그 나침반은 지금 우리가 서 있는 길에서 정확히 무엇을 보아야 하는지를 가리키고 있다.

한국 사회는 여전히 도전의 중심에 서 있다. 저출생·고령화, 지역 소멸, 산업경쟁력의 둔화, 세계 질서의 격변, 양극화, 정치적 분열 등 수많은 문제가 우리 앞을 가로막는다. 그러나 역사를 보면 위기의 국면마다 새로운 기회가 숨어 있음을 알 수 있다. 위기는 변화를 불러오고, 변화는 다시 기회를 만든다. 문제는 우리가 그 기회를 읽어내는지, 그리고 올바른 선택을 할 수 있는지에 달려 있다.

역사의 교훈, 선택이 미래를 결정한다

역사에서 발견되는 한 가지 분명한 진실이 있다. 국가의 흥망은 외부의 힘이 아니라 내부의 선택에서 결정된다. 제국의 몰락도, 문명의 성장도, 사회의 재생도 모두 구성원들의 선택과 리더의 결단에서 비롯되었다. 이는 한국 역사에서도 똑같이 반복되었다.

삼국시대의 주도권 경쟁은 기술과 제도의 선택이 승패를 갈랐다. 고려의 번영은 개혁과 개방의 선택에서 나왔고, 쇠퇴는 제도의 경직과 리더십의 공백에서 비롯되었다. 조선의 르네상스는 세종·정조 같은 리더의 통찰과 인재·과학 중심의 선택에서 출발했다. 반면 조선 후기의 침체는 변화에 대한 거부와 기득권의 고착화가 가져온 결과였다.

근대사회에서도 이는 확실히 드러났다. 일본의 문명개화와 한국의 개항기 혼란, 산업화의 성공과 민주화의 도전, 글로벌 경제 속 한국의 부상, 모두 선택의 차이가 만든 미래였다. 어느 시대든 선택이 운명을 갈랐고, 미래는 그 선택의 연속에서 자연스럽게 도착했다.

이 책에서 말한 "미래는 과거에서 온다"라는 문장은 바로 이 진실을 향한다. 미래는 주어진 것이 아니다. 예측을 통해 얻어지는 것도 아니다. 미래는 우리가 내리는 선택의 결과이며, 선택은 과거라는 거울을 통해 더욱 선명해진다. 과거를 잘 읽을 때만 현재의 길을 정확히 이해할 수 있고, 현재를 제대로 이해할 때만 미래를 만들 수 있다.

우리는 역사를 통해 무엇이 성공을 만들고 무엇이 실패를 부르는지, 어떤 리더십이 사회를 이끌고 어떤 제도가 국가를 쇠퇴시키는지를 배운다. 역사는 완벽하지 않지만, 인간이 만들어온 가장 정확한 데이터

제8부 역사에서 미래를 묻다

베이스이다. 그 안에는 이미 수천 년 동안 축적된 실험의 결과가 담겨 있다. 미래를 보는 가장 정직한 방법은 바로 그 실험을 다시 읽는 일이다.

지금 우리의 시간: 새로운 흐름을 만들 차례다

그렇다면 지금 한국 사회는 어떤 선택의 기로에 서 있을까. 우리가 마주한 도전들은 간단하지 않지만, 역사의 패턴은 우리에게 중요한 메시지를 준다.

첫째, 구조적 변화는 피할 수 없다. 인구 구조의 급격한 변화, 기술혁명, 자본의 국제 이동, 국제 질서의 재편, 이 모든 변화는 앞으로 수십 년 동안 한국 사회의 미래를 크게 뒤흔들 것이다. 우리는 과거처럼 이 변화를 외면할 수 없다. 변화는 이미 현실이며, 선택만이 그 변화를 기회로 바꿀 수 있다.

둘째, 미래를 결정하는 핵심은 '내부 역량'이다. 한국은 빠른 산업화, 정보화, 민주화를 동시에 경험한 드문 국가다. 하지만, 이 경험이 언제까지나 자동으로 경쟁력을 보장해 주지는 않는다. 제도의 혁신, 교육의 개편, 기술 정책의 재설계, 사회적 신뢰의 회복 등이 필요하다. 과거의 성공이 미래의 성공을 보장하지 않는다는 사실을 역사는 수없이 증명해 왔다.

셋째, 리더십은 시대의 흐름을 읽어야 한다. 광개토왕, 세종, 정조, 산업화 시대의 지도자들, 민주화 세대의 리더들은 모두 시대의 변화를 읽고 미래를 선택했다. 오늘날 한국 사회에도 이러한 리더십이 필요하다. 자신의 편익이 아니라 공동체의 미래를 보고 결단하는 리더, 시대의 목소리를 듣고 선택을 책임지는 리더. 역사는 그런 리더가 있을 때 국가가 성장하고 번영할 수 있음을 보여준다.

우리는 지금 또 하나 변화의 문 앞에 서 있다. AI가 인간의 사고를 재정의하고, 기술의 속도는 정치·제도의 속도를 앞지르고 있다. 세계는 새로운 패권 경쟁에 들어갔다. 한국의 다음 30년은 과거 어느 때보다 복잡하고 역동적일 것이다. 그러나 그것은 동시에 새로운 기회의 시대이기도 하다. 위기는 방향을 바꾸는 힘을 주고, 변화는 다른 미래를 설계할 가능성을 연다.

미래는 예측이 아니라 선택이다

이 책은 역사라는 거울을 들고 한국 사회의 오늘을 비추어보았다. 그리고 그 거울 속에서 미래의 모습을 함께 찾아보려 했다. 역사가 끝난 시간이 아니라 살아 있는 현재의 동력이 됨을 보여주고자 했다.

"미래는 과거에서 온다"라는 말은 단지 문학적 표현이 아니다. 그것은 우리가 미래를 바라보는 태도를 다시 세워야 한다는 선언이기도 하다. 미래는 자연스럽게 오지 않는다. 미래는 우리가 선택하는 방향으로 온다.

과거의 실패는 되풀이하지 않고, 과거의 성공은 확장해 나가며, 우리가 가진 자원과 역량을 바탕으로 더 나은 내일을 만드는 일. 그것이 이 책이 독자 여러분께 건네고 싶은 마지막 메시지다. 역사는 질문을 던지고, 현재는 그 질문에 답하며, 미래는 그 대답을 증명한다.

이 책을 읽어준 여러분께 감사드린다. 여러분의 선택이 한국 사회의 미래를 한 걸음 더 나아가게 할 것이다. 우리의 내일은 과거와 단절된 시간이 아니라, 과거를 바탕으로 다시 시작되는 새로운 흐름이다. 미래는 과거에서 온다. 그리고 미래는 우리가 만든다.

미래는 과거에서 온다

참고 문헌

1차 사료·DB

국사편찬위원회. 한국사데이터베이스(KSDB)(https://db.history.go.kr)

국사편찬위원회(편). 『조선왕조실록』.

승정원일기편찬위원회(편). 『승정원일기』.

일연. (1281). 『삼국유사』.

정인지 외. (1451). 『고려사』.

한국사 개론·종합 연구서

강만길. (2006). 『고쳐 쓴 한국 근대사』. 창비.

김호동. (2016). 『고려의 탄생』. 창비.

노명호. (2010). 『조선, 사림의 나라』. 민음사.

문동석. (2018). 『고대 한국사 이해』. 푸른역사.

박용운. (2005). 『고대 한국과 동아시아』. 일조각.

박태균. (2013). 『한국 현대사』. 돌베개.

이기백. (1997). 『한국사신론』. 일조각.

이성무. (2011). 『조선왕조실록으로 본 조선사회사』. 태학사.

한영우. (2010). 『다시 찾는 우리 역사』. 경세원.

시대·주제별 한국사 연구서

고대·삼국

김태식. (2003). 『신라와 화랑』. 김영사.

서영수. (2007). 『백제사 연구』. 민음사.

이종욱. (2015). 『고구려사 연구』. 혜안.

주보돈. (2014). 『삼국시대 정치사 연구』. 일지사.

고려

김당택. (2011). 『무신정권 연구』. 지식산업사.

이익주. (2018). 『고려의 정치제도사』. 서울대학교출판부.

정재훈. (2016). 『묘청과 서경세력』. 서경문화사.

조선

박영효. (2009). 『조선의 붕당정치』. 일조각.

박현모. (2011). 『세종은 어떻게 나라를 바꾸었는가』. 미지북스.

정호훈. (2020). 『조선 정치의 재발견』. 휴머니스트.

근대·일제 강점기

박찬승. (2018). 『한국 근대사의 흐름』. 풀빛.

브루스 커밍스. (2007). 『한국전쟁의 기원』(이용철 외 역). 일월서각. (원서 1981).

세계사·비교사·국가 흥망 연구서

다이아몬드, 제러드. (2005). 『총·균·쇠』(김진준 역). 문학사상. (원서 1997).

다이아몬드, 제러드. (2012). 『문명의 붕괴』(강주헌 역). 김영사. (원서 2004).

듀런트, 윌. (1997). 『문명 이야기』(유필립 역). 민음사. (원서 1935~1975).

케네디, 폴. (1994). 『강대국의 흥망』(김상묵 역). 한국경제신문. (원서 1987).

터친, 피터. (2018). 『제국의 사회적 역학』(이경식 역). 갈라파고스. (원서 2009).

토플러, 앨빈·토플러, 하이디. (2008). 『제3의 물결』(이동현 역). 한국경제신문.
(원서 1980).

정치·리더십·시민사회·제도 연구서

베버, 막스. (2011). 『프로테스탄트 윤리와 자본주의 정신』(박성환 역). 문예출
판사. (원서 1905).

퍼트넘, 로버트. (2002). 『사회적 자본과 민주주의』(김영명 역). 한울아카데미.
(원서 1993).

후쿠야마, 프랜시스. (2012). 『정치질서의 기원』(서정건 역). 한국경제신문. (원서
2011).

참고 문헌

후쿠야마, 프랜시스. (2015).『정치적 붕괴』(오수원 역). 민음사. (원서 2014).

헌팅턴, 새뮤얼. (2011).『문명의 충돌』(이상수 역). 김영사. (원서 1996).

콜린스, 짐. (2010).『위대한 기업의 선택』(김선우 역). 김영사. (원서 2001).

현대 한국사회·민주주의 연구

김호기. (2019).『한국 민주주의의 길을 묻다』. 창비.

한홍구. (2012).『대한민국史』. 한겨레출판.

윤평중. (2018).『촛불혁명과 한국 민주주의』. 한길사.

자카리아, 파리드. (2007).『자유주의의 미래』(이희수 역). 민음사. (원서 2003).

학술 논문·정책 자료

국사편찬위원회. (연도별).「관련 학술논문 총서」.

대한민국역사박물관. (연도별).「현대사 학술총서」.

동북아역사재단. (연도별).「고대사·영토사 연구보고서」.

서울대학교 규장각한국학연구원. (연도별).「정책·역사 연구자료」.

한국학중앙연구원. (연도별).「한국학 연구총서」.

한국사회경제사학회. (연도별).「사회경제사연구」.

한국사학회. (연도별).「역사학보」.

미래는 과거에서 온다